AF231966

DOCUMENTS

POUR SERVIR À L'HISTOIRE DU LYONNAIS ET DU FOREZ

pendant la période révolutionnaire

REGISTRE

DES

Procès-Verbaux

DE LA SOCIÉTÉ RÉPUBLICAINE

DE

SAINT-CHAMOND

(1793-1795)

PUBLIÉ AVEC UNE INTRODUCTION ET DES NOTES

PAR

Gustave LEFEBVRE

Officier d'Académie

CONSERVATEUR DE LA BIBLIOTHÈQUE ET DES ARCHIVES DE LA VILLE

Membre de la Société d'histoire de la Révolution française,
de la Société littéraire de Lyon
et de la Société historique et archéologique du Forez, la *Diana*

<table>
<tr><td>LYON</td><td>SAINT-ÉTIENNE</td></tr>
<tr><td>H. GEORG, LIBRAIRE-ÉDITEUR</td><td>CHEVALIER, LIBRAIRE-ÉDITEUR</td></tr>
<tr><td>65, Rue de la République</td><td>Rue Gérentet</td></tr>
</table>

1890-1893

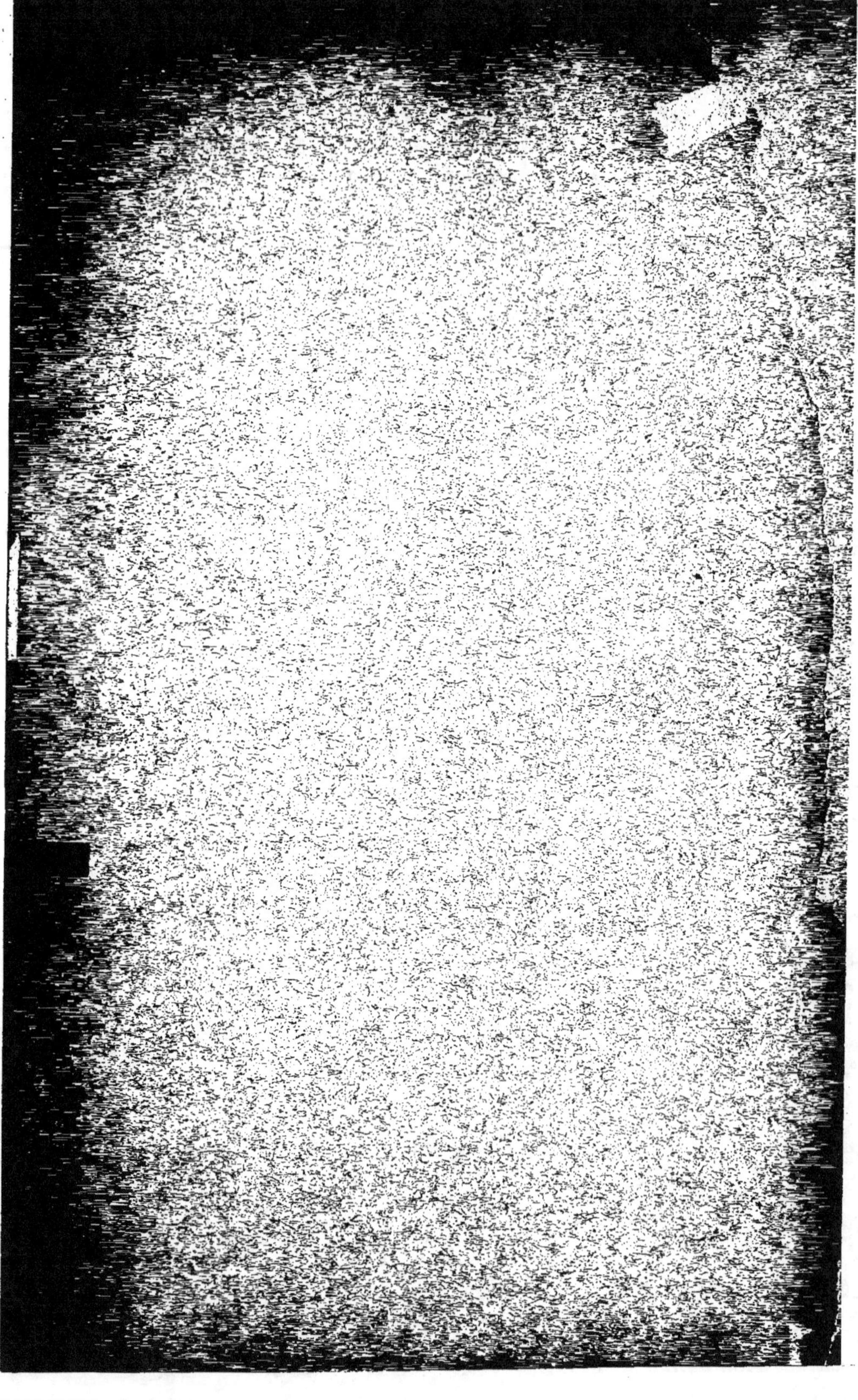

REGISTRE

DE LA SOCIÉTÉ RÉPUBLICAINE

DE

SAINT-CHAMOND

SAINT-CHAMOND

IMPRIMERIE ET LITHOGRAPHIE DE A. POMÉON

1890

LIBERTÉ, ÉGALITÉ.

AUX SANS-CULOTES REPUBLICAINS,

SALUT ET FRATERNITÉ.

La Société des Jacobins de Sain - cha - mond a reçu au nombre de ses Membres , dans la Séance du *28 frimaire* de l'an *Deux* de la République Française une , indivisible et démocratique . le Citoyen *Denis Sapuche*
natif de *Saint Didier Dept. de la Loire Professeur de menuisier avant la revolution*
domicilié à *Saint-chamond* District d' *y commune avec* profession *de menuisier*
âgé de *trente huit ans* taille de *cinq pieds cinq pouces* cheveux et sourcils *chatains*
yeux *Roux* nez *Egal* bouche *moyenne* menton *forchu* front
visage *oval m.lle ligerement* qui a donné des preuves de Sans-culotisme. Au nom de la fraternité
républicaine , accueillez-le comme un enfant de la Patrie : Nous en agirons de même envers ceux
qui seront porteurs d'un pareil Diplôme. *et a declaré ne savoir pas signer*
Fait à Sain-cha-mond , le *22 floreal* de l'an *Deux* de la République.

et Honneur Président.

Carraton Secrétaires.

Registre

DES

PROCÈS-VERBAUX

DE LA SOCIÉTÉ RÉPUBLICAINE

DE

SAINT-CHAMOND

PUBLIÉ AVEC UNE INTRODUCTION ET DES NOTES

PAR

Gustave LEFEBVRE

CONSERVATEUR DE LA BIBLIOTHÈQUE ET DES ARCHIVES DE LA VILLE

Membre de la Société littéraire de Lyon

et de la Société historique et archéologique du Forez, la *Diana*.

LYON   SAINT-ÉTIENNE

H. GEORG, LIBRAIRE-ÉDITEUR   CHEVALIER, LIBRAIRE-ÉDITEUR

65, Rue de la République   Rue Gérentet

1890

A Monsieur

E. Brossard

SÉNATEUR

Membre du Conseil général de la Loire.

Témoignage de respectueuse sympathie.

GUSTAVE LEFEBVRE.

AVANT-PROPOS

J'ai, — pourquoi ne pas l'avouer ? — une passion toute spéciale pour l'étude de la Révolution et l'examen des documents qui la concernent. Cette passion s'explique d'autant mieux que nous ne possédons pas encore, à proprement parler, d'histoire réellement impartiale de cette période agitée. Car, sans vouloir faire injure aux Thiers et aux Henri Martin, on peut bien affirmer que, sauf quelques rares exceptions, l'on a traité la plupart du temps l'histoire de la Révolution comme une matière à pamphlet. Il faut donc aujourd'hui appliquer à cette histoire les mêmes règles de critique scientifique qu'aux périodes plus anciennes.

Or, comme le dit parfaitement M. Aulard [1], jusqu'à ces dernières années une semblable entreprise aurait été impossible. Il y aurait manqué la condition indispensable à toute science, je veux dire la liberté. Ce n'est que depuis l'établissement définitif de la République qu'il est permis de raconter avec pleine franchise notre grande crise nationale et de la juger comme on veut. Ennemis et amis de la

(1) Rapport de M. Aulard, dans la séance annuelle de la Société d'histoire de la Révolution française (2 mars 1890).

Révolution ont aujourd'hui toute licence pour dire toute leur pensée, et ils en usent. Cette liberté de l'histoire n'est pas seulement accordée par nos institutions, mais aussi par les mœurs actuelles, par un changement dans la méthode politique. Jadis, il y avait encore, dans les assemblées et dans la presse, des écrivains et des orateurs qu'on disait robespierristes, dantonistes, girondins. On croyait servir la cause du progrès en se déguisant ainsi dans les habits des aïeux. Aujourd'hui cet archaïsme est heureusement passé de mode ; il serait ridicule d'y vouloir revenir......

Ce n'est plus en croyant, mais en critique qu'il faut étudier l'histoire de la Révolution. L'avènement de la liberté en France a popularisé cette méthode : il n'y aura bientôt plus que les détracteurs systématiques de la Révolution qui l'étudieront comme un dogme figé et immobile. Nous aimons la Révolution, nous vivons de son esprit, mais nous voulons que les faits auxquels la Révolution a donné lieu soient racontés au vrai, d'après les textes, comme s'il s'agissait du règne de Philippe-Auguste ou de celui de Louis XIV. Aussi ennemis des légendes de gauche que des légendes de droite, nous tenons essentiellement à faire prévaloir la méthode scientifique dans les études sur la Révolution.

« L'Histoire de France depuis 1789, ajoute M. Aulard, est encore enfouie [1] dans les archives nationales, départementales et communales. Nous essayons de tourner l'attention des travailleurs vers ces textes inexplorés, où ils retrouveront les vicissitudes de notre patrie actuelle, qui égalent en intérêt celles de l'ancien régime et qu'il est plus

(1) Op. Cit.

urgent encore de faire connaître aux Français d'aujourd'hui : ceux-ci, pour peu qu'ils aient étudié, ont une idée quelconque des Assyriens, des Egyptiens, de la Féodalité ; ils ignorent leur propre histoire, comment la démocratie française, dont ils font partie, s'est organisée, et ses titres de noblesse leur échappent. Cependant quelques savants, quelques archivistes se sont mis à l'œuvre, malgré les préjugés, malgré les sourires des pédants. La Société de l'*Histoire de la Révolution Française* les encouragera, par ses paroles et par ses actes, à continuer leurs utiles travaux..... »

Répondant sans le savoir à un appel aussi louable, et suivant l'exemple d'estimables compatriotes, j'ai publié, en 1886 et en 1890, deux opuscules relatifs à l'histoire de notre contrée pendant la Révolution. Le bienveillant accueil que le public à daigné faire à ces humbles essais m'a montré quel intérêt pourraient offrir des recherches minutieuses sur la période la plus intéressante de nos annales. Dès lors j'ai conçu l'idée de publier *in extenso*, un document complet qui, outre l'intérêt purement historique, donne, à mon sens, une idée fort exacte des mœurs, des usages et des opinions diverses de nos aïeux. Je veux parler du *Compte-rendu des séances* de la Société Républicaine ou populaire de Saint-Chamond, laquelle société n'était autre que le *club* de cette ville.

Personne n'ignore que, depuis plusieurs années déjà, les clubs proprement dits s'étaient formés en France, lorsque la Révolution éclata. Ce genre de réunions, auquel l'Angleterre nous avait initiés, excluait primitivement toute idée de politique. Mais on conçoit aisément qu'à une époque de fermentation des esprits, comme celle qui précéda 1789, les clubs durent être entraînés des premiers dans le tourbillon révolutionnaire. Dès le mois de décembre 1789, l'Assemblée nationale décréta que « les citoyens actifs pouvaient se réunir, paisiblement et sans armes, en assemblées particulières, pour rédiger et faire parvenir des adresses et des pétitions, soit au corps municipal, soit aux administrations de département et de district, soit au Corps législatif, soit au Roi, sous la condition d'avertir les officiers municipaux de cette assemblée. » C'était, du même coup, consacrer la liberté des clubs et leur reconnaître le droit de s'immiscer dans les affaires publiques.

Sans doute, s'il y avait un reproche grave à faire à l'ancien régime, c'était bien celui d'avoir défendu toute assemblée publique, dont l'objet ou les occupations n'étaient point expressément autorisés. Cet égarement du pouvoir, joint à l'espionnage, tenait la capitale dans une sorte de servitude qui devait tôt ou tard se réunir aux autres causes de haine et produire l'explosion dont nos aïeux furent témoins. Dans le nouvel ordre de choses, d'après la *Gazette Nationale,* [1] le droit de s'assembler était constitutionnellement et positivement acquis à tous les sujets libres de l'Empire ; mais il ne donnait aucun caractère public, aucune autorité politique à ces réunions volontaires qui n'ont, en général, que l'instruction ou l'amusement de leurs membres pour objet ; il ne les exemptait pas non plus des lois de police, de sûreté et de tranquillité. Quelque insignifiantes, quelque oisives qu'eûssent été les occupations d'une pareille société, on aurait pu légalement l'interdire, si, par défaut

(1) Article de M. Peuchet, dépt. des Landes (1790).

de conduite ou de subordination, elle avait fait naître des inquiétudes ou des craintes, en troublant par là le droit qu'avaient incontestablement les habitants d'une cité de jouir du calme et de la sécurité. C'est dans cet esprit seulement que les clubs d'Angleterre avaient une grande latitude de liberté; ils présentaient des adresses, des pétitions, et s'occupaient principalement de l'encouragement des arts et du commerce.

Dès le début de la Révolution, les sociétés de cette espèce se multiplièrent en France; il en était une surtout dont les progrès furent rapides et qui jeta des branches dans toutes les provinces du royaume. Sous le nom d'*Amis de la Constitution*, elle s'occupait des intérêts de la liberté et du perfectionnement de l'esprit public. Chaque ville quelque peu considérable en renfermait une dans son sein.

« L'on ne peut qu'en concevoir de grandes espérances, disait un article de la *Gazette Nationale*, si chacune d'elles conserve, et dans ses vues et dans ses moyens, cette mesure de modération, de sens et de prudence, sans laquelle aucune institution ne peut être véritablement utile.

« C'est surtout en s'opposant aux progrès de la grossièreté, qu'on prend pour de la franchise; de la calomnie, qu'on prend pour de la hardiesse; du fanatisme, qu'on prend pour du courage; c'est en éclairant le peuple sur les bases de son bonheur, c'est en adoucissant les mœurs et en protégeant les arts de la paix, l'amour de la justice et de la liberté, que les Sociétés d'*Amis de la Constitution* rendront des services utiles à la Patrie.... »

Un tel programme eût été, à n'en pas douter, de nature à seconder efficacement l'action du gouvernement; mais, en 1789, il était impossible d'en attendre aucun résultat. On ne pouvait pas, en effet, imposer à une assemblée de rester, pour ainsi dire, indifférente, lorsque chacun des membres dont elle était composée prenait part au grand mouvement qui devait ouvrir à la France une ère nouvelle. L'influence politique des *clubs* était donc un fait acquis, et on le sentait si bien que M. Foucault [1] proposa nettement de les supprimer : « D'après la *Déclaration des Droits*, disait-il, on a persuadé au peuple qu'il existait des sociétés légales, mais que je regarde, moi, non-seulement comme illégales, mais comme très dangereuses..... »

La société des *Jacobins* ou *Amis de la Constitution* comptait alors 185 sociétés populaires affiliées, au nombre desquelles se trouvaient celles de Saint-Etienne, Montbrison et Saint-Chamond. C'était la plus redoutable, à en juger par les attaques continuelles que dirigeait contre elle l'Assemblée nationale. Plusieurs fois, les députés, dénonçant ses actes arbitraires, tentèrent vainement de réprimer son audace et d'étouffer sa haine. Elle trouva toujours des défenseurs [2] pleins de véhémence, dont l'opinion avancée l'emporta sans cesse sur celle des modérés.

En 1793, quelques administrations départementales, notamment celles du Gard, de Rhône-et-Loire, des Bouches-

---

(1) Assemblée Nationale, tome 7, p. 503.

(2) M. J. Chénier, Guadet, cf. tomes XI, XII de l'*Ancien Moniteur*. — Je citerai, en passant, une phrase assez juste du rapport de M. Chapelier sur les sociétés populaires : « Trop de services ont été rendus à la chose publique par les Sociétés des Amis de la Constitution, trop de patriotisme les anime, pour qu'il soit en général nécessaire de faire autre chose envers elles que d'avertir les citoyens qui les composent des dangers

du-Rhône, tentèrent cependant de s'opposer à la marche rapide des événements, en interdisant par la force les réunions des clubs. Aussitôt, 42 sociétés populaires se réunirent dans la ville de Valence, pour y protester contre ces arrêtés contre-révolutionnaires, et déclarèrent hautement :

1° Que la Convention était le centre d'unité, le seul point de ralliement de tous les patriotes;

2° Que les membres qui composaient la Convention méritaient toute la confiance de la France;

3° Que les sociétés populaires avaient puissamment concouru à l'établissement de la liberté et au succès de la Révolution;

4° Qu'elles vouaient à l'exécration publique tous ceux qui voudraient usurper une autorité quelconque;

5° Qu'elles feraient la guerre aux fédéralistes, aux anarchistes, etc...;

6° Qu'elles attendaient avec impatience l'heureuse époque du 10 août pour fraterniser avec les Parisiens et les députés de toute la République et présenter à la Convention l'hommage de leur reconnaissance.

La Convention décréta la mention honorable de la conduite des sociétés populaires réunies à Valence.

C'était précisément l'époque où les habitants de Lyon, opposés à la Convention, préludaient entre eux aux drames

qu'elles peuvent faire courir à la chose publique, et des contraventions auxquelles elles se laisseraient entraîner par des hommes qui ne les cultivent que pour les agiter, qui ne s'y font recevoir que pour se donner une sorte d'existence, qui n'y parlent que pour préparer leurs intrigues, pour usurper une supériorité scandaleuse et pour favoriser leurs projets. »

Cf. tome x de l'*Ancien Moniteur*.

sanglants qui motivèrent le siège de cette importante cité. Notre région qui, de prime abord, avait envoyé quelques hommes au secours des Lyonnais (1), résista héroïquement à la sortie qu'ils firent dans le Forez. Une fois l'insurrection vaincue, les sociétés populaires de la province se reconstituèrent sans tarder.

Il est regrettable que le temps n'ait pas conservé le compte-rendu des délibérations de la société de Saint-Chamond avant le siège de Lyon ; un pareil document eût fourmillé de détails aussi utiles qu'intéressants. A son défaut, j'ai cru devoir livrer à l'impression les *Procès-verbaux des séances* que tint le *Club de Saint-Chamond,* du 28 septembre 1793 au 6 février 1795.

Puissé-je, par ce faible travail, contribuer pour une minime part à l'histoire de notre province et me rendre digne du savant législateur qui a bien voulu en accepter l'hommage !

---

(1) Saint-Chamond envoya 70 hommes au secours des Lyonnais, sous le commandement de Michel Roux. — Cf. *Bulletin du département de Rhône-et-Loire,* éd. 1845

REGISTRE

DES PROCÈS-VERBAUX

DE LA SOCIÉTÉ RÉPUBLICAINE

DE LA

VILLE DE SAINT-CHAMOND [1]

Cejourd'huy, 28ᵉ septembre 1793, l'an deuxième de la République françoise une et indivisible,

Le Conseil général de la Commune, conformément à l'acte constitutionnel qui rétablit les Sociétés populaires qui avoient été dissoutes dans ce département, lors de l'arrivée de la force armée des rebelles de Lyon ;

En conséquence, tous les membres qui composent la municipalité se sont transportés dans le lieu ordinaire où se tenaient les séances de la Société populaire de Saint-Chamond et l'ont rétablie suivant le même règlement ; arrêtent cependant qu'ils composeront le bureau jusqu'à l'arrivée de leurs frères qui sont actuellement dans l'armée La Valette.

(1) Je reproduis très fidèlement le texte original ; toutefois, et cela contrairement à l'opinion de certaines personnes, je n'ai pas cru devoir laisser subsister diverses fautes d'orthographe qui n'auraient ajouté aucun intérêt à la publication.

En suite de cette installation d'une partie de ceux qui composaient ladite société, lesquels étant au service de la République, un membre a lu une lettre venant de Marseille, qui annonçait la réintégration des (clubs) sociétés populaires et la certitude qu'ils avoient d'abattre la dernière tête de l'hydre fédéraliste, en prenant les précautions les plus vigoureuses; c'est pourquoi ils se sont déterminés à former un congrès républicain qui assure pour jamais le triomphe de la liberté dans leur contrée.

A l'instant, pour répondre à des vues si sages et si salutaires, il a été arrêté que l'on choisirait un membre chargé de cette fonction honorable, et c'est le citoyen Grégoire Laval qui a recueilli toutes les voix.

Ainsi fait et clos, les jour et an que dessus.

(Non signé.)

Cejourd'huy, premier octobre 1793, l'an deuxième de la République françoise une et indivisible, une partie des citoyens composant la Société populaire de cette ville, se sont assemblés dans la salle ordinaire de leurs séances. Le citoyen Saint-Didier, à qui l'on a unanimement cédé les honneurs de la présidence, a ouvert la présente à la manière accoutumée, c'est-à-dire aux noms de la Liberté, de l'Egalité, de l'Unité et Indivisibilité de la République.

Il a été déposé sur le bureau une stance de six vers contre les Lyonnais rebelles, de la composition du citoyen Chambovet, favori d'Apollon, les délices des neuf Muses et surtout le Benjamin d'Euterpe. Ce sixain, où l'on a remarqué et admiré le feu et la fécondité de la verve du poète, a été reçu avec enthousiasme.

De cent sujets divers en l'ardeur qui l'inspire,
Chambovet, à son gré, fait résonner sa lyre,
Et, s'il buvait un peu plus d'eau,
Il serait un autre Boileau.

Lecture a été faite d'une lettre à l'adresse de nos frères Jacobins de Paris, par laquelle nous leur faisons un narré fort exact des vexations et des persécutions que nous avons endurées de la part de la force armée des rebelles de Lyon, des périls imminents que nous avons courus, des expéditions militaires de Rive-de-Gier, de la fuite précipitée des fidèles patriotes, qui, ayant été surpris une seconde fois par le même détachement de ces insurgents, n'avaient pas eu le temps de se mettre en état de défense.[1] Nous dépei-

(1) Sur ce point on peut consulter utilement l'intéressante publication de MM. Chaleyer, Véricel et Devet : *Expédition des Lyonnais dans le Forez*, 1 vol. in-8º.

D'après Joachim Puy, qui était capitaine quartier-maître, commandant de l'armée départementale lyonnaise, c'est à la suite de soulévements suscités par les Jacobins que l'on se détermina à envoyer une force armée à Saint-Etienne et à Montbrison pour maintenir ces deux villes sous la dépendance du chef-lieu du département de Rhône-et-Loire. Le but pacificateur de l'expédition étant ignoré, l'approche des troupes lyonnaises causa promptement de vives alarmes à Saint-Etienne et surtout à Saint-Chamond. Aussi le Conseil d'administration du district arrêta-t-il, à l'unanimité, « qu'un bataillon de la garde nationale de cette ville serait aussitôt requis pour se transporter à Saint-Chamond avec une pièce de canon, à l'effet de se réunir aux bataillons de cette ville et de repousser la force par la force. »

Lorsque le détachement lyonnais arriva à l'entrée de la ville, il y

gnons aussi l'état actuel de la ville de Lyon, son blocus et
son siège ; nous nous plaignons amèrement des maux
causés par l'aristocratie et le fédéralisme qui avaient osé
lever leurs têtes altières, menacer, écraser la liberté de ses
foudres et qui avaient voulu sonner l'anéantissement de
notre club ; nous leur parlons de sa réinstallation et des
causes de l'interruption de notre correspondance mécham-
ment interceptée. L'admirable auteur de l'épitre leur exprime
sensiblement le désir extrême que nous avons d'entretenir
et renouer notre commerce épistolaire ; il traite, avec une

trouva un parti d'anarchistes assez nombreux qui vinrent hardiment lui
barrer le passage. C'étaient les Jacobins de Saint-Etienne réunis à ceux
de Saint-Chamond. Tout d'abord, les sans-culottes demandèrent à fraterniser ; c'était en réalité un prétexte pour se rendre compte de la
position et des forces ennemies. Après avoir parlementé fort longtemps,
les sans-culottes dirent aux Lyonnais que puisqu'ils ne voulaient pas
se retirer, ils se battraient et sauraient bien les forcer à la retraite. « Toutes
les propositions furent alors rompues, les anarchistes se retirèrent dans
leurs positions et les Lyonnais braquèrent leurs pièces contre la ville.
On était prêt à en venir aux mains, lorsque tout-à-coup des gens effrayés
par les trois coups de fusil qui devaient annoncer l'arrivée du détachement
de la montagne, s'enfuirent en criant : *les muscadins ! les muscadins !* Les
chefs s'informent et apprennent que les Lyonnais descendent des hauteurs
dans le centre de la ville ; craignant une surprise, ils se sauvent en toute
hâte, suivis de tous leurs adhérents. Les Lyonnais se mettent à leur
poursuite ; mais, malgré toute leur diligence, ils ne purent s'emparer
d'aucun des meneurs ; quelques ouvriers seulement furent pris. »
(Juillet 1793.)

Quelque temps après, eut lieu, près de Rive-de-Gier, l'affaire des
Grandes-Flaches. Une cinquantaine de dragons, séparant leur cause de
celle des Lyonnais, avaient quitté furtivement Saint-Etienne pour aller
occuper Rive-de-Gier. Aussitôt Servan, qui commandait les forces lyonnaises, marche contre cette ville, après avoir renforcé sa troupe des
quarante hommes de la station de Saint-Chamond, dont Michel Roux
était le chef. A son arrivée, le tocsin se fait entendre et, malgré le feu

mâle éloquence et cette vive pénétration qui lui est naturelle, les mesures à prendre pour sauver le génie de la Liberté qui doit être le dieu tutélaire de la France. Enfin, l'orateur se résume pour dire que le citoyen Saint-Didier,[1] un des membres de notre Société, se proposait d'aller en personne leur présenter nos vœux, nos hommages, et leur faire un détail mieux circonstancié et un tableau plus frappant de tous les événements.

Les applaudissements ont été réitérés.

D'après bien des observations de part et d'autre, l'on est convenu que le bureau serait formé provisoirement jusqu'à l'arrivée de nos frères d'armes actuellement au camp près de Lyon et qui combattent avec une valeur héroïque pour le salut de la patrie, la sûreté de nos personnes et de nos propriétés. L'on a donc procédé de suite par acclamation à la nomination des membres qui doivent le composer. En

de l'artillerie. Servan est battu par les dragons. Les Lyonnais se réfugient dans la grange des *Grandes-Flaches* et, de là, Servan, pour faire cesser le tocsin, ordonna de tirer à boulets sur le clocher. Tout-à-coup, les volontaires font une sortie vigoureuse ; Laferté tombe sur sa pièce de canon. Servan est blessé au poignet et plusieurs Lyonnais sont tués. « Réfugiés dans la grange des *Grandes-Flaches*, les Lyonnais construisent une espèce de barricade et repoussent avec avantage les attaques des dragons. Mais les volontaires et les sans-culottes accourent, Laferté est fait prisonnier et la grange investie. Les blessés, restés sur la route, sont insultés et massacrés par les femmes qui les accablent d'horribles traitements. » Le combat dura cinq heures ; on poursuivit les Lyonnais cachés dans les bois ou dans les foins et l'on fut pour eux impitoyable.

(1) Saint-Didier, ex-prêtre, puis hussard ; il devint ensuite secrétaire des représentants du peuple en mission et enfin commissaire du Directoire, à Charlieu. Il fut nommé pour deux ans au Conseil des Cinq-Cents, en l'an VI.

conséquence le citoyen Bravy [1] a été élu et proclamé président à l'unanimité et à la satisfaction générale.

Le secrétariat a échu au citoyen Duding qui a témoigné à l'assemblée combien il était flatté des marques d'estime et de confiance qu'elle lui donnait; il lui a promis qu'en revanche il ne négligerait rien pour son service, autant que sa santé, ses forces, ses occupations, ses lumières et l'équité le permettraient; il l'a en même temps invitée à serrer les liens de l'amitié fraternelle, à s'unir plus que jamais, à étouffer les discussions et les haines particulières, à continuer d'opérer le bien, de s'intéresser au sort des malheureux, de respecter les lois et d'oublier tout le passé, pour ne se souvenir que de son triomphe.

L'on a ensuite choisi pour commissaires les citoyens Coignet, Meaudre Gabriel, Couchoud de la Rive, Chardon et Cibert qui ont réuni tous les suffrages.

La discussion s'est engagée sur la forme des diplômes et les nouveaux règlements de la Société, sur lesquels chaque citoyen est prié d'ouvrir son avis et communiquer ses idées; mais un membre a objecté que l'on ne pouvait encore rien arrêter compétemment ni définitivement avant l'organisation de la Société; c'est pour cela que l'on a jugé à propos d'attendre le retour de nos concitoyens, afin de délibérer sur cet objet, aussi bien que sur le mode des réceptions. Le Président a néanmoins représenté qu'elles devaient se faire par un scrutin épuratoire et des plus

(1) Bravy, officier municipal de Saint-Chamond, fut élu député au Conseil des Cinq-Cents, en l'an vii, par l'assemblée électorale scissionnaire, séant au temple décadaire. Mais une loi du 24 floréal an vii annula les opérations électorales de cette assemblée.

sévères ; il a ajouté que l'on ne devait admettre que des individus bien connus par l'ardeur de leur zèle, la pureté de leur civisme et l'intégrité de leurs mœurs, et qu'il fallait avoir grand soin d'exclure tout ce qui respirait le royalisme, l'aristocratie et le fanatisme, avec cependant certains égards pour les sujets qui, par une crasse ignorance, s'étant déviés des vrais principes et ayant déserté la bonne cause, reconnaissaient leur erreur et revenaient de bonne foi de leurs égarements ; pour ceux aussi qui, par une trop lâche complaisance ou une crainte basse et servile, s'étaient en apparence laissés séduire ; mais que les aristocrates fieffés, comme comme ceux qui avaient sourdement ourdi des complots désastreux, ne méritaient aucun ménagement ni aucun quartier.

Les applaudissements redoublés ont fait retentir la voûte.

Un membre, ayant obtenu la parole, a étayé la motion du préopinant et a dit que la gent aristocratique était en effet digne de mépris et d'horreur ; il a démontré avec sagacité que ceux qui se déclaraient ouvertement étaient moins dangereux que les modérés qui, usant de dissimulation et de duplicité, affectaient le patriotisme et n'étaient rien moins que patriotes. — Applaudissements.

Après quoi, le Président a levé la séance et a ajourné la suivante à jeudi prochain, 6 heures précises.

Ainsi fait et clos, les jour et an que dessus.

Signé : DUDING, secrétaire.

Cejourd'hui, trois octobre 1793, l'an deuxième de la République une et indivisible, le Président a ouvert la séance à la manière accoutumée.

A la lecture du procès-verbal adopté sans réclamation a succédé celle des papiers-nouvelles.

Un membre, ayant obtenu la parole, s'est amèrement plaint de la cherté excessive des comestibles en tout genre, et particulièrement de l'inexécution du sage décret concernant le maximum des grains et autres denrées. [1]

L'assemblée ne pouvant qu'y adhérer et prendre en considération des plaintes aussi légitimes et aussi bien fondées, n'ayant d'autre but que le bien commun, l'allégement du sort des malheureux, s'est empressée d'y faire droit. En conséquence, les citoyens Pugnet, Robert, Renaud et Thiollière ont été chargés, comme commissaires délégués par elle, de se transporter auprès du Conseil général de la commune, aux fins de l'inviter à étendre sa surveillance et son activité ordinaires sur un objet aussi important que celui des subsistances de première nécessité, et généralement sur tout ce qui est capable d'intéresser le peuple et améliorer sa triste position ; en même temps, supplier la

---

(1) Cf. loi du 11 septembre 1793 fixant un maximum du prix des grains, farines et fourrages, et prononçant des peines contre l'exportation. Voici le maximum fixé pour le prix d'un quintal, poids de marc : blé froment, première qualité, 14 livres ; farine de froment, 20 livres ; blé méteil, moitié froment et moitié seigle, 12 livres ; seigle, première qualité, 10 livres ; orge, pamelle, première qualité, 9 livres ; blé de Turquie, d'Espagne, ou maïs, première qualité, 8 livres.

La loi du 11 septembre et toutes celles qui l'ont suivie, concernant la fixation d'un maximum sur le prix des denrées et autres marchandises, ont été rapportées par celle du 4 nivôse an III.

municipalité de ne rien négliger pour que l'avantageux décret du dit maximum ressorte son plein et entier effet, et de jeter un coup d'œil aussi attentif sur la conduite des boulangers de cette ville, qui devraient taxer et diminuer le prix du pain, à proportion de celui du bled, ce qu'ils ne font pas ; la supplier encore, avec autant d'instance, de rédiger sans délai une adresse à la Convention nationale, tendant à la presser de ne point désemparer, c'est-à-dire de rester constamment à son poste, du moins jusqu'à ce que le calme et la sûreté soient rétablis dans toute la République, et que sa base soit bien affermie ; enfin, lui remontrer qu'il serait absolument nécessaire de prendre de promptes et rigoureuses mesures pour que le décret du maximum fût mis en vigueur dans tous les départements, districts et communes de la République. — Applaudissements.

Après quoi, la séance a été levée.

Ainsi fait et clos, les jour et an que dessus.

Signé : DUDING, secrétaire.

Le huit octobre 1793, l'an deuxième de la République, une et indivisible, en l'absence du Président, le citoyen Meaudre, du vœu unanime de l'assemblée, a dignement rempli les fonctions de la présidence. Après avoir ouvert la séance à la manière accoutumée, il nous a entretenus de l'obstination condamnable des Lyonnais,[1] de leurs iniques

---

(1) Le siège de Lyon, commencé depuis deux mois, touchait à sa fin. On a tant écrit sur cette triste période qu'il est inutile d'en retracer les péripéties. Du jour où eurent lieu les premières hostilités, les Lyonnais montrèrent une constance sans pareille ; mais, vers le mois d'octobre,

hostilités, des avantages de l'armée républicaine, de la louable conduite de nos troupes, de leur énergique intrépidité et de leur valeur héroïque. — Applaudissements réitérés.

Le secrétaire a lu le dernier procès-verbal adopté sans réclamation. A succédé la lecture d'une lettre par laquelle l'on nous fait un détail exact et bien circonstancié de la fête célébrée à Paris, avec pompe et magnificence, en l'honneur de l'acte Constitutionnel [1] universellement accepté par les citoyens de la capitale, où règnent l'ordre, le calme et la plus grande sécurité. Ladite lettre a été accueillie avec enthousiasme.

Ouï le rapport d'un des commissaires chargés de se transporter à la municipalité, aux fins de l'inviter à mettre en exécution le décret concernant le maximum des grains

les courages s'ébranlèrent; la ville était cernée de tous les côtés, l'espoir disparaissait et les vivres manquaient. Voici d'ailleurs le rapport d'un citoyen sorti de Lyon dans la matinée du 4 octobre 1793 :

« Je pense que les rebelles vont manquer de subsistances. On ne donne du pain qu'à la troupe; le citadin n'a que de l'avoine et des amandes. La vache se vend 3 francs la livre, poids de quatorze onces. Les chevaux tués dans la journée du 29 ont été vendus 40 sols la livre...

« On se garantit de la bombe par le moyen de gens salariés par les propriétaires, à raison de 5 livres par nuit, lesquels jettent de l'eau et font appeler les pompiers.... »

Cf. *Lyon en 1793*, le siège, notes et documents, publiés par A. Metzger. — *Lyon sous la Révolution*, par le baron Raverat. — *Bulletin du département de Rhône et Loire* (8 août - 30 septembre 1793), publiés par Charavay fils aîné. — Monsieur F. Coignet, de Saint-Chamond, a publié un poème dithyrambique, intitulé : *Le siège de Lyon;* cet ouvrage, couronné par l'Académie de Lyon, en 1825, a eu deux éditions.

(1) En l'honneur de l'achèvement et de l'acceptation de la Constitution, le Conseil général de Paris invita tous les citoyens à illuminer.

et autres denrées ; il a été répondu par elle que la demande était trop juste pour qu'on négligeât d'y faire droit. — Applaudissements.

Le président a ensuite exalté la vigilance des membres qui composent le corps municipal,[1] le zèle et l'ardeur qui l'animent, ajoutant qu'il avait déjà été fait toutes les diligences requises et nécessaires pour que ledit décret fût observé selon sa forme et teneur.

Un membre, ayant obtenu la parole, a sagement représenté qu'indépendamment de la bonne volonté de notre commune, il n'était pas possible que le maximum fût établi et exécuté seulement ici, que les démarches, quelqu'actives qu'elles fussent, deviendraient infructueuses et inutiles, si elles ne s'étendaient que dans la dépendance de sa juridiction, vu que, la taxe n'étant pas générale, les coteaux qui achèteraient le bled à un prix excédant celui du taux ne seraient pas assez sots pour venir le vendre à pure perte aux marchés de cette ville. Alors le président a judicieusement répliqué que le bien particulier devait toujours céder au bien public ; qu'afin d'obvier à tout inconvénient et faire ressortir ledit décret son plein et entier effet, il convenait absolument d'adresser au Conseil général de la commune une pétition tendant à le supplier d'écrire en conséquence et de suite au Directoire de Saint-Étienne, se plaindre auprès de lui de la rareté et bientôt de la disette occasionnées par sa négligence ou son insouciance à ordonner dans toute la plaine du Forez et l'arrondissement du

(1) L'assemblée municipale se composait alors des citoyens Chana, maire (incarcéré à Lyon), Valentin, Pervanchon, Prévost, Paret, Pascal l'Invalide, Conord, Boyer, Jacquier, Pitiot, Monate, procureur.

district la fixation des subsistances portée par le décret;
ce qui avait déjà éloigné de nos murs la majeure partie
des marchands de bled, qui commençaient à nous menacer
de leurs prochaines disparitions.[1]

Les citoyens Meaudre, Robert et Pugnet ont été choisis
et nommés porteurs de la présente pétition, par laquelle la
municipalité sera en outre priée d'inviter la Convention
nationale à ne point désemparer, avant que le Code des lois
ne soit achevé et que les ennemis n'aient évacué le territoire de la République, attendu que les nouveaux députés,
n'ayant aucune ou seulement une légère connaissance des
affaires, ne serviraient qu'à les prolonger ou à les compli-
quer. Les commissaires sus-nommés rendront fidèlement
compte de leur mission à la première séance tenante.

Lecture a été faite de la lettre des prétendues autorités
gouvernant la ville de Lyon aux représentants du peuple à
l'armée devant Lyon, avec les observations des mêmes
représentants, en datte du vingtième septembre.

Un membre a parlé avec beaucoup de véhémence de la
ferme et constante générosité des bons patriotes, des mauvai-

---

(1) Précisément à cette époque où la disette commençait à se faire
sentir d'une façon très accentuée, les représentants du peuple près
l'armée de Lyon adressaient à toutes les communes du district de Saint-
Étienne une réquisition aux termes de laquelle « il fallait fabriquer sur
le champ tout le pain qui pouvait se faire dans l'étendue desdites communes et l'expédier de suite par la route de Saint-Genis aux commissaires
de guerre, marchant contre les rebelles de Rhône-et-Loire.... » Il était
recommandé de « requérir partout des aristocrates, feuillants, muscadins,
modérés, tout ce qui excède leur stricte subsistance; eux-mêmes devant
convenir qu'il est juste qu'ils fournissent à la guerre qu'ils ont déclarée
et qu'ils nourrissent enfin le peuple, du sang et des sueurs duquel il se
sont substantés si longtemps. »

ses intentions, des indignes procédés et des projets désastreux des rebelles, qui soupiraient plutôt après la République *nulle et invisible* qu'*une et indivisible*; il n'a point dissimulé que les émigrés et les prêtres réfractaires n'avaient que des vues très-intéressées, ne voulaient et ne désiraient rien moins que la pratique de la saine morale qu'ils s'efforçaient de prêcher, mais qu'ils croyaient pouvoir s'en écarter impunément eux-mêmes, et que leurs exemples, pernicieux aux mœurs et funestes à l'Etat, achevaient de les démasquer. — Applaudissements.

Ainsi s'est terminée la séance; le président a ajourné la suivante à samedi prochain, six heures de relevée.

Fait et clos, les jour et an que dessus.

Signé : DUDING, secrétaire.

Cejourd'hui, treize octobre 1793, l'an deuxième de la République française, une et indivisible, le Président a ouvert la séance, selon la coutume. Sont survenus les citoyens qui avaient été impitoyablement traînés dans les prisons de Pierre-en-Scize.(1) L'assemblée a exprimé avec enthousiasme le plaisir indicible de les revoir libres et sains

(1) C'est au château de Pierre-Scize qu'eut lieu, en septembre 1792, le massacre de neuf officiers du régiment de cavalerie, ci-devant Royal-Pologne. Après avoir servi de prison pendant toute la durée du siège de Lyon, il tomba, le 19 octobre 1793, au pouvoir des représentants du peuple. — Cf. *Lyon sous la Révolution,* par le baron Raverat.

et saufs dans son sein ; elle leur a sensiblement témoigné que sa joie était aussi vive que leur absence et leur détention lui avaient été douloureuses et insupportables. Le citoyen Chana,[1] maire, l'un des incarcérés, a occupé le fauteuil de la présidence, avec le vœu et la satisfaction générale ; il en a dignement rempli les fonctions jusqu'à la fin de la séance.

Le secrétaire a fait lecture du dernier procès-verbal qui a été universellement adopté ; il a ensuite congratulé, au

[1] Chana, maître cordonnier, maire de Saint-Chamond, de novembre 1792 à juillet 1793, fut arrêté le 18 juillet de la même année par les rebelles lyonnais et incarcéré jusqu'en octobre, époque où il revint à Saint-Chamond, exercer de nouveau, pendant neuf jours, ses fonctions de maire. Chana eut pour compagnons de captivité, à Pierre-Scize, les citoyens Conord et Saint-Didier.

Dans la séance du 13 octobre 1793, le Conseil général de la commune arrêta, sur la proposition d'un de ses membres, « qu'il serait de suite donné des ordres à la garde nationale pour se rendre à la maison commune à l'effet d'accompagner le Conseil général auprès des trois citoyens ci-dessus nommés. L'ordre ayant été exécuté, le Conseil général s'est rendu chez le citoyen maire, où étaient les citoyens Conord et Saint-Didier, et, après que le président leur a témoigné, au nom de la commune, combien elle a été sensible à leur détention, et présenté une couronne, ils ont été conduits au milieu des acclamations de tout le peuple dans la maison commune, où ils ont tous été installés dans leurs fonctions. »

Chana fut ensuite nommé par Javogues vice-président du département de la Loire. Après le 9 thermidor, il fut conduit à Paris, par ordre de la Convention, pour y répondre de ses crimes et de ses pillages et ne dut sa liberté qu'à la loi de l'amnistie. Grand ami de Babeuf, il fut de nouveau nommé administrateur par le Directoire, en l'an IV, et continua avec ses collègues toutes sortes de concussions et d'infidélités dans la vente des biens nationaux. Malgré de nombreuses plaintes, il fut renommé par le Directoire, après le 18 fructidor et enfin porté au Corps Législatif par l'assemblée électorale de l'oratoire de Montbrison.

nom de la société, les ci-devant prisonniers sur leur élargissement presque inespéré ; il a aussi exalté leur civisme, a fait valoir le triomphe de l'innocence indignement persécutée et le ravissement que leurs présences exprimaient dans tous les cœurs des vrais sans-culottes, leurs chers concitoyens.

Un des ex-prisonniers, avec cette mâle éloquence qui lui est si familière, a vivement répondu que c'était par un effet miraculeux du souverain arbitre des destinées humaines qu'ils avaient échappé au poignard des assassins et qu'ils devaient à lui seul leur libération ; il a parlé de la défaite entière des infidèles Lyonnais, de la confusion et de l'étrange consternation des traîtres, des perfides et des rebelles qui pouvaient tous s'attendre à éprouver le même sort ; il a encore déclamé contre la force départementale, ennemie jurée de la chose publique et de la Révolution ; il a traité les conspirateurs d'anthropophages, les regardant comme de nouveaux Syllas et autant de Cannibales. Enfin il a heureusement cité plusieurs traits d'histoire qui sont venus à l'appui de son assertion.

Le docte et fécond orateur a invité les citoyens à faire graver sur le mausolée érigé en face du corps de garde une épitaphe qui célébrât la victoire remportée sur Lyon, et, en général, la mémoire et la valeur héroïque des guerriers qui, les armes à la main, auraient fait le généreux sacrifice de leur vie pour le maintien de la liberté et le salut de notre bienfaisante République.

Un autre membre a demandé que, pour honorer les services et les hauts faits de feu citoyen Jamon,[1] ex-député

---

(1) Jamon, frère de Régis Jamon, curé de Notre-Dame de St-Chamond.

à la Convention nationale, mort dans les fers et triste victime de son constant amour pour la patrie, son nom fût inscrit en gros caractères sur le même monument. Des demandes aussi légitimes et aussi raisonnables ont été applaudies et de suite concédées.

Deux citoyens se sont alternativement élevés, avec autant de véhémence que de sagacité, contre les aristocrates, les feuillants, les modérés et les fanatiques. L'un d'eux a pris le ciel et la nature à témoins de leur scélératesse, de leurs noirs et désastreux complots ; il a lancé contre eux les anathèmes, en menaçant leurs têtes des foudres dont se sert la justice divine pour venger la vertu opprimée et punir les forfaits.

Applaudissements réitérés.

Un membre, ayant obtenu la parole, a réclamé de l'assemblée une souscription volontaire pour l'équipement de la plupart de nos frères d'armes qui avaient usé leurs habits et leurs souliers au service de la République dans ses expéditions militaires contre Lyon. Une aussi honnête et aussi glorieuse proposition, ne pouvant qu'être favorablement accueillie, a été unanimement acceptée.

Un de nos commissaires, porteur de notre adhésion à l'acte constitutionnel, a raconté que, pendant son séjour à Paris, il avait eu l'avantage d'assister aux séances de la Société des Jacobins, qu'il les avait entretenus des attentats de la force armée lyonnaise,[1] qu'il leur avait fait un détail exact et bien circonstancié de ses dévastations, de ses bri-

---

[1] J'ai déjà parlé plus haut (p. 17) du passage de l'armée départementale à Saint-Chamond. Les Jacobins de Saint-Étienne et de Saint-

gandages et de la fuite précipitée des ardents patriotes à son approche, avec leurs femmes et enfants. Il a ajouté que nos frères les Jacobins lui avaient communiqué le mode des réceptions et de l'organisation des sociétés populaires, l'ordre qui devait y régner, et qu'ils lui avaient particulièrement recommandé de réprimer les abus et rejeter les dénonciations dénuées de preuves authentiques; de n'y tolérer aucune motion incendiaire et de mettre sous le glaive de la loi ceux qui s'en permettraient, qui s'émanciperaient ou se répandraient en injures ou en propos calomnieux; qu'enfin ils lui avaient donné le signal d'arrestation, lequel

Chamond qui étaient venus pour lui barrer le passage, se replièrent, tandis que les négociants et les notabilités de notre ville lui firent un bienveillant accueil. Aussi, Javogues écrivait-il aux officiers municipaux de Saint-Chamond (17 septembre 1793) : « Votre ville s'est trop bien comportée, citoyens officiers municipaux, pour que, dans ce moment-cy, elle ne nous laisse pas la perspective flatteuse que vous ferez tous vos efforts pour nous procurer le plus de monde possible pour réduire les rebelles de Lyon; vous avez sous vos yeux un beau modèle, trente mille hommes sont venus du fond de l'Auvergne pour voler à votre secours...» D'un autre côté, Javogues ordonnait de « mettre les scellés et de séquestrer les biens de tous les contre-révolutionnaires existant dans la ville » et il se plaignait que « la liste n'en était pas bien nombreuse. »

Le registre des délibérations du Conseil général de Saint-Chamond contient plusieurs protestations relatives au séjour de la force armée lyonnaise dans nos murs : 1º La municipalité qui avait abandonné son poste déclare qu'elle n'a fait que céder à la force des armes ; 2º le citoyen Perraud, juge de paix de Saint-Julien et président de la section de Saint-Pierre, affirme qu'il a été obligé de se conformer à l'arrêté de la section commandée par les rebelles eux-mêmes, mais qu'il n'a jamais voulu signer les décisions prises ; 3º enfin les citoyens Rossary aîné et Fournas fils, commandants en chefs des bataillons de la garde nationale protestent contre « tout ce qu'ils pourraient avoir fait de contraire aux décrets de la Convention. »

consistait purement en un claquement de mains qui avertissait les commissaires, nommés à cet effet, de se saisir aussitôt du coupable. — Applaudissements.

La discussion s'est ensuite engagée sur l'établissement des bancs et autres urgentes réparations ou décorations qu'exige la salle de notre Société. L'on est convenu de s'en occuper incessamment.

Le Président a exhorté l'assemblée à reprendre sa première énergie, à redoubler de zèle et de courage ; il lui a judicieusement et sagement conseillé de s'attacher surtout à l'étude des lois, à la connaissance de la sublime Constitution qui, dorénavant, serait lue par un citoyen chargé d'en commenter chaque article, usage qui a de suite été approuvé, délibéré et statué avec les plus grands applaudissements.

Les citoyens Laforest et Coignet, fidèles républicains, ont été élus et nommés à l'unanimité, pour la rédaction des règlements de la Société.

Un membre s'est amèrement plaint des mauvais traitements qu'il avait essuyés de la part du détachement Lyonnais, lors de son passage en cette ville. Le Président, après avoir loué le chaud patriotisme du plaignant, l'avoir engagé à ensevelir le passé dans la nuit d'un éternel oubli, a levé la séance et a ajourné la suivante à mardi prochain, à l'heure ordinaire.

Ainsi clos et arrêté, les jour et an susdits.

Signé : DUDING, secrétaire.

Cejourd'hui, quinze octobre 1793, l'an deuxième de la République une et indivisible, les citoyens, composant le Conseil général du Peuple, se sont assemblés dans le lieu ordinaire de leurs séances; le citoyen Châna, maire, ayant été prié de suppléer au défaut du Président absent, a ouvert la présente aux noms de la Liberté, de l'Égalité, etc.....

Lecture faite du dernier procès-verbal adopté sans réclamation, il a observé qu'il était fort à propos de ne plus différer la réinstallation ni l'organisation de la Société et que l'on devait s'occuper de suite des réparations et décorations de la salle, lesquelles seront faites par des ouvriers pris dans le sein de la Société et sous les yeux de quatre commissaires chargés d'en donner le plan et d'en ordonner la distribution.

L'assemblée a délibéré et arrêté que la dite Société ne serait d'abord composée que de cinquante membres qui, selon l'ancien usage, passeraient individuellement au scrutin épuratoire, et que, pour être admis en rang et frère de la Société, chaque citoyen présenté ou proposé devra obtenir le nombre de sept huitièmes des pois blancs excédant les noirs.

Le Président a mis aux voix si l'on nommerait en cette séance ou à la prochaine onze commissaires qui procéderont aux réceptions des cinquante citoyens. L'on est unanimement convenu que cette élection se ferait sans délai. En conséquence, les citoyens Chana, Conord, Montgarat, Jacques Dervieux fils, Vivarez, Montellier, épicier, Imbert, Escomel, Fleury Dervieux, Cibert et Duding, ont été chargés de cette opération renvoyée à demain. Ledit citoyen Montellier, épicier, a reçu la commission d'inscrire les noms de ceux qui désireront devenir membres de la Société.

Un citoyen ayant obtenu la parole, a représenté qu'il en fallait exclure les satellites des muscadins, les royalistes, aristocrates, fédéralistes, feuillants, modérés et fanatiques ; qu'il fallait aussi en exposer le tableau afin d'inspirer encore plus d'horreur pour cette classe, surtout pour ceux qui avaient été pris les armes à la main contre la République. Le Président, venant à l'appui de la motion, a répondu qu'en effet tout homme douteux et suspect était indigne d'entrer dans une société populaire qui ne devrait être composée que de républicains bien connus par l'ardeur de leur zèle, la pureté de leur civisme, par leur constant amour pour la patrie, l'élévation de leurs sentiments et l'intégrité de leurs mœurs. La proposition a été couverte de louanges.

Un membre a fait observer qu'il fallait cependant avoir des égards pour ceux qui avaient été égarés ou séduits. Il a été répliqué qu'on ne lui ferait grâce qu'autant qu'il prouverait la séduction et dénoncerait le séducteur. La réplique a été approuvée. La discussion s'est ensuite engagée sur la forme des cartes et l'on a adopté celle des Jacobins de Paris. Elles seront délivrées gratis à chaque membre ; mais il a été arrêté que tout récipiendaire compterait vingt-cinq sous pour sa réception une fois payée.

L'on a encore arrêté qu'il serait établi un bureau de surveillance consistant en sept membres tirés de la Société, lesquels entendraient les dépositions des plaignants, les pétitions, requêtes et dénonciations qui seraient examinées, scrutées très scrupuleusement, et que les faux dénonciateurs, regardés comme d'infâmes calomniateurs, seraient poursuivis, mis sous le glaive de la loi et porteraient la même peine qui serait infligée au coupable. — Applaudissements.

Le citoyen Jamon, curé de Notre-Dame, a fait ses remerciments aux ci-devant prisonniers à Pierre-en-Scize des
attentions et des soins particuliers qu'ils avaient eus pour
son frère, détenu dans la même prison, pendant tout le
temps de la maladie qui l'a conduit au tombeau. Le Président, après avoir énergiquement exprimé le civisme du
défunt et les regrets qu'il avait emportés avec lui, s'est
résumé par dire qu'en effet il était mort par les malveillants,
mais qu'il vivrait toujours dans les cœurs des francs et
fidèles patriotes.

Après quoi, l'on a délibéré qu'il serait fait une pétition
tendant à demander aux représentants du Peuple quatre
pièces de canon. Le secrétaire a été chargé de rédiger ladite
pétition, par laquelle il serait aussi fait un détail exact de
la conduite des rebelles lyonnais à notre égard.

Le Président a levé la séance et assigné la suivante à
jeudi prochain.

Ainsi clos et arrêté, les jour et an que dessus.

Signé : DUDING, secrétaire.

Le seize octobre 1793, l'an deuxième de la République
Française une et indivisible, en vertu de la loi qui autorise
l'établissement des clubs, et en exécution de l'arrêté pris
hier au Conseil général du peuple de Saint-Chamond,
où le citoyen Montgarat présidait, comme plus ancien
d'âge, les onze commissaires, dont il est fait mention au
dernier procès-verbal, se sont assemblés dans le lieu ordi-

naire de nos séances à l'effet de procéder, par scrutin individuel, à la réception des cinquante citoyens qui se seront
fait inscrire sur la liste que tiendra le citoyen Montellier,
marchand épicier, l'un des onze commissaires élus, nommés, proclamés en cette qualité et admis membres à l'unanimité, du recensement desquels scrutins il est résulté
que les citoyens :

1	Antoine Prévost	23	J. B. Grenier
2	Grangeon Antony	24	Claude Pascal, aubergiste
3	Claude-Marie Duon		
4	Pierre Chirat	25	Paul Robert
5	Antoine Barbarin	26	Gabriel Marion
6	Jean Grangier	27	Jacques Grangeon
7	Jean-Pierre Chambovet	28	Clément Martauray
8	Louis Roussier	29	Jean Rénaud
9	Jacques Pascal fils	30	Gabriel Grangier
10	François Pugnet	31	Jacques Rénaud
11	Jullien Bonnet	32	Claude Berry
12	J.-M. Play, dit Dupuy	33	Marcellin Chaize
13	Jullien Gonet	34	Christophe Chardon, cordonnier
14	Ubert Dumont		
15	Jean-Marie Prénaz	35	Jean-Marie Tardy
16	Antoine Coron	36	Claude Françon
17	Paul Jamon, curé	37	François Clapéron
18	André Nanta, cadet	38	Jean-Pierre Moret
19	Jullien Coignet	39	Jean François Drevaz
20	J.-B. Grenier, cadet	40	Jean-Fs Monier, aîné
21	Paul Pervanchon	41	Jean-Baptiste Roussier
22	Jean-Baptiste Montagnier, boucher	42	Claude Rossilliol
		43	Augustin Rozet

44 Mezin
45 Charles Antony
46 J.-B. Dervieux père
47 J.-B. Gaspard-Chol
48 Vincent Duculty
49 Terrasson-Laroche
50 Font

ont réuni la pluralité absolue des suffrages, c'est-à-dire ont eu le nombre suffisant de voix. En conséquence, ils seront reconnus membres et frères de notre société, sous la dénomination de Société populaire des amis de la liberté, de l'égalité et de la République une et indivisible, immédiatement après leur prestation de serment civique, lequel a de suite été prêté par les citoyens Antoine Prévost, Claude Marie Duon, Antoine Barbarin, Jean-Pierre Chambovet, Louis Roussier, François Pugnet, Antoine Coron, Claude Pascal, aubergiste, Clément Martauray, Vincent Duculty, et lesdits onze commissaires présents qui ont également prononcé ces paroles : *Je le jure.* — Applaudissements.

Le Président a proposé la formation d'un bureau de surveillance qui serait composé de sept membres pris dans le sein de la Société, comme l'on en était déjà convenu dans la précédente séance. L'assemblée, ne voulant pas différer plus longtemps cette opération et une institution non moins essentielle que urgente, s'est empressée d'élire par acclamation les citoyens Montellier, marchand épicier ; Escomel ; Prévost, Terrasson-Laroche, Imbert, Pascal, aubergiste, et Robert, lesquels reconnus par la pureté de leur civisme et leur intégrité établiront leur audience dans une des chambres dépendantes de la maison commune, où ils recevront les dénonciations et rendront justice avec fermeté et impartialité.

Applaudissements.

Après quoi, le citoyen Montgarat, nommé président par rang d'ancienneté, a levé la séance et a ajourné la prochaine au lendemain, même heure.

Ainsi fait et clos, les jour et an que dessus.

Signé : DUDING, secrétaire.

Cejourd'hui dix-sept octobre 1793, l'an deuxième de la République une et indivisible, les citoyens de la Société populaire des amis de la liberté et de l'égalité se sont assemblés dans la salle ordinaire de leurs séances, à l'effet de former le bureau de ladite Société.

Après l'ouverture de la séance, à la manière accoutumée, par le citoyen Chana, maire, nommé provisoirement président, l'on a donc procédé par scrutin individuel à l'élection des membres qui doivent composer ledit bureau. Du dépouillement de chaque scrutin il est résulté que, sur cinquante votants, le citoyen Chana a réuni trente-neuf voix, pour la présidence, et le citoyen Conord quarante-une pour la vice-présidence, et ont été proclamés en cette qualité à la satisfaction générale de l'assemblée qui a vivement applaudi.

Le citoyen Duding a obtenu la majorité des suffrages pour le secrétariat ; et le citoyen Terrasson-Laroche pour le sous-secrétariat.

Les citoyens : Augustin Rozet a également réuni la pluralité pour la charge de trésorier, et Mayère pour celle de trésorier–adjoint.

Le citoyen Jean-Marie Prénaz a été nommé archiviste par acclamation et à l'unanimité, de même que les citoyens Imbert, Dupuy, Barbarin et Cibert, choisis et proclamés commissaires au bureau. — Applaudissements.

L'on a de suite continué les réceptions des citoyens présentés ou proposés membres de notre Société, selon l'usage adopté.

Les récipiendaires admis en cette séance sont les citoyens :

51 François Pradier.
52 Jean Targe.
53 Antoine Grangier.
54 Jacques Paire.
55 Antoine Collet.
56 Jean-Baptiste Burlat.
57 Jean-Claude Colomb.
58 Dubouchet, marchand.
59 Mayère aîné.
60 Jean Richard.
61 Fleury Thibaud.
62 Guillaudon père.
63 Guillaudon fils.
64 Monate, procureur de la commune.
65 Grégoire Laval aîné.
66 Valentin, marchand.
67 Bertholet.

Le Président a levé la séance et renvoyé la prochaine au lendemain, six heures de relevée.

Ainsi clos et arrêté, les jour et an que dessus.

Suivent les onze commissaires nommés en la séance du 15 octobre, aux fins de procéder à l'admission des cinquante citoyens inscrits pour devenir membres de la Société, après la prestation du serment civique qu'ont prêté lesdits onze commissaires, savoir les citoyens :

68 Chana.
69 Conord.
70 Montgarat.
71 Jacques Dervieux fils.
72 Vivarez.
73 Montellier, marchand épicier.
74 Imbert.

75 Escomel.

76 Fleury Dervieux.

77 Jean-Baptiste Cibert.

78 Pierre Duding.

Ainsi fait les jour et an susdits.

Signé : DUDING, secrétaire.

Cejourd'hui dix-huit octobre 1793, l'an deuxième de la République une et indivisible, le Président a ouvert la séance aux noms de la liberté et de l'égalité ; elle a été employée à l'admission des récipiendaires proposés membres de la Société. Ceux qui, après le scrutin individuel, conformément aux statuts, ont réuni les suffrages suffisants, sont les citoyens :

79 Gaspard Fontvieille.

80 Claude-Marie Balard.

81 Jean-Marie Gerin.

82 Pierre Achard.

83 Jacques Richard.

84 Ennemond Richard.

85 Antoine Goutet.

86 J.-B. Drevaz.

87 Michel Gaillard.

88 Jean-Pierre Piraud.

89 Christophe Bansel.

90 J.-B. Cibert aîné.

91 Monciny, greffier.

92 Monciny, chirurgien.

93 J.-B. Poyeton.

94 Jean Bador.

95 Jacques Lambert.

96 Louis Lambert.

97 Jean-Louis Lambert.

98 Etienne Chomier.

99 Jean-Marie Pitiot.

100 Pascal l'invalide.

101 J.-B. Malassagne.

102 Claude-Marie Pascal fils.

103 Joseph Varinier.

104 Pierre Chorvet.

105 Pierre Vincent.

106 Antoine Prost.

107 Jean Villemagne.

108 Laurent Villemagne.
109 Antoine Montagnier.
110 Antoine Tavernier.
111 Joseph Vinoy père.
112 Gaspard Louis Colin.
113 Antoine Nantaz.
114 Pierre Françon.
115 J.-B. Rozet fils.
116 Pierre-César Faure.
117 Antoine Dye Dalissan.
118 Jean-Pierre Callet.
119 Jean Fleury Vinoy, curé.
120 Jean Mortier, teinturier.
121 Pascal Dégeorge.
122 Pierre-Marie Rozet.
123 Pierre-Antoine Granaudon.
124 Jean Parant.
125 Jean-Baptiste Pauze.
126 Etienne Bruyaz.
127 Berne Damour.
128 Georges Sthmer.
129 Benoît Dumaine.
130 François Gillier.
131 Claude Deville.
132 Clerc Vauteaux.
133 Simon Haudoir.
134 Simon Olivier.

Lesquels ont fait et prêté le serment civique, exceptés les sus-nommés citoyens Jean Grangier, Ubert Dumont, Jean-Baptiste Grenier, Jean-Baptiste Burlat, Guillaudon fils, Bertholet, Jean-Marie Gerin, Ennemond Girard, Louis Lambert, Claude-Marie Pascal fils, Joseph Vinoy père, Gaspard-Louis Colin, Pierre-César Faure, Jean Parant, Berne Damour et Simon Haudoir.

La séance a été levée à neuf heures du soir et la prochaine ajournée au lendemain,

Ainsi clos les jour et an que dessus.

Signé : DUDING, secrétaire.

Le dix-neuf octobre 1793, l'an deuxième de la République une et indivisible, les citoyens composant la Société populaire et républicaine de cette ville ont convoqué leur assemblée seulement à dessein de procéder aux réceptions des individus jaloux d'être admis en rang et frères de ladite Société ; en conséquence, ceux à qui le scrutin a été favorable et qui ont obtenu la majorité sont les citoyens :

135	Barthélemy Oriol.	153	Antoine Fontvieille.
136	Jean Pitiot.	154	Jean-Baptiste Deville.
137	Jn Claude Bertholon.	155	Jean-Marie Grangeon.
138	Royer, menuisier.	156	Jean-Benoît Goy.
139	Simon Dervieux.	157	Michel Plaçon.
140	Fs Blachon, d'Izieux.	158	Charles Jacquemond,
141	Etienne Grangeon.	159	Jean Sauzay.
142	Jean-Marie Renaud, père.	160	Antoine Bonnet.
		161	Antoine Gachet.
143	Jacques Monier.	162	Clément Gamet.
144	Jean-Marie Escoffier.	163	J.-B. Deschamps.
145	Jean-Marie Piat.	164	J.-Marie Villemagne.
146	Jacquier, aubergiste.	165	Antoine Prénaz.
147	Clerc père.	166	Jacques Citharon.
148	Clerc fils.	167	Gabriel Bourg.
149	Jean Charbonnier.	168	Etienne Faure.
150	Jean-François-Simon Guigou.	169	Tavernier, curé.
		170	César Rossary.
151	Barange, md épicier.	171	Martin Girard.
152	Antoine Grange, de Saint-Jullien.	172	Antoine Bravy.
		173	Louis Barroux.

Lesquels ont fait et prêté le serment civique en disant : *Je le jure,* après la lecture de la formule par le secrétaire, à l'exception des susdits citoyens Royer, Simon Dervieux, François Blachon, Etienne Grangeon, Jean-Marie Piat, Jacquier, Clerc père et fils, Antoine Granges, Antoine Fontvieille, Antoine Gachet, Etienne Faure et Tavernier, curé, qui sont invités à le faire à la séance prochaine assignée au 21 du courant, à l'heure ordinaire.

Ainsi clos les jour et an que dessus.

Signé : DUDING, secrétaire.

Cejourd'hui, vingt-quatre octobre 1793, l'an deuxième de la République une et indivisible, le Président a ouvert la séance à la manière accoutumée.

L'on s'est d'abord entretenu des réparations urgentes de la salle de la Société et des décorations dont elle peut être susceptible. L'on est convenu de les faire incessamment, de pourvoir à ce qui serait nécessaire et généralement à tout ce qui serait capable de contribuer à son embellissement. En conséquence, les citoyens Bravy, Montgarat, Rozet et Mayère ont de suite reçu cette commission; ils commenceront par l'établissement d'un bureau. Les citoyens Dupuy et Oriol, menuisiers, sont chargés de cet ouvrage.

Le citoyen Laval aîné a remercié l'assemblée sur son admission; il lui a témoigné combien il était sensible à un tel avantage, ajoutant qu'il se ferait toujours un devoir sacré de lui donner, par tout ce qui serait en son pouvoir, des marques éclatantes de la juste reconnaissance dont il était pénétré et qu'il lui devait à tant de titres; il l'a en même temps priée d'être bien convaincue de son singulier dévouement, de son zèle, de la pureté et du feu de son civisme, comme de la sincérité de ses déclarations; il a pris de là occasion d'implorer la puissante protection de la Société et de réclamer son indulgence en faveur de son frère Pomerol. Quelques membres ayant obtenu la parole ont joué le rôle de défenseurs officieux; ils ont paru s'intéresser assez vivement pour lui; ils ont intercédé, par différentes reprises, et se sont efforcés de solliciter le pardon des coupables ou des citoyens égarés; mais le plus profond silence qui régna alors fit assez connaître au Président la disposition des esprits, pour le déterminer à ne pas insister et à remettre plutôt la question à une autre séance. Cependant un membre a répliqué que, si le citoyen Laval-Pomerol était réellement innocent, il devait hardiment se montrer et que la Société le prendrait sous ses auspices.

Il a été lu la proclamation des représentants du peuple touchant la formation d'une seconde armée révolutionnaire qui sera composée de jeunes gens. La discussion s'est ensuite engagée sur l'inexécution du *maximum*. L'on s'est particulièrement plaint du refus constant et obstiné des bouchers à livrer la viande au prix taxé, et de ce que les boulangers, quoique ayant suffisamment du bled et de la farine, ne voulaient pas cuire. Des plaintes aussi justes et aussi bien fondées ont fixé l'attention du Président qui a nommé les citoyens Duon, Dupuy, Chiraz et Tavernier à l'effet de se transporter auprès de la municipalité afin de lui faire les observations requises.

Ouï le rapport des susdits commissaires, le Conseil général de la commune a répondu qu'elle veillerait exactement sur un objet de cette importance, et qu'elle allait prendre là-dessus les mesures les plus promptes et les plus vigoureuses relativement à l'exigence de ce cas, pour obliger les bouchers, boulangers et autres à se conformer strictement à la loi ; qu'en outre, elle ordonnerait, à l'exemple de plusieurs pays, l'établissement d'une balance ou romaine, poids de marc, laquelle serait tenue par un particulier chez qui chaque citoyen aurait la faculté d'aller peser ce qu'il achèterait et que le marchand surpris en fraude ou contravention paierait une certaine amende au profit du peseur. — Applaudissements.

Il a été déposé sur le bureau une dénonciation anonyme qui a été rejetée et renvoyée au comité de surveillance d'après la signature du délateur. (1)

(1) Après la victoire des armées de la République sur la ville de Lyon, la terreur, dans les provinces environnantes, fut à son comble Chacun s'empressa, dès lors, de dénoncer à la vengeance des vainqueurs une personne quelconque, parfois un ami, souvent même un bienfaiteur. C'était un moyen, fort à la mode, pour échapper à la mort qui ne manquait pas d'atteindre tous les suspects. Les clubs, qui avaient encouragé la délation, s'empressèrent bientôt de réclamer contre les faux dénonciateurs les peines les plus sévères. Voici, à titre de spécimen, une lettre adressée par le citoyen Niad à la Commission temporaire de Lyon.

« Saint-Chamond, 20 nivôse, l'an 2 de la République une, indivisible et impérissable.

« Mort aux tyrans et aux riches tyranneaux et rebelles lyonnais.

« Citoyens, amis et républicains,

« Je vous dénonce la nommée veuve Martinon, riche scélérate contre-révolutionnaire notoire, belle-mère d'autres scélérats, Marcelin de Legalery, foudroyé à Commune-Affranchie. Cette Brunand, veuve Martinon, a suivi et resté à Lyon, et y a conspiré tout le temps du siège avec son scélérat de gendre de Legalery et la femme dudit Gonin, de Saint-Symphorien-le-Château, qui est aussi la digne, la très-digne

Quelques membres se sont élevés contre le citoyen Antoine Bonnet qu'ils ont dit avoir été reçu par méprise et en ont demandé à grands cris l'exclusion. Le Président, après bien des représentations aussi sages que judicieuses, cédant enfin aux pressantes réclamations de la plupart des citoyens, a mis aux voix la décision de la question, et les ayant consulté deux fois, par assis et levé, le plus grand nombre s'est déclaré et manifesté pour la rature. Il a donc été arrêté que son nom serait biffé du catalogue, ce qui a de suite été exécuté.

Les sept citoyens composant le comité de surveillance, se trouvant surchargés d'affaires et trop fatigués par la multiplicité de leurs opérations, ont invité la Société à leur adjoindre six autres membres pour les aider et les suppléer

fille de Marcelin Legalery. Toute cette infâme race a quitté Lyon après le siège et ils se sont tous retirés à Monticlar, près de Chevrières, où ils conduisent la contre-révolution avec des fugitifs de Lyon, et à Poncins et à Saint-Cyr, près de Feurs, où les scélérats riches propriétaires de Saint-Chamond se tiennent aussi ; je vous jure, c'est le repaire. Les Gonin, les Martinon sont tous à Monticlar, réfugiés dans le domicile de la Martinon ; ils sont les gendres et conspirateurs notoires avec tous les David et Gonin, de Saint-Rambert et de Montbrisé. Leur agent, espion et courrier durant tout le siège de Lyon a été Gonin Verne Montmarie, restant à Armes-Commune, chez la veuve Gonin-Praire, contre-révolutionnaire riche à Saint-Etienne et affiliée à Lyon.

« Tous les riches scélérats contre-révolutionnaires de Saint-Chamond sont très-tranquilles dans leurs biens ; dans tous les cafés, maisons et rues, la contre-révolution est à l'ordre du jour, et à Saint-Etienne aussi ; et, sans l'armée parisienne, la guerre civile Lyonnaise aurait recommencé ; les prisons sont pleines de riches conspirateurs, et l'on n'en juge aucun à Feurs. L'on a insulté le département en public à Saint-Germain, l'on a le même jour abattu, foulé aux pieds la statue de la liberté, à Saint-Galmier l'on s'insurge : en voilà bien assez. Les cafés, les rues

en cas d'absence. L'assemblée ayant accueilli leurs remontrances a cru devoir y faire aussitôt droit, en leur nommant, en qualité d'adjoints, les citoyens Berne Damour, Besson, Granaudon, Montgarat, Rénaud fils et Martauray.

Applaudissements.

Après quoi, l'on a procédé par scrutins individuels, selon l'usage, à l'admission des individus proposés membres de la Société, du recensement desquels il est résulté que ceux admis sont les citoyens :

174 Christ.-Marie Berne, teinturier.
175 Claveloux, marchand.
176 Ennemond Chavanne.
177 Jamet, vicaire d'Izieux
178 Joseph Coron.
179 Gaspard Montagnier, cadet.
180 Michel Moiroux.
181 Nicolas Moulin.
182 P. Martin, de Saint-Jullien.

sont pleins de rebelles et fugitifs de Lyon très-connus, qui ont crié : *A bas la Convention, à bas les clubs, à la guillotine les patriotes :* et tous les exécrables scélérats jouissent de l'impunité par compère, par commère ; je vous le jure ; quel scandale pour les patriotes qui seraient égorgés sans l'armée de Paris ; à Saint-Etienne, les huissiers Pasli et Raverolle, et des Robinocrates, et ceux qui ont tous servi à Lyon contre la République, des plâtriers italiens nommés Del Gabie, L'Eglisa le jeune, et les nommés Baujoiaux, italiens plâtriers, prédicateurs publics de la contre-révolution et tous vendus aux riches scélérats, tous ces Italiens, Lenoir et consorts, plâtriers rebelles contre la République, sont libres et impunis. Juste ciel! le nommé Frai, chirurgien à Saint-Etienne, qui a tenu des propos horribles à la femme du nommé Momain, doreur, rue de la Ville, continue, dans les cafés, dans les maisons où il visite les malades, à gangrener, à empoisonner de pis en pis l'esprit public déjà si mauvais à Saint-Etienne. Le nommé Fray, chirurgien, et tous les marchands aveuglent, trompent et ensorcellent le peuple ignorant et crédule contre la Convention et contre la Révolution... » *(Bibliothèque de Lyon, fonds Coste.)*

183 Antoine Coignet, rue de l'Hôpital.
184 Besson.
185 Antoine Randon.
186 Fleury Randon.
187 Pierre-Marie Duon.
188 Laurent David.
189 Jean Brossard.
190 Jean Françon.
191 Benoît Pirand.
192 Jean-Michel Roux.
193 Antoine Larderet.
194 Perraud, juge de paix.
195 Julien Bonnet, cadet.
196 Michel Jacquemard.
197 Barthélemy Rénaud.
198 Barthélemy Drevaz.
199 Jean Duet.
200 Jean-Baptiste Jamet.
201 Joseph Magniard.
202 Christophe Granjean.
203 Jean-Baptiste Brosse.
204 Jn-Marie Condamine.
205 Claude Jacquier.
206 Antoine Oriol.
207 Jean Fare.
208 Léonard Armellin.

Lesquels on fait et prêté le serment civique, avec les citoyens Berne Damour, Royer, Clerc père, Antoine Grange, Antoine Gachet, à l'exclusion des citoyens Claveloux, Ennemond Chavanne, Gasp. Montagnier cadet, Michel Moiroux, Nicolas Moulin, Pierre Martin de Saint-Jullien, Antoine Coignet, rue de l'Hôpital, Pierre Antoine Duon, Jean Brossard, Benoît Picard, Perraud, juge de paix, Michel Jacquemard, Barth. Drevaz, Jean Duet, Jn Bte Jamet, Joseph Magniard, Jean-Marie Condamin, Claude Jacquier, Antoine Oriol, Jean Fare et Léonard Armellin.

Il a été délibéré et statué qu'à l'avenir l'on ne passerait au scrutin que dix citoyens par séance.

Celle-ci a été levée à neuf heures et demie du soir et la suivante ajournée à dimanche prochain.

Ainsi clos et arrêté, les jour et an que dessus.

Signé : DUDING, secrétaire.

Le vingt-neuf octobre 1793, l'an deuxième de la République une et indivisible, après l'ouverture de la séance par le Président, le secrétaire a fait lecture du dernier procès-verbal adopté sans réclamations ; puis il a été procédé, par scrutins individuels, à la réception des citoyens proposés membres de la Société ; il en est résulté que les candidats admis sont les citoyens :

209 Colin, curé de Saint-Pierre

210 Antoine Brossard

211 Jean-Pierre Martin, neveu

212 Claude Bonjour, de Saint-Romain, qui ne seront reconnus et proclamés membres qu'après la prestation du serment civique. Les citoyens Jean-Baptiste Burlat, Pierre César Faure, Simon Dervieux, Jean-Marie Piat, Antoine Fontvieille, de Saint-Jullien, Benoît Pirand, Michel Jacquemard, Jean Pare, Gaspard Montagnier, cadet, Jean Brossard et Bertholet, admis dans une des précédentes séances, ont fait et prêté le serment, mains levées, en disant : *Je le jure.*

Plusieurs membres, ayant successivement obtenu la parole, se sont amèrement plaints de ce que, pendant tout le temps que les bataillons de la ville avaient été retenus hors de leurs foyers par les expéditions militaires contre Montbrison et Monrond, les femmes n'avaient pas reçu leur solde, comme le leur avait promis le citoyen Javogue, représentant du peuple, par l'engagement qu'il avait pris en conséquence, et qu'aujourd'hui ils se croyaient bien fondés à réitérer leurs demandes.[1] Alors, le Président,

---

[1] L'indemnité accordée aux femmes et enfants de ceux qui avaient marché sur Montbrison fut de 14,988 francs.

étayant de toutes ses forces une aussi légitime réclamation, a de suite donné ordre aux citoyens Dupuy et Michel Jacquemard de se transporter auprès de l'état-major à l'effet de répéter les sommes dues aux femmes, lui faire les observations qu'exigent les circonstances, et l'inviter à faire les diligences requises pour l'entier acquittement d'une dette aussi sacrée. — Applaudissements.

Ouï le rapport des commissaires députés auprès de la municipalité sur les recherches des registres de l'ancien comité de surveillance, il a été répondu qu'il n'existait que les registres des ci-devant sections qu'ils livreraient à la disposition et à l'examen de la Société. En conséquence, le Président a chargé de la vérification des dits registres les citoyens Gaspard Montagnier, le cadet, Bravy, Deschamps, Montgarat, Mayère, Cibert, Thibaud, Clerc, Vantaux, Steimer, et Praud, accompagnés du premier secrétaire, lesquels rendront un compte exact de leur mission à la prochaine séance.

Il a été lu une lettre à l'adresse de la Société, écrite et signée par un citoyen de Saint-Jullien qui, après avoir fait un détail circonstancié des mauvais traitements qu'il avait indignement endurés de la part des muscadins lyonnais dans leur corps de garde, demande pour satisfaction que ledit corps de garde soit démoli et détruit de fond en comble, afin qu'à l'avenir il ne se présente à ses yeux aucun vestige du théâtre sur lequel a été jouée une scène aussi affreuse.

Quelque bien accueillie qu'ait été la motion, le Président, pour ne point compromettre la Société, a jugé à propos de la mettre à l'ordre du jour et d'en renvoyer la décision à une autre séance.

L'on a lu certains lambeaux des plus intéressants du journal de la Montagne. — Applaudissements.

La séance a été levée à sept heures et demie du soir et la suivante assignée à jeudi prochain.

Ainsi clos et arrêté, les jour et an que dessus.

Signé : DUDING, secrétaire.

Cejourd'hui, dernier jour de la première décade du second mois de l'an deuxième de la République une et indivisible, le Président a ouvert la séance selon la coutume. Immédiatement après, les citoyens Etienne Faure, Perraud, juge de paix, Antoine Oriol, Claveloux, Pierre Martin, de Saint-Jullien, Louis Lambert et Pierre Antoine Duon, admis dans une des antérieures séances, ont fait et prêté le serment civique, ayant main levée et prononçant ces mots : *Je le jure ;* ils ont alors été reconnus et proclamés membres de la Société avec applaudissements.

Il a ensuite été question de la forme du cachet, des cartes et diplômes de la Société. L'on n'a encore rien statué.

Ont succédé plusieurs observations qu'il serait inutile de relater ici. Il a été lu le tableau des conspirateurs et des personnes suspectes de Saint-Chamond, dans le domicile desquels les scellés ont été apposés. L'assemblée s'est aperçue de quelques lacunes et le bureau a été obligé d'y suppléer et d'envoyer à l'imprimeur la liste des noms omis, pour qu'il ait à s'y conformer.

Ont suivi les plaintes de plusieurs citoyens sur l'inexécution de la loi concernant le prix du maximum. Le Président, considérant la justice de leurs réclamations, a répondu
que l'on veillerait là-dessus et que l'on inviterait la municipalité à prendre les mesures qu'exigent les circonstances.
— Applaudissements.

Un membre, ayant obtenu la parole, a représenté que la
Patrie, ayant plus que jamais besoin de secours et d'hommes pour sa défense, il fallait à l'avenir s'opposer de tout
son pouvoir à la fréquence des mariages et en interdire
l'usage, alléguant pour toutes raisons que les garçons pour
se soustraire à la réquisition s'empressaient trop de se
marier. L'assemblée a éclaté de rire et le président à sagement riposté que la France n'était pas au dépourvu de soldats et que nos armées étaient encore assez nombreuses et
assez formidables pour faire face avec avantage à l'ennemi
et le défaire complètement; mais qu'en supposant qu'il
manquât de combattants, il ne nous était par permis d'abolir une institution qui datait de la création du monde; que,
d'ailleurs, en interrompant le cours de la population, ce
serait plutôt nuire à la République que la servir; qu'en
outre les filles se croiraient fondées à se soulever et à sévir
contre les auteurs d'un pareil attentat. Un membre est venu
à l'appui de cette assertion, a retorqué et détruit la proposition du premier opinant par ce seul argument : « La
liberté, a-t-il dit, est du ressort de la République, et l'une
ne peut subsister sans l'autre; or, si les mariages étaient
gênés, nous ne jouirions plus des précieux dons de la liberté;
conséquemment, nous ne serions plus républicains. » —
Applaudissements.

La discussion s'est ensuite engagée sur l'emploi des souliers qui depuis longtemps avaient été faits et destinés à l'usage de nos braves frères d'armes.

Un membre a demandé qu'il fût incessamment procédé au remplacement des officiers de l'état-major, lesquels s'étaient rendus indignes de ce grade, par leur absence et leur conduite incivique.

Le Président, adhérant à cette demande, pour satisfaction de quoi il a chargé les citoyens Perraud et le secrétaire en chef de se transporter auprès du Conseil général de la commune, tant pour le supplier d'autoriser le dit remplacement que pour prendre des renseignements sur la distribution des souliers et en réclamer les bons ou les reçus.

Il a été fait lecture du décret[1] sur la réquisition des jeunes gens en état de porter les armes pour le service de la République. A succédé celle du journal de la Montagne, sur certains passages duquel le lecteur a fait quelques judicieuses réflexions

Ouï le rapport d'un des douze commissaires députés à la municipalité à l'effet de requérir d'elle les anciens registres des ci-devant sections de la Liberté et de l'Egalité, lesquels ayant été soumis à leur examen et leur censure;

(1) La réquisition de l'armée a fait l'objet de plusieurs décrets, savoir : 1° Celui du 24 février 1793, par lequel tous les citoyens français depuis l'âge de 18 ans jusqu'à 40 ans accomplis, non mariés ou veufs sans enfants, sont mis en réquisition pour le service militaire; 2° Celui du 1er août 1793, concernant les officiers de santé, chirurgiens et pharmaciens; 3° Ceux des 8 septembre 1793, 14 nivôse, 15 floréal, 11 prairial, mettant à la disposition de l'autorité militaire les ouvriers de divers corps d'état dispensés par les premières lois.

vérification faite des dits registres, il ne s'y est rien trouvé de suspect, ni de contraire aux lois ou aux droits des gens.

Le Président a levé la séance et a ajourné la suivante à samedi prochain, six heures de relevée.

Ainsi clos et arrêté, les jour et an que dessus.

Signé : DUDING, secrétaire.

Le deuxième jour de la deuxième décade du deuxième mois de l'année deuxième (1793) de la République une et indivisible ; après l'ouverture de la séance, le secrétaire a fait l'appel nominal des citoyens admis membres de la Société, pour qu'ils aient à prêter serment. Se sont présentés les citoyens Claude-Marie Pascal fils, Barthélemy Drevaz, Jean-Pierre Bret, Claude Jacquier, Jean-Léonard Armelin et Colin, curé de Saint-Pierre. Ont succédé quelques motions si minutieuses qu'elles ne méritent pas de trouver place ici.

Il a été fait lecture des papiers-nouvelles. Après quoi, le Président a levé la séance.

Ainsi fait et clos, les jour et an susdits.

Signé : DUDING, secrétaire.

Le troisième jour de la deuxième décade du second mois de l'an deuxième (1793) de la République une et indivisible, en l'absence du Président, le citoyen Jamon, curé, a été invité par l'assemblée à occuper le fauteuil de la présidence. Ledit citoyen, cédant enfin aux instances, a ouvert la séance aux noms de la liberté, de l'égalité, etc.

Un membre est monté à la tribune aux harangues,[1] lequel ayant obtenu la parole, a fait d'abord certaines observations assez conséquentes; il s'est ensuite mis à déclamer, gronder et tonner contre la gent aristocratique et fanatique, à différentes reprises; ajoutant que, si le sort de ces scélérats était à sa disposition, il le rendrait pire que celui des bêtes de somme et qu'il les exterminerait tous. Le Président, ayant donné le temps à l'opinant d'exhaler son ressentiment à son aise, a commencé par exalter le feu brûlant de son civisme; puis, il s'est prudemment efforcé d'apaiser la tem-

(1) L'abbé Combry, dans son poëme héroï-comique : *La Capucinade*, nous a laissé une peinture assez véritable des clubs en général, et de celui de Saint-Chamond en particulier.

     .... Au club tout est égal, y bavarde qui veut,
Chacun dit ce qu'il sait, on s'entend comme on peut.
Dans ces sociétés que la manie angloise
Nous a fait adopter, on résout à son aise
Mille difficultés qu'on croyoit autrefois
Etre la mer à boire, au conseil de nos rois.
Toujours la liberté produisit la science,.
Et toujours l'esclavage engendra l'ignorance.
D'un voile de pitié couvrons le temps jadis,
Et disons pour les rois un bon *De Profundis*.
     Le club de Saint-Chamond ne le cède à nul autre,
Du vrai patriotisme il est l'ardent apôtre;
Il jura des premiers la Constitution
Et des biens du clergé la spoliation.
Ses membres dévoués, à la nouvelle église
Vendroient pour l'étayer jusques à leur chemise,
Et pour les vrais pasteurs telle est leur charité
Qu'ils voudroient les réduire à la mendicité.....

               (Ed. G. Lefebvre, chant II, pp. 51-52.)

pête furieuse de son esprit par tout ce qui était capable d'en réprimer la fougue, le ramener à l'ordre et insensiblement lui suggérer, par la voix de la douceur, des sentiments d'humanité ou des intentions moins austères et moins rudes. Le pathétique orateur s'est résumé par dire à l'opinant qu'il connaissait trop bien la bonté de son cœur, la grandeur de son âme, pour ne pas se persuader que, s'il avait une livre de pain et qu'il vît le plus dangereux aristocrate ou son plus cruel ennemi avoir faim, loin de faire difficulté de la partager avec lui, il s'en ferait un devoir et un vrai plaisir. Cette saine morale fit autant d'impression sur le motionnaire que sur les autres citoyens qui applaudirent vivement. Le même motionnaire, s'avisant de censurer la conduite des officiers de l'état-major, a été averti de prendre garde au quiproquo et de désigner nominativement les coupables.

Un membre a exposé avec force que, se croyant soumis à la loi, il ne balancerait jamais à s'y conformer exactement; mais qu'il connaissait plusieurs débitants qui, d'un avis contraire au sien, ne se faisaient pas un scrupule de l'enfreindre inpunément, en refusant constamment de livrer leurs marchandises au prix du maximum qu'il ne croyait pourtant pas avoir été établi pour un seul. Le Président a réparti que ledit maximum comprenait le général, sans aucune déférence ni prédilection particulières, et que, pour étouffer les murmures et les plaintes, il pensait qu'à l'avenir la vigilance et l'activité de la municipalité s'étendraient sur un objet de cette importance et qu'elle allait prendre des mesures vigoureuses pour la sévère exécution des décrets de la Convention nationale. — Applaudissements.

La discussion s'est ensuite engagée sur les accaparements et la disette du grain.[1] Plusieurs là-dessus ont eu recours à des remontrances aussi sages que sensées et judicieuses. L'on a insisté sur les visites domiciliaires qui doivent être faites indistinctement chez le pauvre comme chez le riche. En conséquence, les citoyens Terrasson-Laroche, Granjon Antony, Dupuy et Tavernier sont priés de se joindre aux soldats de l'armée révolutionnaire, à l'effet de procéder auxdites visites.

[1] Depuis le commencement de la Révolution, la disette des grains et des subsistances de tout genre n'avait cessé de régner ; mais, à l'heure actuelle, il ne s'agissait plus seulement de la disette, la famine se faisait sentir. Jusque-là, les grains séquestrés avaient été distribués aux villes les plus nécessiteuses ; et, bien que le partage en eût été fait avec parcimonie, les provisions étaient complètement épuisées. Ajoutez à cela que la campagne ne produisait rien, ou presque rien. D'un côté, Paris affamait six départements par ses réquisitions continuelles ; de l'autre, les récoltes étaient souvent détruites par les orages. (Cf. *La Valla pendant la période révolutionnaire*, p. 17.)

A Lyon, le 6 novembre 1793, « il n'y a pas de vivres pour deux jours » écrit Collot d'Herbois, et il ajoute, le surlendemain, que « la famine va éclater. » Dans le district de Montbrison, il ne reste plus, en février 1794, « de nourriture et d'aliments pour le peuple ; » tout a été requis et emporté, même les grains de semence, en sorte que les champs restent en friche. (*Proclamation de Javogues*, 13 pluviôse, an II.) Cf. Taine, *Origines de la France contemporaine*, t. III.) A Saint-Chamond, « un vent du midi a détruit toutes les récoltes, » et la ville est totalement dépourvue de grains (février 1793). Les administrateurs de Commune-d'armes écrivent aux administrateurs de Saône-et-Loire : « Plusieurs communes environnantes sont à la veille d'une disette effroyable ; toutes les horreurs d'un si terrible fléau menacent les 75 communes qui composent notre district ; une situation aussi terrible vous rendra sûrement sensible à nos maux et votre patriotisme vous portera à secourir vos frères dans le plus court délai ; vos réquisitions ne sauraient être trop promptes et le moindre retard sèmerait la désolation dans toutes les familles qui se

Ouï le rapport des commissaires députés auprès du district d'Armeville, aux fins de réclamer et percevoir le traitement dû aux femmes dont les maris ont pendant huit jours porté les armes au service de la République, contre Montbrison et Monrond, où les rebelles lyonnais s'étaient retirés ; les administrateurs dudit district ont fait réponse qu'ils ne compteraient et ne se dessaisiraient des sommes qui en proviennent que sous le pouvoir spécial qu'en donnerait la Société populaire, lequel devra être autorisé et

jettent dans vos bras pour leur aider à subsister.... » (27 janvier 1794). Le 4 février suivant, la municipalité arrête « qu'il ne doit plus y avoir sur la terre de l'Egalité aucune différence entre le pain du riche et celui du pauvre, » et elle nomme plusieurs commissaires pour surveiller les boulangers « qui fabriquent plusieurs qualités de pain et ne mêlent pas toujours la farine avec le son. » Quelques jours après, Javogues fait accorder à Saint-Chamond (la vallée sous mont Rousseau) 4000 quintaux de grains, seigle, orge, froment, qui devront suffire à la nourriture de ses habitants pendant un mois. C'est à grands frais que la ville parvient à se procurer une certaine quantité de grains de réserve ; mais elle s'en dessaisit presque aussitôt en faveur de Commune-d'armes, Rive-de-Gier, Saint-Martin, Saint-Paul, « dans un moment où ces communes sont sur le point d'être livrées à la famine. » Le 27 germinal, Saint-Chamond, victime de son désintéressement, réclame des subsistances ; les administrateurs du département, considérant que « les besoins extrêmes qu'elle éprouve exigent des secours d'autant plus prompts qu'ils sont l'effet de son zèle et de l'esprit de fraternité qui la caractérise, et que sa population est considérable, » mettent, à son profit, les communes de Luriecq et de Boisset Saint-Priest à contribution. Malgré ce faible appoint, les grains manquent bientôt encore, et la ville aussi bien que les environs se trouvent constamment à la veille d'une disette effroyable. (Cf. Arrêté des 4, 9 messidor, 17 thermidor an II, 4 vendémiaire an III.)

Outre la disette des grains, il faut tenir compte aussi de celle des vivres de toute nature, « qui manquaient sur le marché de Saint-Chamond. » Ces marchés, ainsi que le prouvent divers documents de l'époque, devaient être alimentés chaque jeudi par la seule commune de Lavalla.

ratifié par le Conseil général de la commune. Le premier secrétaire a été chargé de rédiger de suite sur le bureau ledit pouvoir qui a été confié aux citoyens Dupuy et Barbarin, avec ordre de retourner à Arméville pour le recouvrement desdites sommes, dont ils rendront compte.

Le secrétaire adjoint a fait lecture de quelques lambeaux du journal de la Montagne.

Le Président a représenté qu'il convenait d'inviter la Convention à demeurer à son poste jusqu'à l'entière défaite des ennemis de l'intérieur et de l'extérieur. Sur ces entrefaites, ont paru quelques membres de la municipalité, dont

« Il fallait apporter chaque semaine du beurre, du fromage, etc... On perdait toujours de l'achat à la vente, on escamotait encore les serviettes et le résultat de tous ces sacrifices étaient des injures et des menaces... » (Cf. *Lavalla,* op. cit.) Bourgeois, commissaire à tous pouvoirs, président du tribunal criminel de la Loire, était venu s'installer à Saint-Chamond, Grande rue, maison Guérin, et là, au nom de Javogues, il prenait contre les habitants de Lavalla les arrêtés les plus sévères. Il les accusait en effet de soustraire leurs denrées à la circulation des villes ; « quiconque, disait-il, cherche à affamer son semblable mérite la mort. Javogues ne pardonne personne sur cet article ; il est étrange de voir les marchés si déserts et les gens de ville pour la plupart réduits à faire leur soupe avec de la vieille graisse ou bien seulement avec de l'eau et du sel... » Un nommé Roux, directeur de la poste aux lettres, rapporte que, pendant plusieurs jours, il fit sa soupe avec du suif de chandelle. Pour augmenter la terreur, Javogues vint lui même habiter la maison Neyron, Grande rue. Les habitants de Lavalla envoyèrent « à ce gracieux personnage, le Néron du Forez, » une délégation de six membres. Pour tout compliment, Javogues leur dit : « Ah! bougres de gueux, vous mangez tout votre lard, votre beurre, votre fromage et vos poulets ; j'ai un petit cœur de tigre, je vous dévorerai. » La commune de Lavalla ne pouvant bientôt plus, malgré sa bonne volonté, fournir les subsistances nécessaires à la ville, le général Reiz reçut l'ordre de la mettre à discrétion, en l'accablant à force de troupes. » (Cf. op. cit. p. 27 et seq)

l'un a répondu que cette invitation avait déjà été faite; il a pris de là occasion de demander que la municipalité fût renouvelée, ou que si les citoyens, contents de ses services, désiraient qu'elle ne désemparât point et qu'elle continuât ses fonctions, la Société eût à aviser aux moyens de lui fournir et assurer des honoraires ou une espèce d'indemnité honnête et proportionnée à leurs peines, avec d'autant plus de raison que les facultés de la plupart des membres qui la composaient ne leur permettaient pas de vivre de leurs rentes, vu que la multiplicité des affaires, dont la commune était surchargée, les forçaient à abandonner leurs ateliers, leur unique ressource, et leur ôtaient totalement le loisir de travailler pour subvenir aux besoins de leur famille; qu'en conséquence ses collègues et lui suppliaient la Société de prendre leur demande en considération. Le Président a répliqué que la réclamation était trop juste pour que la Société ne s'empressât pas d'y faire droit. Toute l'assemblée l'a, en effet, accueillie par les plus vifs applaudissements.

La séance a été levée.

Ainsi clos et arrêté, les jour et an que dessus.

Signé : DUDING, secrétaire.

Cejourd'hui, septième jour de la deuxième décade du deuxième mois de la deuxième année de la République française une, indivisible et démocratique, le Président a ouvert à la manière accoutumée cette séance qui a été toute consacrée aux réceptions des citoyens proposés, qui sont :

213 Jean-Pierre Bret.
214 Ch. Berne, teinturier.
215 Gabriel Terrasse.
216 Aug. Rozet, père.
217 Saint-Louis.
218 Antoine Duché.
219 Antoine Rivière.
220 Pierre Mithieu, aîné.
221 Hugues Villemagne.
222 Joseph Bertholon.
223 Pléney de Saint-Jean.
224 Jacques Cartal.
225 Louis Laval-Theillard
226 Antoine Terrasse.
227   id.

228 André Gillier.
229 Charles Duplomb.
230 Antoine Berne.
231 P. Antoine Rozet fils.
232 Joseph Ragot.
233 Etienne Roux.
234 Etienne Bonjour.
235 Gaspard Villemagne.
236 J.-B. Michard.
237 Benoît Chenet.
238 J.-M. Gros, cadet.
239 Jean-Claude Gros.
240 Pierre Constant.
241 Jean Grangier.

Les citoyens Jean-Pierre Bret, Christophe Berne, teinturier, Gabriel Terrasse, J.-B. Grenier, Michel Moiroux, Antoine Coignet, rue de l'Hôpital, Saint-Louis, Antoine Duché, Pléney de Saint-Jean, Louis Laval-Theillard, Antoine Terrasse, Antoine Berne, Pierre-Antoine Rozet fils, Etienne Bonjour, J.-B. Michard, Benoît Chenet et Jean Grangier, ont fait et prêté le serment, selon l'usage établi par les règlements de la Société, en disant : *Je le jure.*

Immédiatement après, le Président a levé la séance et a ajourné la suivante à samedi prochain.

Ainsi clos et arrêté, les jour et an que dessus.

Signé : DUDING, secrétaire.

Cejourd'hui, second de la troisième décade de brumaire, l'an deuxième de la République française, une, indivisible et démocratique, après l'ouverture de la séance faite aux formes ordinaires, il a été fait lecture : 1° d'une lettre des amis de la liberté et de l'égalité, séants aux Jacobins, à Paris, en forme de pétition à la Convention nationale, afin d'obtenir un appartement communal ou domanial pour le lieu de ses séances. La Société, partageant les mêmes sentiments de ses frères de Paris, a formé le même désir et a émis les mêmes vœux ; 2° d'une lettre de la Société, ci-devant Saint-Denis, annonçant qu'animés du patriotisme le plus pur et du vrai désir de servir la République, ils ont monté, équipé et armé un soldat pour la défense de la patrie ; cette lettre a été accueillie par les plus vifs applaudissements.

Un membre a judicieusement observé que, pour arrêter les trames de l'aristocratie qui pourrait se glisser jusque dans le sein même de la Société, il fallait employer les plus grandes précautions pour l'admission des candidats inconnus. La discussion fermée, il a été arrêté à la presque unanimité que tous ceux qui se présenteraient à la Société, qui ne seraient pas domiciliés depuis un an et bien connus, seraient préalablement tenus de produire un certificat de civisme du lieu de leur dernier domicile.

Le Président a annoncé la vacance du secrétariat par l'appel du ci-devant greffier au bureau du département et a invité la Société à procéder à son remplacement. Mais, vu l'urgence des circonstances et la multiplicité des affaires, il a été décidé de nommer par acclamation un secrétaire provisoire. Le Président a présenté le citoyen Antoine

Jamet,[1] qui de suite a été proclamé, et, après quelques observations de sa part sur la distance de son domicile, etc.. a pris place au bureau aux acclamations et applaudissements de la Société.

Le secrétaire susdit a fait lecture d'un décret de la Convention nationale à nous adressé par le comité des décrets, et autres pièces y relatives, à l'effet de scruter la conduite politique du citoyen Boiron, député suppléant à la Convention. Après une sérieuse et longue discussion, il a été

(1) Vicaire d'Izieux, il succéda, en cette qualité, à M. Monteillier, prêtre insermenté; et, le 14 octobre 1792, il prêta, ainsi que M. Claude Guillermin, ancien Minime, le serment « d'être fidèle à la nation et de maintenir la liberté et l'égalité ou de mourir. » Izieux n'était, en 1792, qu'un fort petit bourg. A en croire le rapport de la municipalité elle-même, il ne comptait pas quarante maisons en tout, « y compris les écuries et greniers. » (Délib. du 5 novembre 1792.) Le vicaire Jamet fut élu secrétaire-greffier de la commune, jusqu'au moment où la fureur révolutionnaire ferma, puis dévasta le temple « pour qu'il ne restât aucune trace de fanatisme. » (25 nivôse an II.) Le secrétaire de l'administration du district de Commune-d'armes (Saint-Etienne), déclara et attesta à tous ceux qu'il appartenait « que le citoyen Jamet s'était toujours montré l'ami du peuple, le partisan des principes régénérateurs de la France et qu'il ne voulait plus s'occuper qu'aux honorables travaux du commerce et à la propagation des maximes lumineuses de la raison. » (25 frimaire an II.) Il vint s'établir à Izieux, dans le presbytère même; sa conduite ne lui valut pas d'être mieux traité que ses prédécesseurs.

En effet, le 25 messidor, un arrêté lui enjoignait d'avoir à sortir de la commune et « à l'abandonner pour se retirer dans son pays natal. » Le vicaire Guillermin n'eut pas meilleur sort : réduit à la plus extrême misère, il fut contraint de quitter le citoyen Palerne qui lui fournissait le logement et la nourriture. — Le 2 thermidor an III, Antoine Jamet revint à Izieux; il se présenta à la municipalité et déclara vouloir exercer le culte « connu sous le nom de catholique, apostolique et romain, dans toute l'étendue de la commune; » il reprit son ministère et les portes de l'église paroissiale furent rouvertes.

reconnu que ledit Boiron n'avait pas donné, depuis le 29 mai, toutes les marques de civisme qu'on avait lieu d'attendre de lui et qu'il avait présidé les assemblées de sections pendant que les rebelles lyonnais souillaient notre territoire.[1]

Un membre a dénoncé quelques abus qui se commettent dans la maison d'arrêt entre les gardes et les détenus. Le Président a nommé quatre commissaires pour inviter la municipalité à défendre, par consigne, aux soldats de garde à la maison d'arrêt de communiquer si facilement avec les détenus et que leurs lettres soient inspectées par le comité de surveillance.

---

(1) Jean Baptiste Boiron, né le 26 janvier 1759, de Jean Boiron, bénier, et de Gabrielle Bourcharnain, mort le 8 mai 1825, était tonnelier ainsi que l'indiquent clairement les deux vers suivants :

> Avance-toi, Boiron, dépose là tes douves :
> Viens étourdir le club des projets que tu couves

> (*Capucinade*, ch. 11.)

Il fut nommé le 1er janvier 1792, juge de paix du canton en remplacement de M. Colomb de Gast, élu député. Elu lui-même député à la Convention nationale, le 31 mai 1793, il eut pour successeur à l'emploi de juge de paix, Jacques Conord, marchand drapier de cette ville, demeurant rue Croix-Gauthier. Boiron ne vota donc pas la mort du roi ; et je doute même qu'il l'eût fait en supposant qu'il fût arrivé assez tôt à la Convention. Le 3 nivôse an II (23 décembre 1793), on l'accusa de manquer de civisme. Manuel, membre du comité des décrets, fit un rapport constatant que Boiron avait présidé les sections de Saint-Chamond pendant que les factieux de Lyon y dominaient et que la Société populaire de Saint-Chamond lui reprochait de n'avoir pas donné les preuves de civisme qu'on avait lieu d'attendre de lui.

Dubarran, au nom du comité de sureté générale, déchargea (17 ventôse an II, 7 mars 1794) Boiron de cette fausse inculpation : « Citoyens, dit-il, un décret rendu le 3 nivôse a envoyé au comité de sureté générale,

Plusieurs marchands se plaignent amèrement de ce que, toutes leurs marchandises sont taxées, et que cependant, chez les cabaretiers, le maximum n'atteint que le vin de l'année courante; une députation est envoyée à la municipalité pour demander la taxe du vin vieux, et, après la lecture de quelques papiers-nouvelles, la séance est levée et la prochaine indiquée au vingt-quatre du courant.

Signé : JAMET, secrétaire provisoire.

l'examen d'une dénonciation contre le citoyen Boiron, précédemment admis dans votre sein en qualité de suppléant du département de Rhône-et-Loire. Il résultait de cette dénonciation que, depuis le 31 mai, ce citoyen ne s'était pas conduit d'après les principes de civisme dont antérieurement il avait donné les preuves.

« Un fait aussi grave méritait d'être constaté. Pour y parvenir, votre comité a dû prendre des renseignements très-rigoureux sur les lieux mêmes. Il s'est adressé au représentant du peuple qui était alors dans ces contrées et, par ce moyen, il a obtenu des notions tellement précises que l'on ne saurait plus sans injustice se maintenir dans des doutes qu'une équivoque a fait naître.

« C'est dans les registres de la Société populaire de Saint-Chamond que se trouve la preuve irréfragable de l'innocence de notre collègue. Dans sa séance du 22 pluviôse, cette Société a ouvert une discussion solennelle sur les reproches faits au citoyen Boiron; plusieurs membres ont parlé et tous ont reconnu qu'il n'avait pas rempli les fonctions de président à l'époque de l'invasion des Lyonnais.

« Il est très-vrai que, le 29 juin, il fut élu président du comité de surveillance, mais il en cessa les fonctions le 10 juillet et c'est le 11 que les contre-révolutionnaires pénétrèrent dans Saint-Chamond. Il lui fut proposé de fraterniser avec ces traîtres et d'adhérer à leur fédération royaliste du 14 juillet : un refus absolu fut la réponse de notre collègue. Le même jour, il abandonna ses foyers pour se réfugier à Izieux.

« Nous avons aussi découvert l'erreur d'où provenait la dénonciation dont il a été l'objet : un grand nombre de ses concitoyens s'était éloigné de Saint-Chamond avant l'arrivée des rebelles; ils ignoraient que Boiron ne s'était point immiscé dans les assemblée sectionnaires depuis que ces

Cejourd'hui, vingt-quatre brumaire, l'an deuxième de la République française une, indivisible et démocratique, la séance ouverte aux formes ordinaires, le secrétaire-greffier a fait lecture du procès-verbal de la dernière séance, qui a été adopté sans réclamation. A succédé la prestation de serment par quelque membres admis; la discussion s'ouvre ensuite sur l'approvisionnement des marchés. Le Président observe avec sagacité qu'autrefois on ne connaissait que trois marchés par semaine et que maintenant les femmes viennent indistinctement tous les jours, sous le prétexte d'approvisionner leurs maîtres ou leurs maisons affidées;

rebelles avaient envahi cette commune. Mieux éclairés, ils lui ont rendu le témoignage le plus complet. D'autres attestations vous donnent encore sur le compte de notre collègue des détails satisfaisants : depuis 1789, il a combattu avec courage pour la Révolution ; fondateur de la Société populaire de sa commune, il paraît avoir toujours été fidèle à la cause et aux droits du peuple ; il exerçait dans sa patrie les fonctions de juge de paix, et vous apprécierez bien mieux, citoyens, le témoignage de confiance que lui donnèrent ses compatriotes en le portant à cette place ainsi qu'à celle de suppléant à la Convention nationale, lorsque vous saurez que, simple tonnelier de profession, il partageait son temps, en vrai sans-culotte, entre les intérêts de la chose publique et le travail journalier au moyen duquel il faisait vivre une famille sans fortune.

« Applaudissons-nous, citoyens, de voir dissiper ces nuages, qui, un seul instant, avaient semblé voiler l'existence politique de notre collègue. Le triomphe que va lui assurer votre décret ne sera pas seulement le sien, car il rejaillit tout à la fois sur la représentation nationale et sur tout homme qui, ami de l'égalité, n'a pas vu sans allégresse disparaître enfin cette démarcation infâme que l'orgueil et l'égoïsme avaient placée entre le riche et cette classe laborieuse d'hommes qui ne comptait pour patrimoine que son travail et ses vertus... »

La Convention, après ce rapport, déclara fausse l'inculpation qui avait été faite à Boiron, d'avoir présidé les sections de Saint-Chamond lors de l'entrée des rebelles lyonnais dans le territoire de cette commune.

on a cherché la cause de cette conduite et il a été reconnu
qu'il se commettait des abus considérables dans les marchés,
que les approvisionneurs étaient assaillis par une foule de
personnes qui se jetaient indiscrètement sur les comestibles
et les enlevaient même quelquefois sans les avoir payés.

Des commissaires sont nommés pour inviter la municipalité à faire un règlement de police à cet égard et une
proclamation dans les communes circonvoisines pour les
assurer de la sécurité qu'elles trouveront dans les marchés.[1]

Un membre dénonce qu'au mépris de la loi du maximum, une femme a vendu le beurre 6 francs; on nomme
des commissaires pour aller avec lui en faire le rapport au
Comité de surveillance.

Un officier de l'armée révolutionnaire, envoyé dans la
plaine du Forez pour y requérir des grains, fait son rapport
sur le courage, l'ardeur, le zèle qu'a montrés notre détachement et annonce qu'une réquisition de 3000 bichets
faite à St-Bonnet-la-Montagne [2] doit entrer dans nos murs.

(1) On a vu plus haut, p. 59, que les habitants de Lavalla se plai-
gnaient des mauvais traitements qu'ils recevaient de la part du peuple
de Saint-Chamond.

M. Donot, dans son intéressante publication, *Le Forez pendant la Révolution,* nous fait connaître la « relation véritable d'une révolte arrivée à
Saint-Etienne » le jour du marché aux grains. Un marchand, ayant voulu
vendre sa marchandise un peu plus qu'elle ne lui avait coûté, « afin de
pouvoir gagner sa vie, » plusieurs personnes tombèrent sur lui, en lui
donnant plusieurs coups de bâton; un jet considérable de pierres lui
roula sur le corps et le fit tomber par terre; « aussitôt survint Marie
Blandrie, avec une pierre pesant vingt-trois livres, dans la main, en
disant : — ce bougre-là n'est pas encore mort, je veux le finir; — et à
l'instant, elle la lui jeta sur le front pour l'achever. »

(2) Saint-Bonnet-le-Château.

Après la lecture des papiers-nouvelles, la séance est levée et la prochaine indiquée au 26e du présent.

(Sans signature.)

Cejourd'hui, vingt-septième brumaire l'an deuxième de la République française une, indivisible et démocratique, et le 17e novembre 1793, vieux style, les citoyens de la Société populaire de Saint-Chamond ayant chanté l'hymne des Marseillais, en l'absence des président et vice-président, l'assemblée d'une voix unanime a prié le ci-devant curé Jamon [1] de vouloir occuper le fauteuil de la présidence,

(1) Paul-François-Régis Jamon naquit à Montfaucon, district de Monistrol, département de la Haute-Loire. Après avoir terminé ses études, il entra, probablement malgré lui, dans l'ordre des Jésuites dont le fondateur est Ignace de Loyola. Lorsque cet ordre fut dissous par un décret, bon nombre de ses membres, au lieu de fuir, restèrent en France et se contentèrent d'exercer le culte catholique comme de simples prêtres. L'abbé Jamon obtint une cure dans le département du Rhône, prêta serment à la Constitution et fut nommé, peu de temps après, curé du Chambon. Au mois d'avril 1791, Lamourette adressa aux curés de Rhône-et-Loire une lettre pastorale les engageant à prêter le serment tel qu'il était prescrit. A Saint-Chamond, le clergé ne voulut pas se rendre, du moins sans restrictions, aux exhortations de l'évêque constitutionnel. Sur ce, les habitants demandèrent le renvoi des curés constitutionnels (11 juillet 1791). M. Auguste Colin, vicaire à Saint-Julien-en-Jarez, fut nommé en remplacement de M. Chaland, ci-devant curé de Saint-Pierre et Sainte-Barbe, déclaré démissionnaire par arrêté du 3 septembre 1791. M. Flachat, curé de Notre-Dame et Saint-André d'Izieu, député aux Etats-Généraux, n'ayant voulu prêter le serment qu'avec restrictions, tomba aussi sous le coup de l'arrêté de 1791. L'assemblée électorale pour la nomination des curés élut, par 47 voix sur 55 votants, M. Jamon pour succéder à M. Flachat (25 septembre 1791.) Le lendemain de cette

lequel après avoir témoigné combien il était sensible à la confiance dont on l'honorait, et après avoir résisté quelques instants à l'invitation qui lui était faite, a enfin cédé aux pressantes instances et a ouvert la séance à la manière accoutumée ; alors, il a exprimé la joie extrême qu'il éprouvait de se voir dans le sein d'une Société composée de vrais sans-culottes, qu'il se ferait une gloire d'en grossir le nombre et de la présider.

décision, M. Jamon venait à Saint-Etienne remercier l'assemblée de cette marque d'estime et signait sa démission de la cure du Chambon, où il fut remplacé par l'abbé Combry. (Cf. *La Capucinade*, éd. G. Lefebvre.)

A son arrivée il s'engagea une discussion pour savoir si le curé Jamon conserverait le nom de curé de Notre-Dame ou s'il prendrait celui de curé d'Izieux. L'église Notre-Dame dépendant de celle de Saint-André d'Izieux, les habitants de ce bourg prétendaient devoir posséder chez eux le curé. Le Directoire du district décida que, la paroisse de Notre-Dame étant plus importante que celle d'Izieux, et M. Flachat ayant toujours porté le titre de curé de Notre-Dame, M. Jamon ferait comme son prédécesseur. (Cf *Souvenirs de cent ans*, par G. Lefebvre.)

Le curé Jamon fit partie du club de Notre-Dame et il y porta souvent des motions plus que patriotiques. Il proposa, par exemple, d'aller à la rencontre des bataillons qui venaient de terrasser les rebelles lyonnais et de les ramener en triomphe (1793). Et n'y a-t-il-pas une explication logique de cet enthousiasme républicain du curé Jamon ? Un de ses frères, député à la Convention nationale, fait prisonnier par les contre-révolutionnaires de Pierre-Scize et jeté par eux dans un cachot, mourut des mauvais traitements que lui firent subir les royalistes. Le club décida d'honorer la mémoire de cet homme en inscrivant son nom sur un monument élevé aux révolutionnaires morts pour la patrie. Jamon leur en témoigna sa satisfaction. Aussi, en vertu de cette popularité, ses désirs n'étaient-ils jamais repoussés ! Il demanda, ou fit demander par la municipalité, un presbytère et un jardin, avec cette condition qu'ils seraient exceptés de la vente des biens nationaux. Le Directoire prit son arrêté dans ce sens. On voulait en outre, en alléguant que la ville n'avait pas 6000 âmes, ne posséder à Saint-Chamond qu'une seule église et un ora-

A succédé la lecture de différents papiers-nouvelles.

Ensuite les citoyens Joseph Vinoy père, Jacquier, aubergiste, Augustin Rozet père, Pierre Mithieu aîné, Joseph Bertholon, Joseph Ragot, Étienne Roux, Gaspard Villemagne et Pierre Constant, ont fait et prêté le serment civique en disant : *Je jure.*

Un membre, ayant obtenu la parole, est monté à la tribune aux harangues ; il a remontré avec véhémence que,

toire au plus. « Le vœu de la municipalité manifesté au Directoire le 11 juillet 1791 avait été que l'église Notre-Dame fut l'église paroissiale, comme étant la plus grande. » Il ne fut pas donné suite à cette pétition. C'eût été mettre la ville sous la domination plus temporelle que spirituelle du curé ! (Archives de la Loire. L. 135.)

En 1793, le Conseil général de Saint-Chamond supprima le culte et les églises. Le 27 brumaire an II, le curé Jamon déclara, devant le club, abdiquer la prêtrise et faire sacrifice de ses honoraires au profit de la nation. Bientôt après, n'ayant que faire en cette ville (29 brumaire), il informa la Société populaire de son projet de départ. Mais sur les instances réitérées de cette dernière, « il se détermina volontiers à fixer son domicile à Saint-Chamond de préférence à tout autre lieu. » Il resta cinq mois ; et, le 8 germinal an II, il se présenta devant le Conseil général afin d'obtenir acte de la déclaration de son départ fixé au 13 dudit mois, ainsi que du séjour qu'il avait fait dans cette ville et de la manière dont il s'y était conduit. « La matière mise en délibération, l'agent national ouï, il a été arrêté qu'acte était octroyé au dit citoyen Jamon de la déclaration qu'il faisoit du changement de son domicile de cette commune pour aller à Montfaucon, arrête en outre, que depuis le 2 octobre 1791 (par erreur le manuscrit porte 1792) jusques à ce jour que le dit citoyen a résidé en cette commune, il s'y est comporté en vrai républicain. » Signé : Jamon ; Pascal l'Invalide, maire ; Monnate, agent national ; Valentin, Grenier, Tardy, C. Pascal, Prévost, officiers municipaux ; Coignet, notable ; Monciny, secrétaire.

Sans douter de la probité de M. Jamon, je me permettrai de dire pourtant qu'elle n'était pas marquée au coin d'une délicatesse bien raffinée. Soit qu'il désirât garder de la bonne ville de Saint-Chamond quelque

vu la rareté des comestibles, il ne fallait souffrir aucun chien inutile et bien capable de contribuer à la disette dont on commençait à se plaindre avec raison.

Est survenu le citoyen Hébrat, adjoint au citoyen Chateauneuf,[1] représentant du peuple ; il a fortement étayé la motion du préopinant et a judicieusement observé que l'on ne devait conserver que les chiens en état de défendre de la voracité et de la rage des loups les timides animaux dont la toison sert à notre vêtement ; l'assertion a été soutenue par l'assemblée qui a accueilli la proposition avec enthousiasme. Il a donc été arrêté qu'il serait fait à la municipalité une pétition tendant à demander la destruction de tous les chiens de luxe et d'agrément plutôt nuisibles qu'utiles.

Le citoyen Hébrat a été invité par l'assemblée à remplir les fonctions de la présidence, mais il s'y est constamment refusé, aussi bien que le citoyen Chana,[2] ex-maire, et actuel-

souvenir matériel, soit qu'il voulût un peu se payer de ses propres mains, soit que son intention fût de sauver de la destruction certains objets précieux, il emporta à Montfaucon un certain nombre de tableaux appartenant à l'église de Notre-Dame. On peut les voir encore dans l'église de cette ville. C'est un fait avéré, et quantité d'habitants ont pu montrer aux étrangers, sans s'y méprendre, les tableaux de provenance Saint-Chamonnaise.

(1) Chateauneuf-Randon.

(2) Le Maire de Saint-Chamond était, à cette époque, Pascal l'*Invalide*. J'ai déjà parlé plus haut (p. 28) du citoyen Chana, cordonnier, à Saint-Chamond. Voici, comme complément de renseignements, une note insérée au bas d'un rapport sur les élections du département de la Loire en l'an VI : « Chana fut nommé par Javogues vice-président de son sanguinaire département. L'extrait d'un de ses arrêtés donne un échantillon de son zèle à seconder le proconsul et à renchérir sur les lois de Robespierre.

lement vice-président au département. Le citoyen Can-
cade, président réel, a pris sa place et le citoyen Chana est
monté à la tribune où il a prononcé un discours pathétique
et plein de feu, bien propre à ranimer l'esprit public, à
inspirer de l'amour pour la patrie et de l'horreur pour
l'aristocratie. L'orateur a pris de là occasion de reprocher

« Dans la séance du 15 frimaire an II, où étaient les citoyens Chana,
« président, en l'absence, etc.... Le Conseil, considérant.... qu'en révo-
« lution l'application des lois doit être révolutionnaire... qu'il faut rap-
« peler rigoureusement les lois à cette base éternelle de la société.
« qu'elles ne doivent leurs bienfaits qu'aux amis ardents de leur patrie.
« et qu'elles ne doivent à tous ceux qui n'ont rien fait pour elle que la
« vengeance nationale ; que, si l'administration se contentait des sommes
« exigées par les lois pour les certificats, il arriverait que des hommes
« qui ne firent jamais rien pour la chose publique, qui, par leur coupa-
« ble apathie, préparent les maux profonds de leur patrie, que des êtres
« dangereux et suspects obtiendraient des certificats de résidence ;

 « ARRÈTE :
« 1° Sans rien déroger aux conditions et formes prescrites par les
« lois sur les certificats de résidence, nul citoyen ne sera admis à certifier
« la résidence d'un individu, s'il ne produit un certificat de civisme pos-
« térieur à la destruction du fédéralisme.... etc. »

Il existe des arrêtés encore plus violents de cette administration.
Comme on l'a vu, Chana, conduit à Paris par ordre des comités de la
Convention, se lia intimément avec Babeuf et les « Babouvistes. »
Dès le 27 brumaire an III, Buonarotti lui mandait les premiers succès
du club du Panthéon, le chargeait de raviver l'esprit public dans le dépar-
tement de la Loire et lui prescrivait une correspondance suivie. Aussi
trouve-t-on, dans les pièces imprimées de Babeuf, *Chana*, de Saint-
Chamond, sur la liste des patriotes purs « appelés à la Convention, pour
siéger sur les cadavres des représentants du peuple. » (Bibliothèque de
Lyon, fonds Coste, n° 17799-1011.)
Chana fut nommé vice-président du département, par arrêté du 21
octobre 1793. Voici le texte du document :
« Les représentants du peuple,... désirant de faire jouir au plus tôt

et censurer la lâcheté, la corruptibilité ou la trop grande
facilité de certains citoyens à se laisser séduire, ajoutant
que ceux-là même étaient plus coupables que le séducteur,
méritaient qu'on leur infligeât une peine plus rigoureuse;
il s'est encore plaint du peu de fréquence des dénonciations
et du peu de fermeté des dénonciateurs, exhortant les
citoyens à redoubler de zèle, de courage, de surveillance
et d'activité. L'orateur s'est résumé par demander qu'il fût
fait une adresse à la Convention nationale tendant à solliciter la déportation de toutes les personnes suspectes. Le
citoyen Hébrat est venu à l'appui de la motion; il a déclamé
et tonné contre les malveillants et tous les ennemis de la

les citoyens de ce département des bienfaits d'une administration vrai-
ment populaire, choisie parmi ces victimes honorables de la liberté que
la rage des contre-révolutionnaires de Lyon avait dévoués à la mort;
persuadés que des administrateurs, dont le courage et la confiance ont
été éprouvés par les persécutions les plus atroces, ne tarderont pas à
consoler par leurs soins bienfaisants un peuple si longtemps opprimé, à
réparer les maux dans lesquels il a gémi,... arrêtent :

« Sont nommés pour exercer les fonctions administratives dans le
département de la Loire ;

« *Président,* — le citoyen Desverneys, ancien maire de Saint-Etienne ;

« *Procureur-général syndic,* — le citoyen Lafaye cadet, de Saint-Paul ;

« Pour composer le *Directoire,* les citoyens :

Chana, maire de Saint-Chamond, *vice-président ;*

Bertuel, maire de Feurs ;

Gaune et Thiolière, de la même ville ;

Dumas, de Cervière ;

Dubessey, d'Arthun ;

Potey, de Montbrison ;

Coignet, de Saint-Chamond, qui fera les fonctions de substitut
du procureur-général syndic.

« Etc.... etc.... »

(Bibl. de Lyon, fonds Coste, n° 17790-1011).

chose publique. La question a été mise aux voix; il en est résulté que l'assemblée l'a unanimement adoptée avec les plus vifs applaudissements. En conséquence, il a été arrêté que ladite adresse serait incessamment envoyée, et l'un des secrétaires a été chargé de la rédaction.

Le citoyen Jamon, président provisoire et suppléant, a donné lecture d'une lettre écrite à la Convention, par laquelle il abdique la prêtrise et lui déclare qu'il fait le généreux sacrifice de ses honoraires au profit de la nation ; enfin il renonce à sa cure et aux exercices de son ministère. Une démission aussi formelle, une profession de foi aussi inespérée de la part du ci-devant curé Jamon a vivement affecté l'assemblée qui n'a pu s'empêcher de lui en marquer son regret et sa sensibilité. La consternation et la douleur peintes sur tous les visages lui ont annoncé la crainte de le perdre.

La discussion s'est ensuite engagée sur le payement dû aux femmes dont les maris ont servi la République en portant les armes contre les rebelles tant sur Montbrisé que sur Montrond, à l'effet de quoi les citoyens Conord, Imbert, Jacques Dervieux et Jean-Marie Play, nommés commissaires, se transporteront en cette qualité auprès de la municipalité, aux fins de l'inviter à vouloir, de concert avec la Société, prendre les mesures les plus vigoureuses pour le prompt recouvrement des indemnités et des sommes tant de fois réclamées.

La séance a été levée et la prochaine ajournée au lendemain, 28 brumaire, à l'heure accoutumée.

Ainsi clos et arrêté, les jour et an que dessus.

(Sans signature.)

Le vingt-huitième brumaire, an deuxième de la République française une, indivisible et démocratique, en l'absence du président, le citoyen Pascal,[1] maire, a occupé le fauteuil de la présidence et a ouvert la séance au nom de la Liberté, de l'Egalité, etc....

Un membre, ayant obtenu la parole, s'est vivement plaint de l'inculpation faite mal à propos à la commune sur sa négligence à réclamer le payement dû aux femmes dont les maris avaient campé l'espace de huit jours contre Montbrisé; le même s'est efforcé de justifier le corps municipal. Le Président a expliqué la cause du retard; il a terminé par là les difficultés, a décidé la question et fait cesser la discussion.

Le secrétaire a donné lecture de la réponse du procureur syndic du district à la Société sur les pétitions tendantes à impétrer la licence de procéder à la nomination du chef de légion, de l'adjudant général et autres officiers absents; à solliciter l'opposition de la fusistication du Pérat et l'indemnité due aux femmes et enfants, lesquelles pétitions ont été favorablement accueillies.

Le juge de paix de la ville a déclaré qu'il avait en dépôt dix écus provenant d'un accommodement entre deux adversaires, lesquels dix écus sont réservés pour les citoyens les plus nécessiteux à qui la répartition en sera faite par la Société. — Applaudissements.

---

(1) Pascal l'*Invalide*, négociant, succéda à Chana en qualité de maire; il conserva cette fonction du 25 octobre 1793 au 10 pluviôse an III (29 janvier 1795).

Un membre, après avoir exalté le patriotisme et les glorieux travaux de la municipalité, ainsi que ses soins assidus, sa vigilance et son activité sur tous les objets, l'a priée d'excuser l'erreur de celui qui l'avait censurée à contre-temps, sans cependant avoir été susceptible d'aucune mauvaise intention. L'assemblée, d'une voix unanime, ayant témoigné sa satisfaction aux officiers municipaux alors présents, les a invités et pressés à demeurer constamment à leur poste.

Les citoyens Prénaz et Ragot ont été nommés commissaires à l'effet de se transporter auprès du district d'Armeville, lui faire les remontrances requises sur le recouvrement des sommes dûes aux femmes et enfants, avec le pouvoir d'en faire la perception, conjointement aux deux autres commissaires pris dans le sein du corps municipal.

Le Président a observé que, pour entretenir la bonne intelligence, il fallait qu'à l'avenir la Société travaillât de concert avec la municipalité.

L'on est convenu que dorénavant l'on n'applaudirait point que le Président n'eût applaudi, afin d'obvier aux bévues qui s'étaient plusieurs fois faites.

Il a été arrêté à l'unanimité que l'on ferait à la Convention nationale une adresse à l'effet de lui représenter les besoins de notre Société, lui demander des fonds pour son entretien et le salaire de ses secrétaires.

Le Président a remontré qu'à l'exemple de toutes les Sociétés populaires, la nôtre devait s'empresser de fournir, pour le service de la République, un cavalier monté aux frais de la Société. Le citoyen Monier s'est offert à partir. — Applaudissements.

En conséquence, les citoyens Conord et Montellier ont été chargés d'aller prier la municipalité de mettre en réquisition le cheval du citoyen Flachat, avec d'autant plus de raison qu'il avait déjà été exercé au manège et qu'il avait la taille exigée.

L'on a encore arrêté que l'on veillerait à ce que les femmes indistinctement portassent la cocarde tricolore.[1]

Un membre ayant réclamé la parole, a judicieusement observé que les insultes et les mauvais traitements qu'avaient déjà essuyés les femmes de la campagne qui apportaient leurs denrées au marché ne contribuaient pas peu à les éloigner de la ville, et que l'on ne devait donc plus être si étonné de la rareté des subsistances. C'est ce qui a déterminé l'assemblée à établir des soldats de la garde nationale, aux fins d'invigiler, réprimer les abus, prévenir les désordres, maintenir le calme et empêcher qu'on fit le moindre tort aux gens de campagne. L'on est convenu d'une heure fixe pour l'ouverture du marché, et il a de suite été arrêté que défense expresse serait faite de vendre et distribuer les denrées avant neuf heures du matin; que la garde accompagnée d'un commissaire veillerait à cette opération. L'adjudant a été invité à donner la consigne et l'on a nommé en qualité de commissaires de police les citoyens Conord et Jullien Bonnet pour la paroisse de Notre-Dame, et les

______

(1) Les lois des 17-28 mai 1790, 18 juin suivant et 8 brumaire an II ordonnaient à tous les citoyens de porter la cocarde nationale, c'est-à-dire tricolore, car il y avait peine de mort contre toute personne qui fournissait ou portait une cocarde autre que la cocarde tricolore. (Loi du 17 septembre 1792.) Un an après, il fut enjoint aux femmes de porter la cocarde. (Loi du 21 septembre 1793.)

citoyens Dupuy et Cibert pour celle de Saint-Pierre, lesquels seront aussi chargés d'aller faire leur ronde hors de la ville pour y faire entrer les denrées et s'opposer à ce qu'elles soient vendues avant l'heure fixée. — Applaudissements.

Après quoi, le Président a levé la séance et a assigné la suivante au lendemain.

Ainsi clos et arrêté, les jour et an que dessus.

(Sans signature.)

Cejourd'hui vingt-neuvième brumaire, an deuxième de la République une et indivisible, le Président a ouvert la séance à la manière accoutumée.

La discussion s'est d'abord engagée sur l'inutilité des chiens de luxe, considérant qu'ils consommaient une nourriture qui, dans les circonstances présentes, devenait absolument nécessaire à l'homme et dont il était menacé d'être privé par rapport à sa rareté. Pour étouffer les murmures, les plaintes, et dissiper une crainte qui paraissait déjà bien fondée, l'Assemblée, après avoir mûrement délibéré sur un objet aussi essentiel et, après bien des réflexions de part et d'autre, il a été arrêté que l'on devait sans délai aller au-devant de la disette, obvier aux inconvénients et en détruire les causes. En conséquence, les citoyens Jamon, ci-devant curé, Granjon Antony, Mezin et Saint-Louis, ont été nommés commissaires à l'effet de se transporter à la maison commune pour solliciter la destruction totale de tous les chiens de luxe et d'agrément, à la réserve de ceux des bouchers qui auront la faculté d'en garder un seul, et en même temps demander la fixation du vin vieux à proportion du nouveau, suivant le prix du maximum. — Applaudissements.

Le secrétaire a fait l'appel nominal des citoyens admis pour la prestation du serment civique. Se sont présentés les citoyens Simon Haudoir, Antoine Brossard, Antoine Rivière, André Gillier, Gaspard Villemagne et Jean Brossard, qui ont fait et prêté leur serment, en disant : *Je le jure*.

Un membre est monté à la tribune aux harangues et a annoncé qu'en sa qualité de commissaire, il avait avec ses collègues parcouru différentes campagnes sans pouvoir trouver, malgré leurs exactes recherches, les grains que l'on aurait désirés pour l'approvisionnement de la cité; il s'est particulièrement plaint de l'accaparement par les citoyens d'Armeville.[1] Le Président a fait là-dessus de judicieuses et sages observations, en relevant certaines erreurs dans lesquelles le préopinant était tombé.

Un autre membre a dit que, pour faire circuler et refluer les subsistances en tous genres et de première nécessité, il n'y avait pas de moyen plus prompt et plus sûr que celui de charger les paysans et exiger d'eux le payement des arrérages, observant qu'ils avaient le plus profité à la Révolution, qu'ils étaient pécunieux, des thésauriseurs d'une avarice sordide, des usuriers, des égoïstes, amateurs du numéraire dont ils faisaient leur dieu et que, dès qu'ils se seraient débarrassés de la grande quantité des assignats dont ils avaient les mains pleines et qu'ils méprisaient, ils s'em-

---

(1) Commune-d'Armes, Armes-Commune, Saint-Etienne.

presseraient alors de vendre leurs denrées.[1] Il n'a rien été statué sur cet objet.

Un citoyen, ayant obtenu la parole, a représenté qu'il valait mieux décider les riches à ouvrir une souscription libre et que les sommes qui en proviendraient seraient réservées à l'achat des grains à un prix raisonnable; un autre a répondu que l'on y avait pourvu et que ladite souscription était déjà faite, qu'il ne s'agissait donc que de se procurer des grains.

Il a ensuite été question des réparations urgentes et de l'embellissement de la salle. Un membre a observé qu'il fallait commencer à entretenir l'ordre et que, pour y parvenir plus facilement, il serait nécessaire d'établir des gradins en forme d'amphithéâtre et faire découvrir le bureau. Les citoyens Besson, Dupuy, Ragot, Parent et Oriol, ont été chargés de conduire cet ouvrage. — Applaudissements.

---

(1) « Après la proclamation du maximum, le paysan refuse de porter ses denrées au marché. Il laisse sa récolte en gerbes le plus longtemps qu'il peut et se plaint de ne pas trouver de batteurs en grange. Au besoin, il enfouit ses grains, ou il en nourrit son bétail.... La nuit, il fait six lieues pour les voiturer dans le district voisin, où le maximum local est fixé plus haut. Autour de lui, il sait quels particuliers ont encore des écus sonnants, et, sous main, il les approvisionne... .

« ... C'est pourquoi, de semaine en semaine, il arrive moins de farine, de blé, de bétail sur le marché, et la viande chez le boucher, le pain chez le boulanger, deviennent plus rares. » (Cf. Taine, *La Révolution*, t. III, p. 490 et seq.) — Voy. aussi *Lettre de Soligny et Gosse*, Thionville, 5 nivôse an II : « Aucun paysan ne veut plus rien apporter sur les marchés; ils font six lieues pour vendre plus cher; par suite, les communes qu'ils approvisionnaient jadis sont affamées ... Selon qu'on les paye en argent ou en assignats, la différence est quelquefois de deux cent pour cent et presque toujours de cent pour cent. » — (*Archives des affaires étrangères*, t. 330.)

L'on a délibéré sur les diplômes et il a été arrêté que l'on en ferait imprimer cinq ou six cents aux frais de la Société.

Le Président a proposé pour cavalier le citoyen Sagnol; il a engagé l'assemblée à l'accepter d'autant plus volontiers qu'il s'offrait à ses dépens; mais, l'assemblée considérant que ledit Sagnol avait servi les rebelles Lyonnais, la proposition, loin d'être accueillie, a été rejetée et la question mise à l'ordre du jour.

Un membre, après avoir loué l'ardeur du zèle et la pureté du civisme du çi-devant curé Jamon,[1] a invité les citoyens à le retenir dans l'enceinte de leurs murs. La motion a été étayée et unanimement adoptée. Le citoyen Jamon a témoigné combien il était sensible aux marques d'attachement et de confiance que lui donnait l'assemblée; il a ajouté que, par un juste retour, il était tout dévoué à

---

(1) Voici de quelle façon l'abbé Combry dépeint le curé Jamon et son vicaire: « l'arc-boutant le plus sûr de l'auguste assemblée, dit-il, c'est Jamon,

> . . . . le curé constitutionnel ;
> Il entend les décrets tout comme le missel ;
> De Loyola il endossa d'abord la toge,
> Puis il eut une cure au pays Allobroge,
> Et puis une autre encor, et puis il la quitta,
> Puis celle du Chambon, et puis celle qu'il a.
> Je dois aussi parler de son épais vicaire,
> Faisant beaucoup de bruit partout ailleurs qu'en chaire ;
> Il se nomme Vinoy ; ce serait un bon choix,
> Si l'on devait choisir les vicaires au poids :
> C'est une question qui paraît indécise
> Si sa méchanceté surpasse sa bêtise.

(La Capucinade, ch. 11)

la Société, qu'il ne désirait rien tant que de l'obliger, qu'il en saisirait avec avidité toutes les circonstances et qu'il ferait même, s'il était nécessaire, le généreux sacrifice de sa vie pour son service, qu'en conséquence il se déterminait volontiers à fixer son domicile à Chamond, de préférence à tout autre lieu. — Les applaudissements redoublés ont fait retentir la voûte.

Le secrétaire a lu une pétition concernant la répartition des sommes dues aux femmes; la question a été renvoyée à la première séance.

A succédé la lecture d'une lettre à l'adresse de la Société par le citoyen Fanget, (1) capitaine au bataillon de la Loire, sur les frontières, lequel fait ses remerciments des souliers offerts aux volontaires du dit bataillon, etc.

La séance a été levée à 8 heures et demie du soir et la suivante ajournée à jeudi prochain.

Ainsi clos et arrêté, les jour et an que dessus.

(Sans signature.)

Cejourd'hui 1er frimaire l'an deuxième de la République française, une, indivisible et démocratique,

Après l'ouverture de la séance faite par le Président aux noms de la Liberté, l'Egalité, la République une et indivi-

(1) Le capitaine Fanget se distingua, sous Bonaparte, au siège de Saint-Jean-d'Acre, puis à la bataille d'Aboukir (1799). Sa belle conduite lui valut un sabre d'honneur. M. J. Condamin, dans sa belle *Histoire de Saint-Chamond*, nous a conservé la physionomie de ce soldat, d'après un portrait de famille.

sible, il est procédé, par scrutin individuel et à la pluralité des suffrages, à la nomination d'un vice-président. Le scrutin ouvert et dépouillé, il en est résulté que le citoyen Jamon avait obtenu la pluralité absolue; il a de suite été proclamé vice-président et, après avoir témoigné sa reconnaissance à la Société, a pris place au bureau en cette qualité.

A la lecture du procès-verbal de la dernière séance adopté sans réclamation succède la lecture d'une lettre du citoyen Blachon, [1] détenu dans la maison d'arrêt de la commune d'Armeville, par laquelle il envoie le serment qu'il n'a pu prêter plus tôt. La Société n'ayant rien à lui reprocher et l'ayant toujours connu pour un véritable patriote lui témoigne sa sensibilité et rend hommage à son civisme par sa réponse.

Un commissaire de guerre, après avoir obtenu la parole, prononce à la tribune aux harangues un discours plein d'énergie concernant l'abolition des abus religieux, l'attache-

---

(1) François Blachon fut élu maire d'Izieux, le 25 janvier 1790; renommé en cette qualité, le 7 novembre de la même année, puis le 13 novembre 1791, il conserva ses fonctions jusqu'au 2 décembre 1792, époque à laquelle Pierre Roussier lui succéda.

F. Blachon fut, en octobre 1792, nommé administrateur du département de Rhône-et-Loire. « L'étude particulière de toutes les lois et la grande réputation qu'il s'y est acquise lui ont procuré la place d'Administrateur et celles qui en dépendent. » *Registres de la municipalité d'Izieux.* — Bientôt naquit entre la municipalité d'Izieux et lui, une antipathie assez vive pour motiver l'apposition des scellés à son domicile. Soupçonné d'avoir participé, à Lyon, au massacre du 29 mai et, de plus, accusé d'avoir tenu des propos inciviques « suffisants pour le faire regarder et traiter comme un homme suspect », Blachon fut incarcéré. Chana ordonna, le 1er fructidor, de le mettre en liberté et de lever les scellés chez lui.

ment que doit avoir à la Liberté, l'Égalité, la Justice, la Loi de la nature, un vrai républicain.

Le citoyen Berne, membre du comité de surveillance, fait lecture de plusieurs décrets et arrêtés concernant l'établissement, l'organisation et les fonctions du dit comité.

La discussion s'ouvre ensuite sur les réparations à faire dans le lieu des séances de la Société ; un membre observe avec vérité que la tour qui surmonte cette çi-devant chapelle annonce la domination de l'ancien régime. [1] Les citoyens Imbert et Chirat sont nommés commissaires pour faire succéder le bonnet tricolore au çi-devant clocher de la Société, et, après lecture de plusieurs papiers-nouvelles, la séance est levée et la prochaine indiquée au troisième du courant.

(Sans signature.)

Cejourd'hui troisième frimaire an deuxième de la République française, une, indivisible et démocratique, le vice-président, après avoir ouvert la séance aux formes ordinaires, a donné lecture d'une lettre du citoyen Siauve, [2] contenant les principes philosophiques et républicains qui l'animent. Le secrétaire est chargé de lui témoigner la satisfaction

[1] La Société populaire de Saint-Chamond tenait ses séances dans la chapelle des Pénitents de Notre-Dame. Cette chapelle existe encore sur la place de la Liberté.

[2] E. M. Siauve, sur lequel je donne plus loin quelques détails biographiques, a laissé un certain nombre d'opuscules imprimés en diverses langues. — Cf. Descreux, *Notices biographiques Stéphanoises*, pp. 324-326.

avec laquelle la Société avait reçu la marque de son civisme.

Les citoyens Ragot et Prénat, commissaires nommés à l'effet de se transporter près le directoire d'Armeville aux fins d'obtenir l'indemnité accordée aux femmes et enfants dont les maris étaient allés purger la plaine du ci-devant Forest [1] des rebelles qui la souillaient, rendent compte de leur mission et sont continués, y adjoint le citoyen Imbert, pour faire la même réclamation près les représentants du peuple à Commune-Affranchie ; un d'eux en continuant demande que, pour se garantir des demandes importunes qu'il éprouve de la part de plusieurs citoyens, il soit déterminé à qui cette somme était applicable. Cette somme n'est point une aumône, réplique un membre de la Société, elle est applicable à tous ceux qui ont terrassé les rebelles, au prorata de leurs services. Cependant, invitons les citoyens aisés à céder leur part aux indigents. Un autre membre lui succède et demande à ce qu'elle soit répartie à tous ceux qui ont combattu, sauf à eux à le distribuer à leur gré aux indigents. (Grands murmures dans la salle.) La Société arrête que les commissaires sus-nommés demanderont là-dessus l'avis des représentants.

Le citoyen Pitiot, officier municipal, après avoir obtenu la parole, monte à la tribune aux harangues et prononce

(1) Forez. — L'orthographe du mot *Forez* (Forensis, Foresis, Fores) a subi à peu de chose près les mêmes modifications que le mot « Jarez ». On peut consulter avec fruit, sur ce point, les savantes observations de M. J. Condamin (*Histoire de Saint-Chamond, pp. 6-8*). Il n'y a plus de doute possible sur l'orthographe de ces deux mots ; et l'on doit écrire, au surplus, *Foréziens* avec un *z*, et non pas *Forésiens* avec un *s*, comme on l'a fait à tort quelquefois.

un discours plein de sagesse tendant à apaiser les inquiétudes qui pourraient naître de ce que plusieurs prêtres donnent leur démission; l'orateur exhorte à vivre dans la bonne foi, à suivre l'évangile et la loi de la raison et se résume à montrer l'utilité des écoles primaires qui doivent les remplacer.

La parole est accordée à un membre qui observe que pour obvier aux abus qui se commettent dans les marchés, il serait à propos d'établir des dépôts surveillés par des personnes de confiance. — Applaudissements.

Lui succède le citoyen Cibert, commissaire des marchés, et annonce que son terme est fini ainsi que celui de son collègue. Ils sont continués aux applaudissements de la Société.

Le Président fait lecture d'une lettre du citoyen Pascal, soldat de l'armée révolutionnaire, datée de Feurs, qui donne deux moyens pour se procurer du grain de ces contrées : 1° de leur envoyer du charbon; 2° de demander la correspondance de la Société. Un citoyen observe que, pour éviter une partie des frais de transport, on pourrait charger le charbon dans les carrières près Armeville. Les citoyens Jean-Claude Bertholon et David sont chargés de faire à cet égard toutes les diligences nécessaires et le secrétaire-greffier de demander la correspondance de la Société.

Paraît dans la séance le citoyen David, [1] secrétaire du tribunal criminel du département de la Loire; le vice-prési-

(1) David occupait la place de greffier du tribunal criminel de la Loire. C'est lui qui, dans un club, en 1794, se vanta « d'avoir fait tomber soixante têtes. »

dent lui cède les honneurs et le fauteuil de la présidence ; après quelques observations, il cède aux instances et prend place au bureau, aux applaudissements de la Société.

Le susdit Jamon, après avoir obtenu la parole, observe que l'ordre ne règne point dans la Société ; que les membres admis, ceux qui ne le sont pas et les femmes même, sont confondus indistinctement ; la Société arrête que les membres seuls pourront s'avancer en-deçà des barrières indiquées.

Aprés quoi, le Président a levé la séance et a indiqué la prochaine au 6 du courant.

Ainsi clos et arrêté, les jour et an que desssus.

(Sans signature)

Cejourd'hui sixième frimaire l'an deuxième de la République française, une, indivisible et démocratique,

Après l'ouverture de la séance faite par le Président aux formes ordinaires et la lecture du procès-verbal de la veille adopté sans réclamation,

Le secrétaire-greffier fait lecture de deux lettres dont la rédaction lui avait été confiée dans la dernière séance, l'une au citoyen Siauve[1], pour lui témoigner la satisfaction avec laquelle la Société avait reçu la marque de son civisme, l'autre à la Société de Feurs pour lui demander la correspondance. — Adoptées.

---

(1) Etienne-Marie Siauve, curé d'Ampuis, membre de l'Académie celtique, naquit à Saint-Etienne en 1757 et mourut en 1812, dans la déroute de la grande armée en Russie. Destiné par ses parents à l'état ecclésiastique, il entra dans les ordres et devint successivement vicaire à

Le procureur de la commune donne lecture de deux lettres, l'une à la Convention nationale aux fins d'obtenir la ci-devant chapelle des Pénitents pour le lieu de ses séances, l'autre à la Société des Jacobins de Paris pour demander la correspondance. Elles sont adoptées aux grands applaudissements.

Suit l'ouverture d'un paquet de Chambéry et d'une lettre de Strasbourg, annonçant les dangers qui les menacent et invitant la Société à leur envoyer un de ses membres; et, après plusieurs légères discussions qui ne méritent pas d'être relatées ici et la lecture du journal *la Montagne,* [1] la séance est levée et la prochaine ajournée au 8ᵉ du courant.

Ainsi clos et arrêté, les jour et an que dessus.

(Sans signature)

la Ricamarie, et curé d'Ampuis. Il accueillit, dès le début, les principes révolutionnaires, prêta serment à la constitution civile du clergé et se lia intimément avec le célèbre jurisconsulte Servan, dont le frère fut ministre de la guerre en 1792. Ayant renoncé au sacerdoce, il prit du service dans les armées, fut envoyé à Lyon, le 28 octobre 1793, en qualité de commissaire des guerres de l'armée des Alpes, s'y maria avec la fille d'un chirurgien et devint, en 1798, sous-chef dans les bureaux du ministre de la guerre. Il prit part ensuite aux campagnes d'Italie, de Hollande et de Russie. « C'était, dit M. Descreux, un fonctionnaire intègre, d'un mérite distingué et écrivain de talent. » Voici, d'un autre côté, le portrait qu'en fait un écrivain assurément partial : « Syove, ancien prêtre qui, presque inconnu du département, n'a été sans doute nommé que comme correspondant de la faction à Paris ; Syove qu'on nous assure avoir été tour à tour prêtre sans mœurs, commissaire des guerres, destitué pour dilapidation, époux divorcé et rédacteur du journal l'*Echo des cercles constitutionnels*... » — Cf. *Sur les Élections du département de la Loire, an VI* (Bibliothèque de Lyon, fonds Coste).

(1) La *Montagne* était le côté gauche de la Convention où siégeaient, sur les bancs les plus élevés, les démocrates exaltés. Les Montagnards,

Cejourd'hui huitième frimaire, l'an deuxième de la République française, une, indivisible et démocratique, en l'absence du Président et vice-président, le citoyen Antony a occupé le fauteuil de la présidence et a ouvert la séance aux formes ordinaires.

La discussion s'ouvre ensuite sur la fête à célébrer décadi prochain en l'honneur de Chalier et autres victimes du despotisme; les citoyens Bravy, Preynat sont nommés pour faire à cet égard tous les préparatifs nécessaires, inviter la municipalité à y assister et à faire annoncer la fête la veille et le jour au son des boîtes.

Le citoyen Conord invite les filles à y assister en habit blanc et surtout douze des plus jeunes pour parsemer des fleurs ou lauriers ; des oui réitérés de leur part font retentir la voûte de la salle.

Le citoyen Pervenchon, officier municipal, ayant obtenu la parole relève la négligence des citoyens à dénoncer les infractions à la loi du maximum ; il annonce que les bouchers, les boulangers, les cabaretiers, ne se font aucune peine de vendre au-dessus et de se servir de leurs poids ou mesures accoutumés au lieu de se servir de celles prescrites par la loi. Un membre demande qu'il soit fait des visites domiciliaires et qu'on dénonce ceux qui ne s'en trouveraient point nantis. Un autre membre demande qu'il soit établi une balance publique où chacun ait droit d'aller vérifier le

dont les chefs étaient Marat, Robespierre et Danton, l'emportèrent presque toujours sur leurs adversaires, les Girondins, qu'ils proscrivirent en mai et juin 1793. Cette dénomination disparut, après le 9 thermidor, lorsque les débris des partis vaincus se réunir pour sacrifier Robespierre.

poids de sa provision. Un marchand-épicier demande que la même balance soit établie pour lui et ceux de son état. — Applaudissements.

Un autre observe qu'une seule ne suffirait pas, qu'il en faut une dans chaque section. La discussion fermée, il est arrêté que les commissaires susdits inviteront la municipalité a établir quatre balances publiques, une dans chaque section, une à la Boucherie et une chez le meunier.

La discussion s'ouvre ensuite sur la carrière laborieuse qu'a parcourue la municipalité et l'insuffisance de leurs moyens pour substanter leurs familles ; plusieurs membres proposent d'ouvrir une souscription ou collecte libre pour les indemniser. Leurs propositions sont acceptées. Les citoyens Conord et Antony sont nommés pour faire ladite collecte et inviter la municipalité à leur adjoindre deux autres membres.

Un membre, ayant obtenu la parole, demande que, conséquemment à la lettre de Strasbourg lue dans la dernière séance, il leur soit envoyé un membre de la Société ; plusieurs sont proposés et font valoir leurs raisons de refus. Un commissaire est envoyé au citoyen Fany et à Saint-Romain pour lui annoncer que la Société l'a unanimement choisi pour cet objet ; et, après la lecture du journal de *la Montagne,* la séance est levée et la prochaine indiquée au dixième du courant.

Ainsi clos et arrêté, les jour et an que dessus.

(Sans signature)

Cejourd'hui dixième frimaire, l'an deuxième de la République française, une, indivisible et démocratique, après l'ouverture de la séance faite par le vice-président aux formes ordinaires, a succédé la lecture du procès-verbal de la dernière séance, adopté sans réclamation.

Un membre, ayant obtenu la parole, observe qu'il existe dans les églises de la commune une argenterie précieuse et que, dans ce moment, tout doit concourir au salut de la République et demande qu'elle soit envoyée à la Convention nationale. [1] Sa proposition est accueillie et les citoyens

(1) Pour se conformer à la demande de la Société populaire, le Conseil général de la commune adressa au représentant du peuple Javogues, pendant son séjour à Commune-d'Armes, les galons et ornements tissus en or et en argent provenant des différentes églises de Saint-Chamond, pour les remettre à la Convention nationale. Javogues les renvoya à la municipalité en la priant de les faire brûler et de lui expédier ensuite l'or et l'argent qui en seraient extraits. Mais comme cette opération exigeait des connaissances spéciales, la municipalité fut d'avis de faire un inventaire de tous les objets et de les remettre, tels quels, au directoire du district.

Dans le compte-rendu fait par Javogues à la Convention nationale, le 28 ventôse, an III, le détail des dons patriotiques et autres objets qu'il recueillit dans le département de la Loire est porté en résultat, savoir :

Argenterie, 4425 marcs 1 once 4 gros 12 deniers;

Effets d'or, 1 marc 4 onces 6 gros 4 deniers 12 grains;

Argent monnayé, 237989 livres;

Or monnayé, 411654 livres;

Assignats, 123853 livres;

Trente-cinq articles non pesés ni estimés.

Dans une dénonciation faite à la Convention, les habitants de Saint-Etienne et de Montbrison l'accusèrent d'avoir gardé le silence sur le numéraire métallique des objets qui lui avait été envoyés et de s'être procuré les sommes çi-dessus par la force et par la terreur. A Saint-Chamond, deux familles versèrent, à elles seules, trente-cinq mille livres.

Conord, Preynat, Berange, Callet, Berne et Desgrange, sont nommés commissaires pour l'aller offrir à la municipalité.

Suit la lecture d'une lettre de la Société populaire d'Armeville annonçant que dimanche, vieux style, on rendra les honneurs funèbres à la mémoire immortelle du vertueux Chalier [1] et invite la Société à y assister en députation. La matière mise en délibération, et après une sérieuse discussion sur l'état des subsistances de la commune d'Armeville, [2] il a été arrêté par les citoyens Jamon, Bravy, Cibert, Granjon, Antony, Berange et François Desgrange, iraient au nom de la Société partager les sentiments de nos frères d'Armeville à l'égard de ces mânes respectables.

La fête de Chalier [3] et autres martyrs de la liberté ayant été annoncée au son des boites et le peuple s'étant rendu en foule, il a été chanté des hymnes en l'honneur de la

[1] Un monument expiatoire fut élevé à Saint-Etienne pour le culte du « vertueux » Chalier; la taxe révolutionnaire en paya les frais qui s'élevaient à la somme de 2156 livres.

[2] La misère était affreuse à Saint-Etienne; les grains faisaient défaut et c'est à grand'peine que l'on pouvait se procurer du pain noir. Aussi Javogue désirant que les riches nourrissent les pauvres, ordonna-t-il de dresser une liste des familles opulentes auxquelles on imposerait la taxe révolutionnaire. Il obtint, de la sorte. près d'un million de souscriptions. — Cf. *Documents pour servir à l'histoire de la Révolution dans le Forez*, publiés par M. Devet.

[3] Marie-Joseph Chalier, naquit en 1747 près de Suze, au pied du Mont-Cenis, et fut décapité à Lyon le 17 juillet 1793. Il reçut, chez les Dominicains, une instruction assez étendue; puis, après divers voyages en Europe, il se livra au commerce et y acquit une certaine fortune. Doué d'une imagination ardente, il embrassa des premiers les principes révolutionnaires, et l'on rapporte que, revenant un jour de Paris, il baisa tout le long de sa route une pierre de la Bastille qu'il s'était

Liberté et de l'Egalité; il a été annoncé que la municipalité,
le Conseil de la commune, les juges de paix de la commune et du canton, étaient à la porte, précédés et suivis de
la garde nationale; le vice-président a nommé quatre commissaires pour aller au-devant et les introduire; les municipalités du canton s'étant trouvées réunies à celle du chef-
lieu, elles ont été introduites. Le président les a fait placer
au bureau et a témoigné la joie qu'il avait de voir toutes
les autorités réunies pour célébrer la fête des patriotes; le
discours fini et applaudi, il a cédé le fauteuil au maire du
chef-lieu qui a témoigné son dévouement aux principes de
la Société.

La marche a été ouverte par un des bataillons; les municipalités confondues, les communes, le comité de surveillance, les juges de paix, les jeunes citoyennes en habit blanc
avec des corbeilles de fleurs, le président de la Société
portant le tableau de l'immortel Chalier, suivi de tous les
membres de la Société et d'un peuple immense, ont par-

procurée. Administrateur de la ville de Lyon, président du tribunal
criminel, orateur du club central des Jacobins, Chalier était. à la fin de
1792, l'homme le plus populaire de cette ville. Toutefois l'insurrection
grandissait, les haines contre la Convention et les Montagnards s'accen-
tuaient; le 29 mai 1793, la révolte éclata, il y eut des scènes sanglantes,
on s'empara de Chalier et on le traîna en prison. Mis en jugement
quelques jours plus tard, il fut condamné à mort et guillotiné le
17 juillet. Chalier s'avança avec fermeté vers l'échafaud, puis il dit au
bourreau : « rends-moi ma cocarde, attache-la-moi, car je meurs pour
la liberté. » L'exécuteur laissa tomber trois fois le couteau sans détacher
la tête de Chalier; il fallut lui passer un couperet pour qu'il achevât
son effroyable besogne. Dès lors, la mémoire de Chalier devint la
religion de toute la France montagnarde. — Cf. *Ancien moniteur*
(réimp.) *Lyon en 1793, notes et documents*, par A. Metzger.

couru les différentes rues de la ville, se sont d'abord arrêtés à l'arbre de la Liberté, place de l'Egalité ; il a été chanté différents hymnes en l'honneur de Chalier et des martyrs de la liberté, la musique a fait retentir les airs, les cris de *vive la Liberté, la Montagne, la République* ont été cent fois répétés ; le cortège s'est rendu sur la place Nationale, les hymnes et cantiques ont été répétés ; le Maire, les juges de paix, etc... ont prononcé des discours pleins d'énergie, les cris de *vive la République* ont retenti de toutes parts, la statue de la Liberté a été couverte de couronnes ; des colombes portant le ruban tricolore, symbole de l'union et de la liberté, ont été lâchées aux acclamations d'un peuple immense criant :

« Puisse l'univers entier n'adorer d'autre dieu que celui de la Liberté ; » les boîtes ont fait derechef retentir les échos d'alentour ; la joie a été partagée par les citoyens des campagnes.

De là, le cortège s'est rendu dans le lieu des séances de la Société. Un des membres du Comité de surveillance, ami du martyr Chalier a prononcé un discours qui a excité dans l'assemblée le plus vif intérêt ; une jeune citoyenne lui a succédé, âgée de 14 ans, elle a enlevé toutes les âmes, on admirait en elle tous les talents qui peuvent caractériser une vraie républicaine.

Le citoyen vice-président, après avoir fait l'éloge du martyr de la liberté, a profité de la réunion de toutes les autorités constituées pour faire sentir les avantages inestimables de notre révolution au nom de la Société et a demandé que les autorités constituées se réunissent pour donner au peuple, tous les décadis, des instructions des exercices et fêtes républicaines ; il a fait sentir que c'était le seul moyen de détacher les peuples de l'habitude où ils étaient de célébrer des fêtes non reconnues par la nation et les a assurés que lorsqu'ils adoraient la raison éternelle, la vérité pure et chaste, l'égalité, la liberté, la République une et indivisible, c'était la divinité même qu'ils adoraient. Son discours patriote a produit l'effet qu'il devait attendre ; tous les cœurs se sont réunis, mille voix ont répété : *vive la Liberté, vive l'Égalité, vive la Montagne, vive la République une et indivisible* ; la fête a été terminée par des cantiques où tout le peuple a pris part.

La séance a été levée à 8 heures du soir et la prochaine indiquée au 13 du présent.

(Sans signature)

Cejourd'hui 13 frimaire an II de la République française, une, indivisible et démocratique,

Après l'ouverture de la séance faite par le président, aux formes ordinaires, on a fait lecture du procès-verbal de la dernière séance.

Un citoyen s'est plaint que le corps municipal de Lavalla [1] et Saint-Jean [2] ne se sont point rendus à la fête de Chalier, le jour de la décade, 10ᵉ frimaire, malgré l'invitation de la municipalité de cette commune, chef-lieu du canton.

(1) Cf. *Notes sur la période révolutionnaire à Lavalla.* — 1 br. in-12.

(2) Saint-Jean-Bonnefonds.

On a fait lecture de l'éloge funèbre de Chalier; cette lecture a été suivie de vifs applaudissements.

On a fait lecture d'une lettre du citoyen Jérôme Terrasson, qui réclame le recours de la Société pour être élargi, étant en état d'arrestation à Rive-de-Gier qui fait la même demande en sa faveur. La Société, d'une voix unanime, a reconnu le civisme pur et intact du citoyen Jérôme Terrasson, a dressé au bas desdites lettres un certificat, signé du président, des secrétaires et de beaucoup de membres, tendant à le faire mettre au plus tôt en liberté.

Un membre a demandé qu'on plaçât des piques et des bonnets de liberté sur les clochers et sur les croix dont les traverses seraient abattues; on a nommé deux commissaires pour en faire la pétition à la municipalité.

Discussion sur ce que les marchands ne vendent pas au poids de marc et d'après le prix du maximum; il a été fait lecture du décret et de la loi sur le maximum; lecture a été aussi faite de l'arrêté des représentants du peuple près l'armée des Alpes et de Commune-Affranchie pour l'anéantissement de la misère, de la mendicité et de la richesse, avec une taxe révolutionnaire sur les riches. [1]

(1) Le 20 brumaire an II (10 novembre 1793', la commission temporaire de surveillance fut chargée d'établir une taxe révolutionnaire, portant sur tous ceux qui avaient de la fortune et destinée au soulagement des pauvres et à l'utilité publique.

Le 24 brumaire suivant, un autre arrêté décidait la proscription de la mendicité et de l'oisiveté.

Quelques jours auparavant (11 brumaire), Javogues avait pris un arrêté obligeant les fabricants à donner de l'ouvrage aux ouvriers qui n'en avaient point, ou à leur payer chaque jour une somme équivalente au prix de leur journée. — Cf. M. Devet, op. cit.

Un membre a observé qu'il fallait faire une pétition à la municipalité pour abolir les tamis à farine des boulangers; les mêmes commissaires ont été chargés de cette même expédition. [1]

Il a été fait lecture d'une adresse aux habitants des campagnes pour les engager à fournir les villes et les marchés de subsistances et à découvrir les malveillants. [2] Proclamation de la commission temporaire concernant les habits en drap bleu, qui oblige les personnes sans certificat de

[1] Le 19 octobre 1793, le Conseil général de la commune fixait le prix de *la livre* de pain de diverses qualités aux taux suivants: pain ordinaire, 3 sols 6 deniers; pain blanc, 4 sols 6 deniers; miche, 5 sols 6 deniers.

Dans la séance du 11 novembre 1793, sur la proposition d'un de ses membres, et considérant que la fabrication de la miche occasionnait une consommation trop considérable de cet aliment, le Conseil arrêta que les boulangers ne feraient plus que deux sortes de pain : le pain ordinaire et le pain bis. Quelque temps après, le 22 nivôse an II, (11 janvier 1794), on n'autorisa plus qu'une seule qualité de pain : le pain de l'Egalité, sous peine d'une amende de 50 livres et de poursuites. Cet arrêté ne fut pas strictement exécuté, car la municipalité, ne voulant voir aucune différence entre le pain du riche et celui du pauvre, fut obligée de sceller et cacheter les moulins propres à passer les farines, afin qu'il devînt impossible, en aucun cas, de séparer la farine d'avec le son.

[2] Les campagnes approvisionnaient de moins en moins les marchés des villes. Il y avait de cela deux causes: le manque de denrées et les abus qui ne manquaient jamais de se commettre. On allait attendre sur les routes les paysans qui venaient à la ville, on prenait d'assaut leurs marchandises et souvent sans les payer. Un arrêté, du 5 ventôse an II, (23 février 1794), enjoignait aux citoyens de laisser arriver les denrées sur la place du marché, sous peine de 20 livres d'amende. — Voyez *Lavalla pendant la Révolution*; voy. aussi plus haut, pp. 59, 67, 80.

13

civisme à livrer leurs dits habits pour le service des défenseurs de la patrie. [1]

Le président a proposé une recette pour faire une bonne soupe avec une livre de farine suffisante pour douze personnes. Sa proposition a été goûtée, mais pas encore la soupe !

Un citoyen propose de faire passer au district les trente membres sur lesquels il doit choisir les douze qui doivent composer le comité de surveillance. Renvoyé à la séance du 15 frimaire.

Un citoyen a fait la motion de placer trois poids et trois mesures-balances, une à Saint-Pierre, une à la Boucherie et l'autre à Notre-Dame ; on propose de les placer : chez le citoyen Prévost, à Notre-Dame ; chez le citoyen Bravy, à Saint-Pierre, et chez le citoyen Dupuy, menuisier.

Les commissaires Chol et Granjon Antony,[2] chargés des deux pétitions verbales précédentes, sont encore chargés de celle-ci à la municipalité.

La séance a été levée.

Signé : TERRASSON, secrétaire.

(1) Un arrêté de la Commission temporaire de surveillance, établie à Commune-Affranchie, portait que « tout citoyen qui posséderait chez lui un vêtement d'étoffe bleu national serait tenu de l'apporter à la municipalité, sous peine d'être regardé comme suspect et traité comme tel.» Il fut recueilli à Saint-Chamond, soixante habits d'uniforme pour les défenseurs de la patrie. Par diverses proclamations, le Conseil général invita les habitants à donner des chemises, des chapeaux et des souliers. (20 nivôse an II).

(2) Granjon Antony était commissaire de police.

Cejourd'hui 15 frimaire de l'an deuxième de la République française, une, indivisible et démocratique,

Un citoyen observe que la Société a offert un cheval et un cavalier;

Jean-Claude Colomb, de Saint-Ennemond, s'est offert de partir.

Les citoyens Faure, Bravy, Gonin, Dalissan, ont été commis pour achepter le cheval.

Le citoyen Jérôme Terrasson[1] s'est présenté à la Société qui l'a accueilli avec joie et lui a témoigné l'intérêt qu'elle prenait aux bons patriotes.

Sur la demande de plusieurs citoyens, on a envoyé au district le nom de quarante membres pris dans la Société pour qu'il choisît les douze qui doivent composer le comité de surveillance.

En voici les noms :

1	Jacques Renaud.	9	Robin.
2	Montgarat.	10	Montellier.
3	Berne.	11	Pascal.
4	Martouray.	12	Prévost.
5	Imbert.	13	Monier.
6	Granaudin.	14	Jamon.
7	Besson.	15	Chirat.
8	Terrasson.	16	Jean-Marie Prénat.

(1) Jérôme Terrasson avait pour père Dominique Terrasson. Les biens de ce dernier furent sequestrés en 1793; mais, sur un arrêté du directoire du district (21 frimaire an III), Jérôme Terrasson obtint la restitution du domaine de Laroche, à Saint-Christô, et du moulin à soie, situé rue du Béal, à Saint-Chamond.

17 Jacques Dervieux.	29 Cibert.
18 Cibert aîné.	30 Guillaudon père.
19 Coron aîné.	31 Jacques Granjon.
20 Gaspard Chol.	32 Conord.
21 Callet.	33 Rager.
22 Steimer.	34 Jacques Villemagne.
23 Antoine Prénat.	35 Dupuy.
24 Gaillard.	36 Berne cadet.
25 Benoît Roussier.	37 François Desgranges.
26 Pauze, dit Panderir.	38 Granjon Antony.
27 Vinoys.	39 Duet.
28 Dubois.	40 Deculty.

Un citoyen a fait la motion de faire mettre par terre de suite les croix qui sont encore sur pied. [1]

Le président a demandé que ceux qui démoliraient tous ces monuments de fanatisme fûssent payés et qu'on fît une pétition à cet égard.

Le citoyen Bourgeois se propose d'aller au district d'Armeville et d'y parler au sujet du tribunal criminel,[2] et il a fait un discours qui a réuni tous les applaudissements.

[1] Dans la séance du Conseil général du 18 frimaire an II, le procureur de la commune fit un long discours tendant à faire disparaître dans toute l'étendue de la commune les signes d'une religion dominante : « Le sol de la Liberté et de l'Égalité, disait-il, ne doit plus être chargé de ces croix, de ces statues des saints et des vierges, qui annoncent une religion dominante, etc... »

[2] Par arrêté des représentants du peuple délégués pour l'organisation du département de la Loire, le tribunal criminel fut établi à Saint-Chamond (6e jour de la 1re décade du 2e mois de l'an II). Le citoyen Bourgeois en fut le président. Mais un décret de la Convention le transporta bientôt à Feurs, chef-lieu du département.

Le citoyen président a fait la motion de faire le recensement des cartouches que chaque citoyen a chez lui. Le
citoyen Bourgeois s'est chargé de parler au district pour ce
qui est dû aux femmes de ceux qui sont allés à Montbrisé
et pour parler de l'indemnité promise aux habitants de
Saint-Chamond ; on a décidé en outre qu'il serait accompagné d'un officier municipal.

Un citoyen a fait la motion à ce que l'on dénonçât ceux
ou celles qui vendent ou achètent au-dessus du prix du
maximum.

(Sans signature)

Cejourd'hui 17 frimaire, l'an deux de la République une,
indivisible et démocratique, après l'ouverture de la séance
en la manière accoutumée,

Un citoyen a fait la motion de demander le prompt élargissement de ceux des jeunes gens de Saint-Chamond qui
ne seraient pas trouvés coupables et qui sont maintenant
détenus dans les prisons de Commune-Affranchie.

Le président a fait la motion que le citoyen Pirand, fils
de celui qui a été tué par les brigands lyonnais, présentât
une pétition aux représentants du peuple pour que la maison que le ci-devant seigneur lui avait prise lui fût rendue
pour le prix qui lui en avait été donné ; sadite maison lui
fut prise sous le prétexte qu'il y avait du charbon dessous.

(Sans signature)

Cejourd'hui dix-huit frimaire, an deux de la République une, indivisible et démocratique, la séance ouverte à la manière accoutumée,

Un citoyen donne des bonnes nouvelles de l'armée sous Toulon.[1] — Applaudi.

Le citoyen Bravy, un des commissaires nommés pour trouver le cheval que la Société fournit pour l'armée, a rendu compte qu'il était trouvé; on a décidé que le cavalier qui le monterait serait habillé en dragon.

On a arrêté que définitivement on ne demanderait plus la parole pour les personnes arrêtées dans Commune-Affranchie.

Un citoyen a demandé que des membres de la Société assistassent à la fête de Challier[2] qui se célèbre à Commune-d'Armes; les citoyens Colin et Berry ont été nommés à cet effet.

On a donné à la Société la notte de quelque citoyens pour obtenir des certificats de civisme et elle a passé à l'ordre du jour sur ce que les comités de surveillance devaient en connaître.

Le président a demandé que le citoyen Falfleurin veillât au bois qui se transporte à la Société et qu'il en fût respon-

---

(1) Pendant la Révolution, Toulon fut le théâtre de désordres assez graves. La contre-révolution y fut maîtresse, jusqu'au 16 décembre 1793, jour où les armées républicaines s'emparèrent de la ville. Un décret de la Convention changea son nom en celui de Port-la-Montagne; mais, au 9 thermidor, on l'appela de nouveau Toulon.

(2) Voyez plus haut, pp. 92 et 93.

sable. Il a été arrêté que ledit citoyen Falfleurin ne déli-
vrerait du bois que sur un vu du président ou des commissaires.

La séance a été levée.

(Sans signature)

Cejourd'hui vingt-deux frimaire, an deux de la République une, indivisible et démocratique, la séance a été
ouverte en la manière accoutumée.

Le citoyen Bravy a recueilli les suffrages pour la place de
vice-président.

Il a été fait lecture d'une pétition aux représentants du
peuple séants à Commune-Affranchie pour demander que
le tribunal criminel établi à Saint-Chamond par les citoyens
représentants Javogues et autres soit conservé dans nos
murs.[1]

Les commissaires, nommés dans la séance précédente,
sont invités à demander aux représentants de laisser passer

[1] Dans une pétition des habitants de Rive-de-Gier tendant à ce que
cette ville soit érigée en chef-lieu d'un district, au moment de la
nouvelle division de la France (1789), on voit que Saint-Chamond,
excitait déjà la jalousie des Ripagériens : « La position centrale de
Rive-de-Giers en avait fait un chef-lieu d'arrondissement dans l'ancienne division ; elle a une brigade de maréchaussée, etc...; cette ville
est destinée, tant par sa position que par son industrie, son commerce
et l'importance de ses établissements, à être le chef-lieu d'un district et
le siège d'une justice. » En 1793, Javogues installa à Saint-Chamond
un tribunal criminel dont le citoyen Bourgeois fut le président ; la
municipalité de Rive-de-Gier fit une nouvelle pétition dans le but
d'obtenir que ledit tribunal y fut transporté. — Voy. plus haut p. 100.

les denrées telles qu'huile, etc... qui nous sont absolument nécessaires. (1)

Un citoyen fait lecture au nom de ses collègues d'une pétition tendant à demander l'exercice de leur culte dans une maison nationale. La Société répond par l'organe de son président que chacun est libre d'exercer en particulier dans sa maison son culte, et non en corporation.

La séance a été levée.

(Sans signature)

Cejourd'hui vingt-cinq frimaire de l'an deux de la République française une, indivisible et démocratique, cette séance ouverte en la manière accoutumée a été occupée par l'admission dans la Société, en qualité de membres, des citoyens :

(2) Le savon et l'huile manquaient totalement à Saint-Chamond. Aussi, dès le 28 germinal an II, le Conseil général adresse-t-il au directoire du district une pétition dans laquelle il expose sa pénurie et réclame d'urgence un approvisionnement proportionné au chiffre de la population. Le 19 thermidor, il faut renouveler cette demande ; l'huile manquant, il devient impossible de fournir de la lumière aux mineurs qui travaillent à l'extraction du charbon, et, par suite du défaut de ce combustible, les fonderies, clouteries, etc., se trouvent arrêtées. Afin de remédier à cet état de choses, on charge les citoyens Calet et Durand-Bourg de se rendre dans diverses communes du Forez et d'y requérir toutes les graines de colza pour la fabrication de l'huile nécessaire, (4 fructidor an II). Enfin, le 4 frimaire an III, le représentant Le Moine accorde à Saint-Chamond 1000 bichets de graines de colza à prendre dans le district de Montbrison.

Couturier,[1] ancien maire de Saint-Julien ;

Jean-Baptiste Mongirod, de la Rive ;

Joseph Rozet fils ;

Philibert Ronchard, du Fort ;

Claude Grenier ;

Pierre-Agathe Mortier, teinturier ;

Guillaume Bonnefoy, charron ;

Jean-Bap^te Couchoud fils ;

Joseph Rossier, passementier ;

Jean-Baptiste Pasquier, rue Sabbotin ;

Jérôme Renaud, jardinier.

Michel Faure ;

Pierre Fougère, menuisier ;

Barthélemy Montmartin ;

Ennemond Villemagne ;

Oriol, menuisier ;

Hervier, anachorète ;

Monteillier, drapier ;

François Giraudet père.

Ce dernier a prêté serment conformément au règlement. La séance a été levée.

(Sans signature)

Cejourd'hui vingt-six frimaire de l'an deux de la République française, une, indivisible et démocratique,

La séance ayant été ouverte en la manière accoutumée, on a nommé quatre commissaires qui sont les citoyens Caire, Dupuy, Grenier et David, pour aller inviter les commissaires et administrateurs, qui ont parlé au peuple assemblé à la place Nationale, d'assister à la Société.

(1) Couturier, homme de loi, à Saint-Julien-en-Jarez, fut élu membre du directoire du département par l'assemblée tenue à Montbrison, le 22 novembre 1792.

Lesdits commissaires de retour ont annoncé qu'ils se sont trouvés partis.

Les citoyens Ennemond Villemagne et Jean-Baptiste Couchoud fils aîné ont prêté leur serment en qualité de membres de la Société.

Un citoyen a fait la motion de destituer la messagerie parce qu'elle ôtait le pain à beaucoup de personnes; un autre citoyen a répondu qu'il y avait une loi à cet égard, qu'il fallait connaître ce qui a été décidé.

Le président a demandé qu'on parlât à la prochaine séance de faire à la municipalité une pétition tendant à ce que l'on occupât des citoyens qui pourraient manquer d'ouvrage à rétablir le chemin des Carrières, au fond de la Rive.

Il a été fait lecture d'une lettre du citoyen Duding qui a été applaudie.

Il a été nommé deux autres commissaires, savoir Joseph Cibert et Dupuy, pour parler au citoyen représentant Javogues pour la nomination d'un chef de bataillon.

La séance a été levée.

(Sans signature)

Cejourd'hui vingt-sept frimaire de l'an deux de la République française, une, indivisible et démocratique,

La séance ouverte en la manière accoutumée, un membre a demandé que la Société s'organisât de suite parce qu'on ne pouvait délibérer.

L'on a arrêté que l'on nommerait un commissaire, qui est le citoyen Bourgeois, qui serait porteur de la pétition concernant la nomination d'un chef de légion et chef en second, ainsi que de l'adjudant général, laquelle pétition serait portée au district.

Un membre a demandé l'arrestation de tous les prêtres qui n'ont pas donné leur démission.[1] — Applaudi.

Un autre membre a demandé la radiation de tous les prêtres.

Signé : TERRASSON, secrétaire.

Cejourd'hui vingt-huit frimaire de l'an deux de la République française, une, indivisible et démocratique,

La séance ouverte par le président en la manière accoutumée,

Un membre a demandé que jusqu'à l'âge de quinze ans on ne laissât entrer aucun enfant.

Les citoyens ci-après ont été admis membres de la Société, savoir :

Berger aîné,	Claude Vinoye,
Pierre Poizat, Nimois,	Jacques Sève,
Jean-Antoine Lachaux,	Jean-Benoît Gonon, cabaretier,
Guillaume Prout,	
Etienne Bonnard, St-Julien,	Chazard, gendre de Pascal,
Roset, teinturier,	Antoine Françon,
Célard, menuisier,	Marius Girard, charbonnier,
Fillion, boulanger,	

[1] Deux prêtres seulement donnèrent leur démission : Jamon et Claude Fanget, vicaire.

Garas, chapelier,
Pierre Olagnier,
Jacques Loison,
Claude Blaisebois, tailleur,
Noël Monnier,
Claude Chaize,
Marius Bayon,
Durand, épicier,
Claude Trenard,
François Boissonnat,
Antoine Boissonnat,
Joseph Berger,
Pierre Buyet,
Pierre Sablière, boulanger,
Pal, place Nationale,
Jean-Baptiste Poinat,
Michel Aiou,
Delande,
Pierre Genevet,
Pierre Lassablière, journalier,
Claude Prénat, barrère,
Etienne Font, teinturier,
Jean-Claude Pugnet fils,
Grégoire Bourg, pacotiere,
Benoît Richard, cabaretier,
Gabriel, tanneur,
Claude Bonnet,
Grégoire Clément,
Lacoste, serrurier,
Pierre Forestier,
Laurent Biscornet,
Claude-Marie Roset.

Le total des membres nommés dans cette séance est de quarante-six.

Les citoyens J.-B. Montgirod, Joseph Roset fils, Phil. Ronchard, du Fort, Claude Grenier, Pierre-Agathe Mortier, Guillaume Bonnefoy, Joseph Rossier, Jérôme Renaud, Michel Faure et Oriol, menuisier, Laurent Biscornet, Etienne Roset, ont pretté le serment que prettent les membres de ladite Société.

Un citoyen a demandé qu'on s'adressât à la municipalité pour que la cire qui se trouve dans les églises et que les rats mangent soit transformée en bougie pour l'usage des sans-culottes ; on a nommé à cet effet deux commissaires qui sont les citoyens Conord et Bravy.

Les citoyens Dupuy et Berne l'aîné doivent s'adjoindre au citoyen Bourgeois et aux commissaires nommés par la municipalité pour aller porter au district la pétition au sujet du payement des femmes de Montbrison.

On a nommé les citoyens Bravy et Berne pour se transporter chez le citoyen Pascal pour l'échange des assignats à effigie du tyran que possède la Société.

La séance a été levée.

Signé : TERRASSON, secrétaire.

Cejourd'hui trente frimaire de l'an deux de la République française, une, indivisible et démocratique, la séance a été ouverte en la manière accoutumée et, après, lecture a été faite des procès-verbaux précédents.

Les commissaires nommés pour se transporter à la municipalité au sujet de la cire qui se trouve dans les églises ont rendu compte de leur mission ; la municipalité prendra la chose en considération, mais l'inventaire des effets qui sont dans les églises n'a pas encore été fait.[1]

(1) Après un discours du procureur de la commune, le Conseil général de Saint-Chamond décida de faire hommage à la patrie de toutes les pièces en or, argent, cuivre et plomb, qui servaient à l'usage des églises (18 frimaire an II). Le procès-verbal de la séance du 29 frimaire an II, contient l'inventaire suivant des objets trouvés dans les églises de Saint-Chamond et de Saint-Julien, Saint-Martin, Izieux et Saint-Jean-Bonnefonds : 10 ostensoirs, 15 calices, 15 patères, 13 ciboires, 2 encensoirs, 2 reliquaires, 5 porte-Dieu, 1 boîte à hosties, 2 burettes, 1 plat, 1 grande croix, 3 petites croix, 1 croix sans pied. — Le 16 nivôse an II, le citoyen Tardy remit encore une certaine quantité d'objets d'argent, provenant de saisies faites chez divers particuliers.

Il a été fait par le secrétaire lecture d'une lettre adressée à la Société par la citoyenne Orelut,[1] au sujet de son mari détenu dans la maison d'arrêt d'Armes-Commune et on a passé à l'ordre du jour sur l'observation d'un membre qui a dit qu'une Société n'était pas un tribunal.

Un citoyen a demandé que les commissaires, partis pour porter au district la pétition au sujet du payement des femmes et enfants des citoyens qui sont allés sur Mont-brisé, rendissent compte de leur mission. Les dits commissaires ne se sont pas encore trouvés arrivés.

Un membre a demandé qu'on n'inquiétât pas les citoyens qui avaient été relâchés par la réquisition du représentant Javogues.

Le citoyen Cognet,[2] administrateur, dans un discours applaudi, a demandé que dans toutes les séances on s'occupât pendant quelques moments de l'instruction publique et des affaires par rapport à la religion.[3] Et sur la demande qui lui a été faite de mettre sur le bureau le discours qu'il a prononcé pour le faire imprimer, ledit citoyen Cognet a

(1) Claudine Orelut. Son mari, médecin, s'était réfugié avec son frère à Lyon, pendant le siège de cette ville. Il fut incarcéré comme rebelle et mourut en prison. La veuve Orelut obtint, par deux arrêtés, main-levée des sequestres mis sur ses biens (27 brumaire an III et 21 frimaire an III).

(2) Cognet était, au Directoire du département, le collègue de Chana ; il remplissait les fonctions de substitut du procureur-général-syndic.

(3) La loi sur l'organisation de l'instruction publique est du 29 frimaire an II. — Conformément à l'arrêté des représentants du peuple, du 27 germinal an II, la Société populaire est invitée à se rendre chaque décade dans les différentes communes du canton pour y répandre

désiré qu'on nommât plusieurs commissaires pour rédiger une adresse à cet effet qu'on enverrait dans les campagnes et aux Sociétés.

Un citoyen a dit, au sujet de la motion faite dans la précédente séance pour que les enfants au-dessous de quinze ans ne soient pas reçus dans la Société, qu'il fallait au contraire qu'on les y reçût parce qu'ils pourront s'y instruire; ce qui a été arrêté.

Le citoyen Cognet a demandé que la Société nommât quelques commissaires pour aller avec lui assister à l'installation de la Société populaire qui se forme à Saint-Paul,[1] ce qui a été arrêté, et la Société a nommé à cet effet les citoyens Bourgeois, Conord, Imbert, Pitiot et Granjon Antony. —

Et, sur la proposition d'un membre, il a été de même arrêté qu'on écrirait de suite à la municipalité de Saint-Paul pour savoir le jour de l'installation de la Société populaire de ladite commune.

Le citoyen Cognet s'est de même chargé de faire passer à la Société les arrêtés du département de la Loire.

Un membre a demandé que la municipalité fût invitée à rechercher les titres qui ont rapport aux biens communaux du Fay;[2] ce qui a été adopté.

---

l'instruction, ranimer l'esprit public, « et y propager les sentiments de vrais républicains : courage, probité, vertus, mœurs, amour sacré de la patrie et la confiance que le peuple doit avoir dans ses mandataires fidèles, par ce moyen ne former qu'un faisceau d'hommes libres, contre lequel tous les écueils de nos ennemis viendront se briser. »

(1) Saint-Paul-en-Jarez, sous la révolution *Valdorlay*.

(2) En 1580, la commune de Saint-Chamond possédait un tènement

Un membre a demandé que la Société fît une pétition à la municipalité à l'effet de célébrer décadi prochain, dans la ci-devant église de Notre-Dame, la fête de la Raison et que l'on sonnât la cloche la veille des décadis.[1] Ces deux propositions ont été adoptées. — La séance a été levée.

Signé : TERRASSON, secrétaire.

Cejourd'hui deux nivôse de l'an deux de la République française, une, indivisible et démocratique, la séance a été ouverte par le président en la manière accoutumée et lecture faite du précédent procès-verbal.

de terrain, au Fay, (Saint-Julien-en-Jarez). Cette propriété était établie : 1º par un jugement rendu entre Christophe de Saint-Chamond et les habitants de la cité, jugement qui déboutait le seigneur de sa demande en reconnaissance nouvelle de cens, servis, lods, mi-lods, sur ledit tènement du Fay ; 2º par un contrat de vente de ces mêmes terres passé par les consuls et conseillers de Saint-Chamond à Gabriel Maniquet, le 2 février 1605, moyennant 3000 livres tournois ; 3º par une rétrocession de ladite vente consentie le 19 février 1616 par Gabriel Maniquet au profit des consuls et conseillers de Saint-Chamond.

Jean-Armand de Saint-Chamond ayant demandé la nullité de cette vente, plusieurs habitants, ayant à leur tête le juge du seigneur et son procureur d'office, consentirent en sa faveur la cession de tous les droits que la commune pouvait avoir sur le tènement du Fay (1671). La loi du 28 août 1792, portant rétablissement des communes et des citoyens dans les propriétés et droits dont ils avaient été dépouillés par l'effet de la puissance féodale, et considérant que la cession dont il s'agit n'avait été obtenue que par les menaces et la violence, le Conseil général décida de revendiquer les terres du Fay, qui seraient ensuite partagées, conformément à la loi du 10 juin 1793. (Délibération du 21 vendémiaire an III).

(1) Un des principaux organisateurs du culte et de la fête de la Raison, en France, fut Pierre Gaspard Chaumette, né à Nevers le 24 mai 1763, et décapité à Paris le 13 avril 1794.

Un citoyen a demandé que la Société écrivît au département pour demander la formation des écoles primaires ;[1] ce qui a été adopté.

Un membre a demandé que l'on fît une pétition dont le but serait d'obtenir d'Armes-Commune le remboursement du montant de ce qu'ont coûté les canons que les habitants de cette dite commune nous ont enlevés. Cette proposition a été adoptée à l'unanimité.

Sur la proposition qui lui en a été faite, il a été arrêté qu'on voterait au citoyen représentant Javogues une adresse de remercîments pour l'intérêt qu'il a toujours pris à cette commune.[2]

Les citoyens Dupuy et Montellier ont été nommés commissaires pour se porter auprès de l'état-major pour ce qui

(1) Dans la séance du 17 messidor an II, un citoyen ayant exposé que l'instruction était « le principe unique de la liberté, le véhicule de toutes les vertus, le creuset où se moulent le courage et la valeur des héros, » le conseil général de la commune, désireux de voir « les jeunes républicains s'emparer promptement des vertus que la Révolution a fait naître, pour qu'ils célèbrent les courageux efforts de nos braves défenseurs, avec la même rapidité qu'ils marchent vers la victoire et l'anéantissement de la tyrannie, » organise sur le champ l'enseignement public. Les écoles sont établies dans les maisons curiales et chez les Ursulines et le nombre d'instituteurs et d'institutrices est de plus de vingt. Le salaire annuel qui leur est attribué est de 20 livres par élève.

(2) Javogues portait un intérêt tout particulier à la ville de Saint-Chamond. On a vu plus haut, p. 58, quels éloges il lui prodiguait pour sa belle conduite et son généreux désintéressement en maintes occasions. De plus, il prit plusieurs arrêtés sévères, toutes les fois que notre ville, à la veille d'une disette effroyable, réclamait des subsistances. (Arrêtés des 6 octobre 1793, 28 décembre 1793, 7 janvier 1794. etc...)

concerne le payement des femmes et des enfants des citoyens qui sont allés à Montbrisé.

Sur la proposition d'un citoyen, il a été nommé quatre commissaires qui sont les citoyens Conord, Clair, Terrasson et Dubois pour aller fraterniser et assister à l'installation de la Société populaire du canton de Saint-Romain.

La séance a été levée.

Signé : TERRASSON, secrétaire.

Cejourd'hui quatre nivôse de l'an deux de la République française, une, indivisible et démocratique,

Après que la séance a été ouverte en la manière accoutumée, les citoyens Charles-Marie Roset, Jacques Sève, Gabriel Grange, Claude-Marie Vinoye, Claude Chaize, Etienne Bonnard, de Saint-Julien, Jean-Marie Chazal, Pierre Palle, Etienne Bourrin, de Saint-Julien, ont prêté le serment.

Il a été lu une pétition adressée à la Société tendant à ce que les rubans qui se fabriquent dans cette commune pussent aller dans l'étranger et annonçant que plusieurs caisses de rubans ont été arrêtées aux frontières.[1] La Société a pris cet objet en considération et a arrêté qu'il serait fait une pétition à la municipalité à l'effet de l'inviter à faire une adresse au Comité de Salut public.

---

(1) Dans sa séance du 12 nivôse an II, le conseil général chargea le citoyen Bourgeois, président du tribunal criminel, de se rendre à Paris et d'insister auprès du Comité de Salut public pour obtenir la libre circulation des rubans fabriqués à Saint-Chamond, sans quoi une quantité nombreuse d'ouvriers se trouverait dépourvue de tout moyen d'existence.

Un citoyen a proposé de demander à la Société populaire de Commune-Affranchie sa correspondance; ce que la Société a vivement adopté.

Les citoyens Jamon et Terrasson ont été nommés à l'effet de faire la pétition à la municipalité au sujet des rubans et d'écrire également à la Société de Commune-Affranchie.

Il a été fait lecture d'une lettre du citoyen François Faure fils qui demande un diplôme, ayant perdu le sien. La Société a renvoyé à la prochaine séance, pensant que les parents de ce citoyen se présenteront.

Il a été pareillement fait lecture d'un arrêté du département de la Loire relativement à ce qui est accordé aux sans-culottes persécutés des districts de Montbrison et Saint-Etienne, lesquels citoyens doivent adresser dans le courant de nivôse leur pétition à cet égard.

Un membre a demandé que tous les citoyens et citoyennes qui ne célébreraient pas le décadi fussent regardés comme suspects et qu'on veillât de près ceux ou celles qui fêteraient le dimanche sans fêter le décadi; ce qui a été adopté.[1]

Les citoyens Vincent Deculty, Motiron et Dupuy, envoyés auprès de l'état-major au sujet du payement des femmes

---

[1] Malgré les proclamations et les invitations faites aux habitants de se rendre au temple de la Raison pour y célébrer le décadi, le dimanche continuait d'être pour le plus grand nombre le seul jour de repos. Une délibération du 12 ventôse an II défend d'ouvrir les boutiques le jour de la décade; quelque temps après (21 ventôse), il y a, à l'occasion de la fête, plantation d'un chêne vivant consacré à la Liberté, processions, danses, etc..; mais l'indifférence règne toujours et les membres de la Société populaire se répandent dans les communes pour y ranimer l'esprit public (16 floréal an II); enfin, le 1er thermidor an II, on déclare suspects tous ceux qui ne célébreront pas la décade.

et des enfants, ont rendu compte de leur mission. L'état-major leur a dit que cela regardait la municipalité, que dans le siège de Lyon ce fut elle qui se chargea de payer les femmes et les enfants, mais que, si on le croyait nécessaire, ils se transporteraient, comme ils l'ont déjà fait, soit à Armes-Commune, soit à Commune-Affranchie. La Société a arrêté que les mêmes commissaires déjà nommés suivraient cette affaire auprès de la municipalité jusqu'à entière définition, y étant autorisés par elle.

Deux commissaires, au nom de la Société d'Armes-Commune, ont demandé l'accolade fraternelle qui leur a été accordée avec les plus vifs applaudissements. Le président leur a dit que pour le bien de la République il fallait que les patriotes de toutes les Sociétés ne fissent qu'un.

Un des citoyens commissaires a donné les détails de la fête de la Raison qui a été célébrée décadi dernier à Commune-d'Armes.[1] La Société lui a témoigné la satisfaction qu'elle éprouvait en apprenant qu'Armeville commençait à marcher dans le sens de la Révolution,[2] espérant que les patriotes y triompheraient dans peu des obstacles que le fanatisme et l'aristocratie leur avaient opposés jusqu'à présent.

Les citoyens commissaires ont invité la Société à indiquer une pareille fête pour décadi prochain, à quoi la Société a répondu que la fête de la Raison devait avoir lieu en vertu de la délibération déjà prise dans la dernière séance ; que le

(1) Voy. à l'*Appendice* le détail de la fête de la Raison à St-Chamond.

(2) On sait que la contre-révolution fut longtemps maîtresse à Saint-Etienne (Armeville), surtout à l'époque du siège de Lyon.

fanatisme terrassé depuis longtemps dans cette commune n'y opposait aucun obstacle, que tous les citoyens et citoyennes n'avaient plus besoin de mouvements extraordinaires pour se rendre dans le temple,(1) qu'ils s'empresseraient de s'y trouver pour s'instruire des lois de leurs devoirs.

Un citoyen a observé qu'Armeville avait subtilisé les canons de la commune de Saint-Chamond et demande, au nom de tous les sans-culottes, qu'ils leurs fussent payés; à quoi le citoyen Joris, un des commissaires, a répondu qu'Armeville gardait les canons par ordre des représentants; il lui a été observé que les représentants ne leur avaient point recommandé de se réunir aux rebelles de Lyon et de nous les enlever, et que si les patriotes reprenaient le dessus à Armeville, ils s'empresseraient de réparer les torts de leur ville à l'égard de Saint-Chamond, que jusque-là ils croyaient qu'Armeville était toujours sous l'influence des ennemis des sans-culottes.

La séance a été levée.

Signé : TERRASSON, secrétaire.

Cejourd'hui cinquième nivôse de l'an deux de la République française, une, indivisible et démocratique, après lecture du procès-verbal, il a été arrêté qu'on afficherait la lettre du ministre Bouchotte et qu'il en serait fait mention dans le procès-verbal; cette lettre excite la surveillance de la Société sur tous ceux qui sont pourvus des emplois de la

(1) Église de Notre-Dame.

République et de les dénoncer; c'est le seul moyen de triompher des ennemis de la République.

Il a été arrêté que l'on écrirait aux Jacobins pour qu'ils voulûssent bien appuyer la demande de 30,000 francs qui a été faite à la Convention nationale par les recteurs de l'hôpital de cette commune.

Sur la proposition faite par un membre du Comité de surveillance, savoir si la Société voulait se charger d'examiner les personnes qui seraient dignes d'obtenir un certificat de civisme, la Société s'en rapporte à la sagesse du comité de surveillance.

Il a été arrêté que le citoyen Bourgeois accompagnerait les commissaires qui vont à Saint-Paul.

(Sans signature.)

Cejourd'hui huitième nivôse de l'an deux de la République française, une, indivisible et démocratique,

La séance a été ouverte par le président, de la manière accoutumée, et lecture a été faite du procès-verbal précédent.

La Société a reçu une lettre du district et du bureau général de recrutement qui invite les Sociétés populaires à fournir un cavalier. Lecture en ayant été faite, il s'est présenté de suite le citoyen Faure qui s'est offert à partir; la Société l'a adopté et a arrêté qu'il en serait fait mention dans le procès-verbal.

Un citoyen a dit que le temple de la Raison devant s'ouvrir au premier décadi, il fallait que tous les citoyens y assistassent, ce qui a été applaudi.

(Sans signature.)

Cejourd'hui neuvième nivôse de l'an deux de la République une, indivisible et démocratique,

Après l'ouverture de la séance, un citoyen a demandé que le divorce qu'il va se former ne lui ôtât rien de l'estime de la Société.

Les citoyens Cormeille, Jean-François Bodan, Antoine Roset, Jean-Jacques Montagnier et Hardisson, ont prêté le serment.

Un citoyen, membre de la Société de Condrieu, a fait un discours qui a été applaudi, sur les signes extérieurs de religion, et il a prouvé qu'ils étaient inutiles et contre la loy.

La Société a arrêté qu'il serait fait un mannequin de femme pour représenter l'infâme Toulon,[1] avec ces inscriptions, sur le front : *j'étais française ;* sur le sein : *j'ai trahi ma patrie ;* et sur le ventre : *j'étais l'infâme prostituée des rois.*

Un citoyen a demandé que les drapeaux venus de Paris soient portés à la tête des sociétaires le jour de la fête de la Raison et qu'ils restassent dans la salle de la Société, ce qui a été arrêté.

Un citoyen a demandé que, dans l'inauguration du temple de la Raison, il soit fait lecture des droits de l'homme ; ce qui a été applaudi.

La séance a été levée.

(Sans signature.)

_____

(1) Voyez plus haut, p. 102.

Cejourd'hui premier décadi nivôse de l'an deux de la République française, une, indivisible et démocratique,

La séance ayant été ouverte, un membre a demandé que l'on s'occupât de suite d'avoir une statue de la Liberté et la Société a nommé à cet effet, pour s'en occuper de suite, les citoyens Camille Dugas et Hardisson.

Plusieurs citoyens de l'armée révolutionnaire de Paris ont été admis avec empressement dans le sein de la Société; un d'eux s'est plaint de ce qu'en entrant dans la ville ils avaient été surpris que quelques personnes leur eûssent levé le chapeau; sur quoy il lui a été répondu que c'étaient des gens de la campagne, qu'ils n'en respiraient pas moins le plus pur patriotisme et qu'ils n'eûssent pas levé leur chapeau à des aristocrates. Les citoyens parisiens ont reçu, aux acclamations de la Société, l'accolade fraternelle du président.

Continuation de la séance l'après-midy.

Un citoyen a demandé que les citoyens qui sont de la Société eûssent à s'occuper du maniement des armes, et que l'on nommât des commissaires pour inviter la municipalité à faire exercer au maniement des armes les jeunes gens de la première réquisition.

Un citoyen a demandé que les citoyens des autres classes pûssent aussi apprendre le maniement des armes et que cela s'étendit sur eux, ce qui a été arrêté. Les citoyens Imbert, Granjon, Romany et Fournas ont été nommés commissaires à l'effet d'aller à la municipalité.

Il a été fait lecture d'une lettre de la Société de Saint-Paul qui témoigne ses regrets de ce que les commissaires, nommés par la Société populaire de Saint-Chamond, n'avaient pu assister à leur séance ; elle les invite à assister à celle de quintidy prochain.

Un citoyen a fait la motion d'accorder au citoyen Bourgeois une carte d'entrée à la Société ainsi qu'un diplôme ; ce qui a été arrêté à l'unanimité et vivement applaudi.

Un citoyen a demandé et il a été adopté que tous les soirs un membre du Comité de Surveillance se transporterait avec quatre citoyens de garde dans les auberges pour voir les passe-ports des étrangers.

Le citoyen Bourgeois a fait une invitation à tous les citoyens de surveiller exactement à toute chose pour qu'il ne se tramât rien de liberticide ni de parricide contre nos représentants.

Sur la proposition d'un citoyen, la Société a nommé quatre commissaires qui sont les citoyens Jamon, Granjon, Conord et Bravy, pour aller témoigner au représentant Javogues le sentiment de la Société pour luy et luy offrir les bras des sans-culottes de cette commune.

Il a été fait lecture d'une lettre du district qui adopte le cavalier que fournit la Société populaire de Saint-Chamond. Les commissaires envoyés à Saint-Etienne pour le recouvrement de ce qui est dû aux femmes et enfants des citoyens allés sur Montbrison ont rendu compte de leur mission et ont dit que le payement s'effectuerait sous trois jours ; à l'égard des étapes, le citoyen représentant Javogues a dit que cela ne le regardait pas.

Le citoyen Bourgeois a donné le sabre au cavalier et mention civique en a été faite.

Les citoyens Pierre Berne, Boyer aîné, Pierre Loyson, Antoine Neyrand, Camille Dugas, Antoine Thiollier,

Fournas fils, Pierre Forestier, Antoine Raimond, Eustache Neyrand, ont été admis à prêter le serment.

La séance a été levée.

(Sans signature.)

Cejourd'hui onzième nivôse de l'an deux de la République française, une, indivisible et démocratique,

La séance ouverte en la manière ordinaire, un citoyen arrivant de Paris a dit que le Comité de Salut Public s'occupait de la sortie des objets des manufactures de la République.

Le citoyen Dugas a échangé avec empressement le cheval du cavalier que fournit la Société.

Les commissaires qui sont allés vers le représentant Javogues ont dit qu'il les avait accueillis avec joie et qu'il avait témoigné combien il était sensible aux marques d'attachement de la Société.

Les citoyens commissaires envoyés à la municipalité ont dit que la municipalité allait s'occuper de l'exercice et que l'on commencerait quintidy prochain.

Il a été fait lecture d'une lettre du citoyen Boiron qui dit qu'il n'a pu envoyer les papiers concernant le Fay, mais qu'il les aura sous peu et les fera passer. Il a été arrêté de lui écrire une lettre pour l'inviter à ne pas perdre de temps pour avoir ces pièces et le citoyen Monate a été chargé de lui écrire à cet effet.

La séance a été levée.

(Sans signature.)

Cejourd'hui douzième nivôse de l'an deux de la République française, une, indivisible et démocratique,

La séance levée, il a été nommé des commissaires qui sont les citoyens Bérenge, Ragot, Prénat et Dupuy, pour aller chercher à la municipalité le décret qui a rapport à l'indemnité accordée aux patriotes persécutés.

Un citoyen a demandé et il a été adopté que ceux qui proposeraient un candidat donneraient leur nom.

Un citoyen a demandé que les citoyennes qui seraient trouvées sans cocardes fussent regardées comme suspectes et que la garde eût le pouvoir de les arrêter.[1]

(Sans signature.)

Cejourd'hui quinzième nivôse de l'an deux de la République française, une, indivisible et démocratique, la séance a été ouverte comme de coutume.

Les citoyens commissaires, envoyés pour assister à la réorganisation de la Société populaire de Saint-Paul, ont rapporté qu'ils avaient été très-bien accueillis et qu'ils avaient trouvé de bons sans-culottes qui leur ont demandé que la Société voulût bien appuyer la demande qu'ils font aux Jacobins de Paris pour obtenir l'affiliation; en outre, ils ont arrêté que des commissaires pris dans leur sein assiste-taient à la séance d'après-demain de notre Société. — Applaudi.

Il a été fait lecture de l'arrêté du département concernant

(1) Voyez plus haut, p. 77.

l'indemnité accordée par un décret de la Convention aux sans-culottes persécutés.

Un membre a demandé que pendant le temps des réparations qui se font dans le lieu des séances de l'assemblée, on la transférât dans l'église ci-devant des Pénitents de Saint-Pierre, ce qui a donné lieu à plusieurs discussions. Un membre a observé que le lieu des séances de la Société devait être dans le centre de la commune d'autant plus qu'il s'y trouvait des édifices propres à cet effet.

Et sur la proposition d'un membre d'adopter la salle des Pénitents çi-devant de Saint-Pierre, pour le lieu ordinaire des séances de la Société, et d'attendre une séance où il y aurait beaucoup de sociétaires assemblés pour mettre la proposition aux voix; un membre ayant demandé la parole sur la proposition subséquente à la première, il a été arrêté que la première séance se tiendrait provisoirement dans la çi-devant paroisse de Saint-Pierre et que, dans cette même séance, on discuterait où doit être l'emplacement des séances de la Société.

Il a été arrêté en outre que les travaux commencés dans le lieu ordinaire de ses séances seraient provisoirement suspendus jusqu'à ce que le lieu de l'emplacement eût été définitivement décidé.

La séance a été levée.

Signé : TERRASSON, secrétaire.

Cejourd'hui dix-sept nivôse de l'an deux de la République française, une, indivisible et démocratique,

La séance a été ouverte en la manière accoutumée et après la lecture faite du procès-verbal de la dernière séance.

Un membre a demandé que l'on conservât l'endroit chéri des sans-culottes pour être toujours le lieu ordinaire des séances de la Société.

Un autre membre a ajouté que le berceau de la Liberté demeurât toujours le point de ralliement des sans-culottes et que, dans l'endroit même où l'on a commencé à abattre les tyrans, on achevât de les exterminer.

Et, sur la proposition d'un autre membre qui a demandé que, dans le choix d'un emplacement pour la Société, on consultât le plus grand nombre qui le trouvait trop éloigné, plusieurs membres ont répondu que les patriotes ne craindraient pas de faire un quart de lieue, et plus, pour se rendre dans l'endroit où le patriotisme avait toujours été manifesté et qui était le lieu de sa naissance.

Deux commissaires de la Société populaire de Val-Dorlay, ci-devant Saint-Paul, se sont présentés pour fraterniser avec leurs frères de la Société de Saint-Chamond; la Société les a accueillis avec les plus vifs applaudissements; ils ont déposés sur le bureau des vers et une chanson en l'honneur du patriote Chalier, et la Société a arrêté qu'il en serait fait mention dans le procès-verbal.

Il a été lu une lettre de l'agent national du district de Commune-Armes pour que les fusils, sabres et habits d'uniformes fussent portés à la maison-commune (les fusils devant être remplacés par des fusils de chasse) et pour que les jeunes gens de la réquisition de 18 à 25 ans fussent rendus le 20 nivôse à Commune-d'Armes.

Un citoyen a demandé que l'on fît une pétition à la

municipalité pour qu'elle écrivît au Comité des décrets de la Convention pour avoir celui relatif à l'indemnité accordée aux sans-culottes persécutés.

Les citoyens Pitiot et Conord ont été nommés pour se transporter au Comité de surveillance pour l'inviter à prendre connaissance des personnes qui vivent sans rien faire et dont on ne connaît pas les moyens.

Il a été arrêté à l'unanimité que le temple de la Raison serait dans la çi-devant église de Saint-Pierre.[1]

La séance a été levée.

Signé : TERRASSON, secrétaire.

Cejourd'hui, dix-neuf nivôse de l'an deux de la République française une, indivisible et démocratique,

La séance ouverte et lecture du procès-verbal ayant été faite, un citoyen a dit que l'on envoyait à Commune-Armes et Commune-Affranchie des denrées qui faisaient faute dans la ville et a demandé que l'on dénonçât ceux qui le feraient, et l'on a nommé quatre commissaires à cet effet pour se transporter à la municipalité; ce sont les citoyens Play, Cognet, Coron aîné et Baptiste Palais.

(1) On a vu que le temple de la Raison était précédemment dans l'Eglise de Notre-Dame. Par un arrêté du directoire du district (3 prairial an II), cette église devint le magasin destiné à recevoir les denrées provenant des baux des domaines nationaux. A partir de cette époque, on fit extraire la terre qui se trouvait dans ce temple, afin d'activer la fabrication du salpêtre. Mais un arrêté du 22 messidor an II suspendit cette extraction, à cause des odeurs cadavériques qui s'exhalaient et qui pouvaient se communiquer aux foins et autres denrées.

Un citoyen a demandé que l'on écrivît au district pour la nomination d'un chef de légion ; le citoyen Cognet et le secrétaire ont été nommés à l'effet de faire la pétition et il a été arrêté qu'à la prochaine séance on nommerait des candidats.

Un membre a demandé qu'il obtînt du district le jeu d'orgue qui est dans le temple de la Raison et le citoyen Cognet s'est chargé de faire une pétition à la municipalité à cet effet.

Signe : TERRASSON, secrétaire.

Séance du vingt nivôse de l'an deux de la République française, une, indivisible et démocratique, la séance ayant été ouverte,

Un citoyen a fait un discours applaudi, il a montré les différents complots des ennemis de la République et dit qu'il fallait être inexorable et user de la plus grande vigilance.

Il a été proposé d'écrire à la Société populaire de Marseille à l'effet qu'elle voulût bien se charger de nous faire avoir du savon, denrée dont nous manquons absolument ; le citoyen Cognet et le secrétaire ont été chargés de la rédaction de cette adresse.

La séance a été levée.

Signé : TERRASSON, secrétaire.

Cejourd'hui vingt-deux nivôse an deux de la République française, une, indivisible et démocratique,

La séance ouverte, sur la proposition d'un citoyen, la Société a arrêté que les couronnes, armoiries et autres attributs du despotisme et du fanatisme seraient enlevés du lieu consacré au temple de la Raison.

Un citoyen a demandé qu'à l'égard des pétitions des sans-culottes persécutés, on nommât le président ou le vice-président pour les approuver au nom de la Société, après qu'elles auront passé par le Comité de surveillance.

Un membre de cette Société et de la Société populaire de Romain-les-Vergers rend compte du bon esprit qui y règne et du patriotisme qu'ont toujours montré les habitants de ce canton.

La séance a été levée.

Signé : TERRASSON, secrétaire.

Cejourd'hui vingt-quatre nivôse an deux de la République française, une, indivisible et démocratique, la séance ouverte en la manière ordinaire;

Lecture a été faite de la lettre du citoyen Boiron, député à la Convention nationale, qui annonce le succès de ses démarches pour obtenir le bled nécessaire à notre commune. Le discours de son jeune fils, sur la conduite qu'a tenue son père pendant le cours de la Révolution, a été entendu avec le plus vif intérêt. La Société a reconnu que si le citoyen Boiron, député, n'avait pas, dans un instant de sa vie, fait tout ce qu'elle avait droit d'attendre de son zèle,[1] de son activité et de son énergie, elle ne pouvait l'attribuer qu'au malheur des circonstances. La Société a bien vu qu'à l'époque où les Lyonnais entrèrent dans nos murs, les obstacles se trouvèrent insurmontables ; c'est pourquoi ladite Société, la matière mise en délibération, a arrêté à l'unanimité de témoigner au citoyen Boiron qu'elle n'a jamais cessé de le compter au nombre d'un de ses frères patriotes jouissant de sa confiance, qu'elle n'oubliera jamais qu'il a été un de ses premiers fondateurs et un des plus ardents défenseurs des droits du peuple ; aussi est-elle assurée que le citoyen Boiron continuera à se montrer digne d'elle et que, constamment réuni à nos braves et zélés Montagnards, il travaillera de concert pour affermir le grand ouvrage de la régénération humaine qu'ils ont si glorieusement commencé ; sur ce, la Société a chargé son président et son secrétaire de livrer copie du présent arrêté et de le signer pour être envoyé audit citoyen Boiron.

Il a été fait lecture de plusieurs lettres des quatre fils Vinant, servant dans les armées de la République, adressées à la Société pour réclamer son indulgence et la prier de vouloir s'intéresser au sort de leur père qui avait eu le malheur de servir dans la ville de Lyon contre les armées de la République, et ce, pendant quelque jours seulement ; ils exposent qu'ayant reconnu son erreur et sa faute, il en était sorti et avait posé les armes longtemps avant la réduction de cette ville, mais que, n'ayant osé se retirer dans son domicile dans la crainte d'être incarcéré, sa misère et la

(1) Voyez plus haut, pp. 64, 65, 66.

leur croîtrait de jour en jour. Sur ce, la matière mise en délibération, il a été dit qu'elle serait rapportée dans une autre séance.

Un citoyen a exposé que le citoyen Paran, menuisier, était très-âgé, infirme, hors d'état de se procurer sans son travail les choses nécessaires à la vie, et a demandé que la Société nommât deux commissaires pour se porter auprès de la Municipalité, à l'effet de lui exposer la triste situation dudit Paran. Les citoyens Jamon et Dupuy ont été nommés à cet effet.

La Société ayant reçu au commencement de la séance le tableau des droits de l'homme, ceux représentant [1]........ Il a été arrêté qu'ils seraient portés et placés dans la salle de la Société, place Nationale; il a été, de plus, arrêté qu'il n'y aurait point de séance jusqu'au vingt-six nivôse, jour auquel les ouvrières qui arrangent ladite salle ont assuré que tous les ouvrages seraient finis et que les membres

---

(1) Il existe une lacune à ce passage du manuscrit.

Déclaration des droits de l'homme et du citoyen décrétés par l'Assemblée nationale, dans les séances des 20, 21, 23, 24 et 26 août 1789, acceptés par le roi. L'original du tableau des droits de l'homme date de la même année; il a été reproduit, en 1889, par le *Figaro*. Voici l'explication de l'allégorie qu'il représente : sur un large piédestal surmonté d'un socle, où est inscrite la déclaration des droits, d'un côté la France ayant brisé ses fers, de l'autre la loi indiquant du doigt les droits de l'homme et montrant avec son sceptre l'œil suprême de la raison qui vient de dissiper les nuages de l'erreur. Les tables des droits de l'homme, attachées et contenues sur ce piédestal par une lance en faisceau surmontée d'un bonnet, d'un serpent, et le tout orné d'une guirlande de chêne tombant de chaque côté, figurent tout à la fois l'union des départements du royaume, la liberté, le civisme, la prudence et la sagesse du gouvernement.

pourraient s'y réunir avec un nouvel agrément. Sur quoy, le président a annoncé que la séance se tiendrait le sextidy dans l'ancien emplacement, ce qui a été reçu avec applaudissements.

La séance a été levée.

(Sans signature.)

Cejourd'hui, vingt-neuvième nivôse de l'an deux de la République française, une, indivisible et démocratique;

La séance ayant été ouverte en la manière accoutumée,

Les commissaires envoyés à Paris pour obtenir des grains en faveur de cette commune ont rendu compte de leur démarche. Quinze mille quintaux ont été accordés par le comité de subsistances;[1] le versement doit s'en faire au district. Les mêmes commissaires ont été nommés pour obtenir du district que cette quantité soit définitivement accordée à la commune et canton de Sain-Chamond.

(1) Ces 15000 quintaux étaient demandés au département de Saône-et-Loire pour le canton de Saint-Chamond qui se trouvait « à la veille d'une disette effroyable ». Le 24 brumaire, un recensement général avait accusé la possession, à Saint-Chamond, de 2748 mesures de grains ou farines et de 24 quintaux 96 livres de viande, pour 5216 habitants. Il n'y avait pas pour 15 jours de subsistances. Aussi, le 8 nivôse an II, Javogues prit-il un arrêté donnant a cette ville le droit de réquisitionner 2400 quintaux de grains dans l'Isère : « considérant, dit-il, que la ville de Saint-Chamond a été une des premières à secouer le joug contre l'oppression lyonnaise, qu'elle a fait preuve d'un civisme pur, qu'elle s'est mise au dépourvu pour alimenter l'armée républicaine qui était au moment de manquer de pain; considérant qu'elle lutte depuis plusieurs mois contre les horreurs de la famine, etc...». Dix jours après, la commune de Châlons, refusant de fournir des grains à Saint-Chamond, était rendue

Suivant l'arrêté déjà pris par la Société d'écrire à celle de Marseille pour obtenir du savon,[1] la lettre a été lue et approuvée.

Plusieurs citoyens, membres du comité de surveillance, ont déclaré que, leurs fortunes consistant dans le travail de leurs mains, il ne leur était point possible de continuer leurs fonctions dans ledit comité; l'assemblée, pénétrée de la vérité de ce qu'ils avançaient et des sacrifices que leur patriotisme leur a déjà fait faire, a promis de s'occuper de cet objet dans la séance prochaine et les a invités à continuer leurs occupations utiles à la cité; elle a arrêté d'écrire au représentant Javogues, ce qui a été fait de suite, pour connaître les moyens de pourvoir à la subsistance des familles dont les pères, vrais sans-culottes, donnent tout leur temps à la chose publique.

Un citoyen a annoncé que la somme, attendue depuis longtemps et destinée par forme d'indemnité et de secours aux femmes et enfants dont les maris étaient allés combattre

responsable de tous les malheurs qui pouvaient arriver à notre ville. Enfin, d'après un arrêté du 23 pluviôse an II, il fallut encore requérir les autorités constituées de l'Isère, pour obtenir 40.0 quintaux de seigle, orge et froment.

Le 17 ventôse an II, le Conseil général de la commune ordonna aux propriétaires de jardins de luxe, terrasses, allées et autres terrains incultes, de les faire ensemencer en blé; faute de quoi, la municipalité les ferait cultiver elle-même. — Voy. aussi plus haut, pp. 57, 58, 59.

(1) Le savon manquait presque totalement, et il était pourtant d'autant plus nécessaire que la population ouvrière du canton était nombreuse. Le 21 prairial an II, on en accorda bien 9 quintaux; mais cette quantité fut tout à fait insuffisante et ce n'est que le 7 thermidor suivant que Saint-Chamond obtint un supplément de 4 quintaux de savon blanc et 309 livres de savon gris.

les rebelles lyonnais sous les murs de Montbrisé, devait
incessament être comptée ; il a annoncé de même que les
fusils de chasse, qui avaient été promis par le district en
remplacement des fusils de calibre, étaient prêts, qu'il
s'agissait uniquement d'en faire un choix dont les administrateurs s'occupent, après quoy ils seront envoyés sans
de nouveaux retards.

Un membre annonce que Dorfeuil, commissaire national,[1] est un homme insatiable de gloire, qu'il ne craint
pas de calomnier les communes les plus patriotes pour
s'attribuer des victoires là même où il n'a jamais combattu.
L'article du *Journal des hommes libres*, où Dorfeuil se flatte
d'avoir terrassé le fanatisme dans la commune de Saint-
Chamond, a indigné tous les membres de la Société. Ledit
Dorfeuil n'y avait point paru ; sa harangue passagère sur

(1) Dorfeuil Antoine, né vers 1750, fut d'abord comédien, puis
embrassa avec ardeur les principes révolutionnaires. En octobre 1793,
après le siège de Lyon, Dubois-Crancé l'appela dans cette ville pour
y présider la commission de justice populaire qui imagina les horribles
mitraillades des Brotteaux. Il prononça, à cette époque, sur la place des
Terreaux (alors place de la Liberté), un éloge funèbre de Chalier « assas-
siné judiciairement, le 16 juillet 1793, par les aristocrates de Lyon. »
L'envoi qu'il fit aux Jacobins de son discours était accompagné de la
lettre suivante :

« Frères et amis, je vous transmets quelques fleurs jetées par un ami
sur la tombe d'un ami. Lisez, je vous prie, à votre tribune l'éloge funèbre que je vous envoie, et, s'il fait couler quelques larmes, mon but est
rempli et je suis trop satisfait. Adieu, frères, adieu. Je voudrais mourir
comme Chalier pour avoir mon tombeau dans vos cœurs et pour me
relever immortel comme lui ».

Dans la séance de la Convention, du 16 nivôse an III (5 janvier 1795),
E. B. Courtois, député de l'Aube, chargé de faire un rapport sur l'examen
des papiers trouvés chez Robespierre, dénonça Dorfeuil comme un

une place n'a fait aucune sensation ; les temples étaient
consacrés à la raison éternelle, la vérité pure et simple éclai-
rait le cœur et l'esprit des citoyens, tous les signes des sectes
avaient depuis longtemps disparu ; pourquoi veut-il s'attribuer une gloire qui ne lui est pas due ? L'homme orgueil-
leux est souvent un intrigant ; l'un et l'autre sont des
hommes dangereux et doivent être connus. Il est arrêté qu'il
sera dénoncé comme tel à la Société des Jacobins de Paris,
au rédacteur du *Journal des hommes libres* et que la dénonciation serait signée des membres le sachant faire. La motion
mise en délibération, il a été arrêté à la majorité que la
dénonciation aurait lieu après en avoir donné avis au représentant Javogues, et, sa réponse reçue, le citoyen Callet,
membre de la Société, a été nommé commissaire à cet effet.

Le président a fait l'ouverture d'un paquet, adressé par
la Société des Jacobins de Paris à la Société de Saint-
Chamond, contenant plusieurs ouvrages qui ont été reçus
avec les plus grandes marques de joye ; la lettre surtout du
comité de présentation, signée : Descloche, président, et
Urbain Janne, secrétaire, où la Société de Paris fait part aux

criminel et un scélérat : « Ce misérable comédien, dit-il, plus fameux
par ses crimes que par son talent, était avec le général Ronsin en partage
des massacres à Commune-Affranchie. S'il n'a pas peint, comme plusieurs autres, son caractère féroce dans ses lettres, il nous en a donné
les traits dans une exécrable feuille imitée de celle du *Père Duchesne*, et
trop digne de ce titre. Cet histrion, associé à un nommé Merle, s'occupait à Paris à filer journellement des intrigues avec Collot-d'Herbois et
avec un autre collègue, et votre ancien comité lui renvoyait toutes les
dénonciations adressées par l'infortunée commune, afin qu'il en poursuivit sans doute les courageux auteurs ». Arrêté, après le 9 thermidor.
Dorfeuil périt à Lyon dans les massacres exécutés par la Compagnie
dite de Jésus, (journées des 4, 5 et 6 mai 1795).

Sociétés qui lui sont affiliées de l'arrêté qu'elle a pris dans sa séance du 28 frimaire, concernant les diplômes, a été accueillie avec enthousiasme. Elle nous annonce que nos frères de Paris, nous reconnaissant affiliés ainsi qu'ils l'avaient déjà cy-devant fait, veulent fournir à nos membres qui restent à Paris les moyens d'avoir un diplôme en forme pour être reçus dans la mère Société. La Société a arrêté de suite que ses diplômes seraient renouvelés de conformité au modèle envoyé par la mère Société. Les cris de : *Vivent les Jacobins, vive la Montagne*, ont été répétés.

On a chanté des hymnes à la Liberté et la séance a été levée.

Signé : TERRASSON, secrétaire.

Cejourd'hui, deuxième pluviôse de l'an deux de la République française, une, indivisible et démocratique,

Le citoyen, qui a été nommé commissaire pour porter au représentant Javogues la dénonciation contre le citoyen Dorfeuil, a rendu compte de sa mission ; il a été très bien reçu et le représentant a applaudi à la démarche de la Société ; mais, à l'égard du payement des membres du comité de surveillance, il a dit qu'il fallait s'adresser au district, qu'il y avait une loy à cet effet.

Sur la proposition du citoyen Hardisson et la demande de plusieurs membres, la Société a arrêté qu'elle s'assemblerait demain matin et qu'elle serait permanente jusqu'à ce qu'elle ait approuvé les pétitions des citoyens qui demandent des indemnités.

La Société a de même arrêté qu'il serait ouvert dans son sein une souscription pour indemniser de la perte de leur temps les sans-culottes composant le comité de surveillance.

Les citoyens Hardisson, Gabriel, Imbert et Prénat, ont été nommés commissaires à cet effet, ainsi que pour se transporter à la municipalité pour l'inviter à écrire à ce sujet aux municipalités du canton.

Un membre a demandé que la Société fît une pétition à la municipalité pour que les personnes pauvres[1] de la cité fussent soulagées et qu'on l'invitât à travailler de suite à ce que le pauvre eût une aisance honnête; sur cette proposition, appuyée par toute la Société, un membre a annoncé que le comité de surveillance et la municipalité y travaillaient de concert, que le tableau des personnes dans le besoin était fait et que finalement on n'oubliait rien pour cela.

Une jeune citoyenne a récité la *Déclaration des Droits de l'Homme;* la Société a applaudi, d'une voix unanime, à son

[1] Cf., sur ce point, « Une taxe révolutionnaire en faveur de l'humanité souffrante », par Devet. — Javogues s'était écrié, dans un club, à Lyon : « Eh! que faites-vous, pusillanimes ouvriers, dans ces travaux de l'industrie où l'opulence vous tient avilis? Sortez de cette servitude pour en demander raison au riche qui vous comprime avec les biens dont il n'est que le ravisseur ». Partant de ce principe, les représentants Collot-d'Herbois, Fouché et Albitte établirent, par un arrêté du 20 brumaire an II, une taxe révolutionnaire « portant sur tous ceux qui avaient de la fortune et destinée au soulagement des pauvres et à l'utilité publique ». Le Conseil général de Saint-Etienne leur vota une adresse de remercîments; j'en détache la phrase suivante : « ... Votre arrêté va devenir pour nous un instrument bienfaisant, dont nous allons nous servir pour mettre en équilibre les besoins du pauvre et les jouissances du riche. »

zèle et a désiré que les jeunes personnes prissent exemple
sur cette jeune républicaine et imprimassent de bonne heure
dans leur cœur les principes salutaires de la Constitution.
La Société a, en outre, arrêté qu'elle recevrait l'accolade
fraternelle du président, que mention civique serait faite
dans le procès-verbal de ses séances et que l'on en instrui-
rait l'agent national pour qu'il en fît mention dans les
rapports qu'il fait à la Convention.

La séance a été levée.

(Sans signature.)

Cejourd'hui, neuvième pluviôse de l'an deux de la
République française, une, indivisible et démocratique,
séance ouverte à l'ordinaire,

Le citoyen Hardisson, au nom de ses collègues, a rendu
compte du montant de la souscription faite en faveur des
membres du comité de surveillance.

Sur la proposition d'un citoyen, il a été arrêté que les
membres anciens prendraient une portion comme les nouveaux dans cette dite souscription.

La Société a arrêté en outre qu'elle ferait une pétition à
la municipalité pour l'inviter à ne rien négliger pour l'approvisionnement de la cité[1] et désire en outre qu'elle
nomme des commissaires surveillants qui ne seront pas
connus pour parcourir les différentes communes du canton.
Les citoyens Imbert, Dupuy, Prénat et Mayère ont été
nommés à cet effet.

[1] Voy. plus haut, pp. 57, 58, 59, 67, 80.

Il a été arrêté de même à l'unanimité que la Société ferait une pétition à la Convention pour demander un maximum général, ainsi que pour l'inviter à ne point faire de paix que tous les tyrans ne soient détruits. Le citoyen Monnate et le secrétaire ont été nommés à cet effet.

La Société a décidé également que les mêmes commissaires, nommés pour aller à la municipalité, se transporteraient au comité de subsistances pour savoir d'eux pourquoi le bled est donné en farine au lieu de l'être en nature, à chaque particulier.

La Société a arrêté de s'assembler demain décadi, à une heure, pour se rendre à deux heures au temple de la Raison.

La séance a été levée.

Nota. — Plusieurs séances du 3 au 9 pluviôse, ainsi qu'une autre du 12 pluviôse, ont été consacrées à la révision des pétitions de ceux qui demandent des indemnités.

Signé : TERRASSON, secrétaire.

Cejourd'hui, treize pluviôse de l'an deux de la République française, une, indivisible et démocratique, la séance a été ouverte de la manière ordinaire. On a procédé à la nomination d'un vice-président et le citoyen Bourgeois, ayant recueilli tous les suffrages, a été reçu en cette qualité.

Sur la proposition de plusieurs membres, la Société a arrêté qu'il serait apposé des barrières qui fermeraient l'enceinte de la salle destinée aux sociétaires qui seuls auraient le droit d'entrer dans cette même enceinte.

Un citoyen a fait un discours applaudi sur les funestes effets du fanatisme et de la tyrannie.

On s'est occupé à renouveler le bureau et les citoyens Renaud, Granodon, Chambovet, Besson, Antoine Coron, ont été nommés à cet effet.

Un membre a demandé que l'on n'admît point les enfants dans la Société, parce qu'ils interrompaient le silence qui doit y régner.

Les membres, envoyés commissaires pour se transporter à la municipalité au sujet des farines et denrées, ont rendu compte de leur mission; la municipalité s'est occupée de suite de ces objets, ainsi que de nommer les quatre commissaires secrets.

Un citoyen a dit qu'un membre du comité de subsistances avait six sacs de bled chez lui, et, sur la demande de l'assemblée, plusieurs membres du comité de surveillance qui se sont trouvés dans la salle se sont transportés chez ce citoyen et ont effectivement trouvé quatre sacs de bled.

La Société a nommé les citoyens Conor, Bourgeois et Granodon pour se transporter à la municipalité, à l'effet qu'elle obligeât les meuniers à avoir une romaine chez eux pour que le citoyen qui fait moudre puisse peser sa farine au sortir du moulin, et que le meunier soit tenu de lui rendre le même poids à demi-livre près par bichet.

La Société a de même demandé que le capitaine-lieutenant ou autre de chaque compagnie assistât à la distribution du bled le jour qu'elle serait faite aux individus composant sa section. Le citoyen Dupuy a été adjoint aux commissaires déjà nommés pour se transporter à la municipalité et au comité de surveillance à cet effet.

On a chanté des hymnes à la liberté et la séance a été levée.

Signé : TERRASSON, secrétaire.

Cejourd'hui, quinzième pluviôse de l'an deux de la République française, une, indivisible et démocratique,

La séance ayant été ouverte en la manière accoutumée, la Société a nommé six de ses membres pour faire les fonctions de censeurs; ils seront tenus de se rendre des premiers dans la salle de la Société pour faire placer les personnes qui arriveront et maintenir l'ordre pendant le cours de la séance; lesdits censeurs sont les citoyens Robert, Ragot, Dupuy, Dubois, Gaillard et Martouré.

On a lu une lettre de la Société populaire de la commune de Sans-nom, cy-devant Marseille,[1] en réponse à celle de la Société de Sain-Chamond qui a applaudi à cette lecture, qui annonce qu'il faut s'adresser au département pour désigner la quantité de savon et d'huile nécessaire à notre consommation. La Société a chargé son président d'écrire à celle de Marseille et de lui témoigner sa satisfaction.

Un membre a demandé que les citoyens de Sain-Chamond fûssent réarmés et sa proposition a été appuyée par toute la Société qui, la matière mise en délibération, a arrêté à l'unanimité de faire une adresse aux représentants du peuple à cet effet. Elle a nommé pour la rédiger les citoyens Bourgeois et Monnate et pour commissaires, pour porter ladite adresse aux représentants, les citoyens Ragot et Dupuy.

---

(1) La Contre-Révolution s'était, un moment, emparée de Marseille; après le siège de cette ville et la défaite des révoltés, son nom disparut, comme celui de Lyon.

Les commissaires, chargés de porter à la municipalité le vœu de la Société au sujet des balances que devront avoir les meuniers, ont rendu compte de leur mission ; la municipalité a répondu qu'elle ferait appeler les meuniers dans le plus bref délay pour qu'ils eûssent à s'y conformer. A l'égard de l'autre demande au sujet des farines, le Conseil de la commune et le comité de subsistances s'en rapporteront à ce que la Société aura décidé dans sa sagesse.

Il a été fait lecture d'un arrêté du comité de Salut public qui invite ceux qui ont des espèces ou matières d'or et d'argent à les porter au directoire du département ou du district et il leur sera donné en assignats le montant desdites espèces qui ne peuvent plus servir à aucun usage, portant l'effigie du tyran.

Un membre a demandé que l'on s'occupât de la démolition du cy-devant château[1] comme l'avait promis le représentant Javogues, qu'on employât les bras valides à ce démolissement et qu'on fît une pétition à cet effet, ainsi que pour donner des secours aux infirmes et aux vieillards.

La discussion s'est ouverte sur les subsistances ; plusieurs membres ont parlé pour ou contre le mode de donner le

---

(1) Un arrêté des représentants du peuple, du 1er nivôse an II, ordonnait la démolition des châteaux-forts. Le 26 pluviôse suivant, un membre du Conseil général de Saint-Chamond s'exprimait en ces termes : « Citoyens, c'est à des cœurs bienfaisants, et dont le plus cher et le plus sacré des devoirs est une sollicitude constante pour nos concitoyens malheureux, que je viens présenter le tableau de la misère publique ; l'interruption de nos manufactures ajoute tous les jours à la détresse des citoyens de cette commune ; tous les jours, nous voyons nos frères peu fortunés venir nous réclamer de l'ouvrage ou du secours. Quelle est l'âme sensible qui ne soit déchirée de leur fâcheuse position ? Il faut donc,

bled et l'orge en nature ou en farine. La matière n'ayant pas paru assez mûre pour un objet aussi important, la Société a renvoyé la discussion à une séance qui se tiendra extraordinairement demain à ce sujet, à six heures du soir précises.

Sur la proposition d'un membre, la Société a arrêté que, lors d'une distribution de bled, il serait pris dans son sein quatre commissaires pour aider les membres du comité de subsistances dans leurs opérations.

Il a été arrêté que tous ceux ou celles qui seraient sans cocardes seraient chassés de la Société.[1]

La séance a été levée.

Signé : TERRASSON, secrétaire.

citoyens, prendre des mesures promptes et efficaces pour procurer de l'ouvrage aux bras valides et des secours aux vieillards, aux femmes et aux enfants : la démolition du château-fort qui a trop longtemps offusqué la vue des bons républicains remplira le premier objet, et, pour le second, nous y pourvoirons en mettant sous les yeux des citoyens aisés de cette commune la nécessité de fournir, par une contribution volontaire et bienfaisante, aux besoins de nos frères...» Un arrêté du directoire du district de Commune d'Armes (28 ventôse) autorisa la distribution aux patriotes peu fortunés d'une partie des matériaux provenant de la démolition du château; les citoyens Pervanchon et Gaillard furent chargés de ce partage, avec mission de favoriser spécialement « les sans-culottes qui avaient aidé à la démolition et qui voulaient se bâtir une maison ».

Le registre des délibérations du Conseil général de Saint-Chamond rapporte que, en démolissant le château, on trouva dans les souterrains des boulets de canon en fonte, pesant ensemble 27 quintaux 35 livres; ils furent envoyés à Commune d'Armes.

En 1792, on avait déjà tenté de démolir le château de notre ville ; je donne là-dessus des détails à l'*Appendice*.

(1) Voy. plus haut, p. 77.

Cejourd'hui, seizième pluviôse de l'an deuxdela République une, indivisible et démocratique,

La séance ouverte comme à l'ordinaire, lecture du procès-verbal a été faite et il a été adopté sans réclamations.

La Société a arrêté que l'adresse aux représentants, concernant le réarmement des citoyens de cette commune, serait envoyée par la poste, pour éviter les frais de voyage, au lieu d'être portée par des commissaires comme elle l'avait arrêté dans sa précédente séance.

Il a été fait lecture d'une lettre de la Société des Jacobins de Paris qui félicite les Jacobins de Sain-Chamond de leur intégrité et de la manière dont ils se sont comportés lors de l'irruption des rebelles lyonnais; cette lettre a été suivie des plus vifs applaudissements.

Sur la proposition d'un membre, la Société a pris à l'unanimité l'arrêté de changer le nom de sa commune en celui de Vallée-Rousseau[1] et qu'en conséquence il serait écrit au directoire du département et au comité de division pour les prévenir de ce changement.

La discussion ayant été rouverte sur la question de savoir si l'on distribuerait les grains en nature ou en farine, après

[1] On sait que Jean-Jacques Rousseau venait assez fréquemment herboriser au Pilat; il suffit d'ailleurs, pour s'en rendre compte, de consulter ses lettres sur la botanique. De plus, il a laissé un petit opuscule imprimé, dans lequel il décrit avec beaucoup de verve et de coloris la montagne qui nous donne le Gier; cet opuscule ne figure pas dans ses *Œuvres Complètes*. « Au printemps, écrivait M. Couturier (cf. *Revue du Lyonnais*, t. VII), Jean-Jacques, qui étouffait dans les rues de Saint-Chamond, venait respirer, herboriser sur la montagne, rêver, saluer

une mûre délibération, il a été arrêté définitivement que le froment et le seigle seraient distribués en grains et que l'orge le serait en farine. Sur ce, la Société a nommé les citoyens Dupuy et Conord, pour donner communication à la municipalité du présent arrêté et l'inviter en même temps à faire une proclamation à l'effet que chaque citoyen soit obligé de faire la déclaration juste soit du bled, soit de la farine qu'il peut avoir.

La Société ayant appris qu'un commissaire envoyé par le comité des subsistances de Paris était dans sa salle, elle l'a invité à se placer au bureau; il a reçu l'accolade fraternelle du président aux applaudissements de la Société qui,

l'aurore, tout entier à ses contemplations....» Un ancien notaire de Lavalla, M. Perrier, disait l'y avoir vu souvent.

Aussi, au moment où les noms d'un grand nombre de villes subissaient des modifications ou des changements complets, ne laissa-t-on pas échapper l'occasion de donner à notre cité ce philosophe pour parrain.

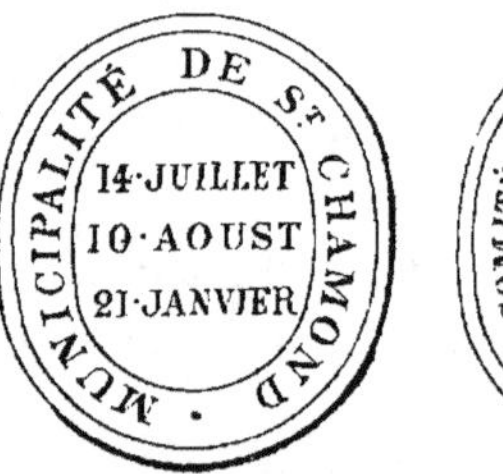

Dans un arrêté du 1er pluviose an II, c'est-à-dire avant qu'une demande en se sens ait été faite régulièrement, Javogues appelle déjà Saint-Chamond, *la-Vallée-sous-Mont-Rousseau*. On trouve aussi, dans les divers documents de l'époque les noms de *Mont-Rousseau*, *Chamond-Rousseau*, *Chamond*, *Sain-Chamon*, et surtout *Vallée-Rousseau*. Il faut croire que ces appellations furent peu goûtées puisque, dans le registre des délibérations de la municipalité, Saint-Chamond conserva toujours son nom.

sur sa demande, a décidé que son visa serait apposé sur la commission dudit commissaire.

Un membre a proposé qu'il soit établi une manufacture d'armes à Sain-Chamond, il a fait voir l'utilité de cet établissement et a demandé qu'on écrivît à ce sujet au Comité de Salut public. Sa proposition a été accueillie avec les plus vifs applaudissements et la Société a arrêté qu'elle serait discutée dans la séance d'après-demain; elle a arrêté, en outre, qu'il y aurait séance demain pour recevoir les candidats qui désirent d'être admis dans le sein de la Société.

Le maire a annoncé que la municipalité de Lavala était convenue de faire assembler les citoyens de leur commune qui auraient des denrées à vendre et de nommer des commissaires pour les conduire au marché de cette commune; ce qui a été entendu avec le plus vif intérêt.

La Société a arrêté, sur la proposition d'un de ses membres, que l'éducation,[1] comme une chose des plus essentielles, serait à l'ordre du jour dans la séance d'après-demain, immédiatement après celle d'écrire au Comité de Salut public relativement au projet d'établir une manufacture d'armes dans cette commune.[2]

La Société a de même arrêté que les enfants ne seraient reçus dans le lieu de ses séances qu'accompagnés de leur

---

[1] Voy. plus haut p. 113. — On peut consulter avec fruit, sur ce point, les ouvrages suivants publiés dans la *Collection des documents inédits sur l'Histoire de France:* 1° les *Procès-verbaux du comité d'instruction publique de l'Assemblée législative*, publiés et annotés par J. Guillaume; 2° les *Procès-verbaux du comité d'instruction publique de la Convention nationale*, publiés et annotés par le même.

[2] Il ne fut pas donné suite à cette demande.

père ou de leur mère et que ceux qui auraient le malheur d'être orphelins viendraient avec un parent ou un ami, ce qui évitera le bruit que les enfants font, lorsqu'ils sont ensemble.

Il a été observé à la Société que les citoyens Gaillard et Martouré, étant membres du comité de surveillance, ne pourraient pas remplir assidûment leurs fonctions de censeurs; sur ce, la Société a nommé les citoyens Imbert et Granjon pour les remplacer.

Sur l'observation d'un membre, la Société a nommé les citoyens Dupuy et Conord pour aller de suite chez le particulier qui a vingt bichets de bled faire vérification de son pain et de sa farine. Les commissaires, de retour, ont apporté du pain et de la farine de ce citoyen et il a été reconnu qu'il y avait du froment, du seigle et de l'orge, et, sur l'observation également faite de faire aussi la vérification chez le citoyen qui a demandé de faire celle chez le premier particulier, la Société a nommé les citoyens Prénat et Dubouchet qui ont apporté de la farine et du pain de ce citoyen et il a été reconnu qu'il était composé de froment.

La Société a renvoyé la discussion à une prochaine séance de la proposition d'un membre qui demande qu'un drapeau tricolore indique dans chaque place le moment du marché et qu'il soit défendu d'achepter aucune denrée avant que le drapeau soit placé. [1]

La Société a arrêté, sur la proposition d'un membre,

---

[1] Le marché s'ouvrait à neuf heures du matin ; il était expressément interdit, sous les peines les plus sévères, d'acheter ou de vendre avant cette heure-là. — Voy. aussi plus haut. p. 97.

qu'il serait écrit au directoire du district pour l'inviter à combiner pour les différents jours de la décade les marchés des différentes communes du district et qu'on ne se servît plus des jours indiqués pour marché par l'ancien calendrier.

La Société a renvoyé à demain la discussion sur l'établissement d'un comité de bienfaisance qui viendrait au secours des vieillards et indigents et donnerait du travail aux bras valides.

La séance a été levée.

Signé : TERRASSON, secrétaire.

Cejourd'huy dix-septième pluviôse de l'an deux de la République française, une, indivisible et démocratique,

Le Président a ouvert la séance comme de coutume et, après lecture faite du procès-verbal, on a procédé par le scrutin individuel à l'admission parmi les membres de la Société de dix citoyens, qui sont :

André Forest,	Jacques Indy,
Jean Boissonna,	Etienne Audineite,
Symphorien Missieu,	Ignace Blanc,
Claude Clair,	Charles Paret,
Cris. Celard,	X*** (1)

Les citoyens Jean Baptiste Pasquier et Grégoire Jacquin reçus auparavant ont été admis à prêter le serment.

L'établissement d'un comité de bienfaisance était à l'ordre du jour pour cette séance et la Société a arrêté à

(1) Le dixième nom manque au registre.

l'unanimité qu'il en serait formé un qui pourvoirait aux besoins des infirmes et vieillards et donnerait du travail aux bras valides en les occupant au démolissement du cy-devant château, [1] en vertu de l'arrêté du représentant du peuple Javogues, en date du 1er nivôse an deux de la République, et a arrêté en outre que ledit comité serait composé de huit membres pris dans le sein de la Société, dont deux adjoints, deux membres de la municipalité et deux autres dans le comité de surveillance.

Les membres nommés par la Société sont Gaspard Villemagne, Augustin Roset, Bourgeois, Chol, Jacquin, Terrasson, Pierre Caute, Conord; ils s'assembleront demain à deux heures à la commune pour commencer leurs opérations.

La Société a nommé pour archiviste le citoyen Jean-Marie Prénat, qui aura soin de tenir un registre et de coter et numéroter toutes les pièces.

Comme il s'est présenté de nouvelles pétitions de citoyens qui demandent d'avoir part aux indemnités accordées aux sans-culottes persécutés, la Société a arrêté de s'assembler demain à quatre heures, procéder à la révision desdites pétitions et de renvoyer à la suivante les objets qui étaient à l'ordre du jour pour demain.

La séance a été levée.

(Sans signature).

Cejourd'huy, dix-huit pluviôse de l'an deux de la République française, une, indivisible et démocratique,

---

[1] Voy. plus haut, p. 141

La séance ayant été ouverte à la manière accoutumée, on a passé à l'ordre du jour d'aujourd'huy qui était de discuter et réviser les nouvelles pétitions qui se sont présentées. La matière mise en délibération, la Société a arrêté qu'elle nommait douze commissaires pour examiner lesdites pétitions et voir ceux qui méritent d'avoir part aux indemnités accordées. Les commissaires nommés sont Renaud fils, Granaudon, Conord, Prout, Cibert aîné, Dupuy, Tavernier, Rivière, Dubois, Forestier.

On a passé ensuite à la discussion sur l'établissement d'une manufacture d'armes dans cette commune; la matière mise en délibération, la Société a arrêté qu'il serait fait une adresse à ce sujet au Comité de salut public et elle a nommé le citoyen Monate pour la rédiger.

La séance a été levée.

(Sans signature).

Cejourd'huy, dix-neuf pluviôse de l'an deux de la République française, une, indivisible et démocratique,

La séance ayant été ouverte, il a été demandé par le citoyen Jacquier, au nom du représentant Javogues, que la Société déclarât si le représentant Boiron avait présidé la section, pendant que les rebelles lyonnais étaient dans cette commune, ou s'il ne l'avait pas présidée; l'assemblée se trouvant peu nombreuse, la Société a renvoyé la discussion à la première séance.

La discussion s'étant de même rouverte sur l'approvisionnement des marchés, la Société a de même arrêté que cet objet serait à l'ordre du jour pour la séance d'après-demain.

On a procédé au scrutin et le citoyen Jean Faure a été admis parmi les membres de la Société et il a prêté le serment ainsi que les citoyens André Forest, Simphorien Missieu, Claude Clair, Etienne Audinette, Charles-Paret.

La séance a été levée.

(Sans signature).

Cejourd'huy, vingt-deux pluviôse de l'an deux de la République française, une, indivisible et démocratique,

La séance a été ouverte en la manière accoutumée ; lecture a été faite de la lettre du représentant Boiron par laquelle il annonce qu'il a recouvert [1] les titres du Fay ; [2] la lettre communiquée à la commune par le citoyen Conord envoyé à cet effet par la Société, le citoyen Monate, agent national, a été chargé de répondre audit Boiron et de lui témoigner sa reconnaissance pour les démarches qu'il a faites à cet égard et le prier de procurer à la Société le Bulletin des décrets, afin qu'il puisse en être fait lecture dans toutes les séances.

Le citoyen Jean Pierre Pitiot, natif de cette commune, servant dans les armées de la République, blessé au siège de Mayence, s'est présenté et a été reçu par acclamation membre de la Société ; le Président a été chargé par elle de lui donner l'accolade fraternelle ; des cris de : *Vive la*

(1) C'est *recouvré* qu'il faut dire.

(2) Voy. plus haut, pp. 111 et 112.

Montagne, vive la République, ont retenti dans toutes les parties de la salle.

L'arrêté du district, en date du 15 pluviôse, concernant les secours et indemnités accordés par la Convention nationale à ceux qui ont souffert des pertes ou essuyé des mauvais traitements de la part des rebelles lyonnais, a été lu ; les commissaires nommés pour vérifier les pétitions ont rendu compte de leurs opérations et ont dit qu'après en avoir rejeté quelques-unes qui ne leur avaient point paru fondées, ils avaient envoyé toutes les autres au district.

Un membre du comité de bienfaisance a dit que les citoyens qui ne seraient pas occupés pouvaient se présenter au comité qui leur en fournirait, ainsi qu'aux femmes et enfants, et qu'à l'égard des infirmes et des vieillards il serait pourvu à leur subsistance.

Le citoyen Jacquier ne pouvant se rendre audit comité et y remplir les fonctions, le citoyen Dupuy a été nommé pour le remplacer.

Un membre a dit que, dans la dernière séance, il avait été arrêté qu'attendu le peu de membres qui la composaient, l'ordre du jour de la prochaine serait, en vertu de la demande faite par le citoyen Jacquier, au nom du représentant Javogues, de savoir si le citoyen Boiron, représentant à la Convention, avait présidé oui ou non les sections dans le temps que les rebelles lyonnais souillaient le territoire de notre commune. [1]

____

[1] J'ai déjà donné des détails sur ce point dans la biographie de J. B. Boiron, note des pp. 64, 65 et 66.

Un grand nombre de membres ayant parlé sur le fait en question, il a été reconnu par tous et il a demeuré pour constant que le citoyen Boiron n'a point présidé les sections dans le temps que les Lyonnais étaient dans cette cité.

Il a été dit et reconnu que le citoyen Boiron fut nommé à une grande majorité, le 29 juin dernier, en vertu du décret en date du 21 mars pour l'établissement d'un comité de surveillance, à la présidence de sa section, qu'il a continué à la présider jusqu'au 10 juillet.

Il a été reconnu que, depuis ce jour, Boiron n'a plus présidé la section, que, le 11, les scélérats de Lyon s'étant emparés de notre territoire, Boiron, juge de paix, s'est enfermé dans ses fonctions de juge, qu'il a refusé de fraterniser avec eux, que le 11 juillet il s'est réfugié à Izieux et qu'il est parti, peu de jours après, pour se rendre à la Convention en qualité de suppléant.

La Société entière a reconnu que si, dans sa séance du 22 brumaire, le citoyen Boiron a été inculpé comme ayant présidé les sections pendant le séjour des rebelles lyonnais dans cette commune, ç'a été par une erreur involontaire; un grand nombre de ses membres avaient abandonné leur domicile au moment de l'entrée des rebelles, le citoyen Boiron présidait les sections avant leur fuite, ils avaient cru qu'il avait continué à les présider. Aujourd'hui, mieux instruits, les faits bien éclaircis et bien constatés, la Société entière reconnaît qu'il n'a point présidé dans le temps que l'infâme Lyonnais dominait dans notre commune et c'est avec satisfaction qu'elle rend au citoyen Boiron la justice qu'elle a toujours été dans l'intention de

rendre à tous les membres et à tous les vrais sans-culottes
qui pourraient avoir été ou être dans la suite mal à propos
inculpés.

Délibéré en outre qu'extraits du présent procès-verbal
seront envoyés au représentant Javogues, au comité de
sûreté générale et au citoyen Boiron.

La séance a été levée.

Signé : TERRASSON, secrétaire.

Nota. — Les citoyens Antoine Françon, Jean Boissonna,
Jean Viviens, Jacques Pascal, ont prêté le serment civique.

Cejourd'huy, vingt-quatrième pluviôse de l'an deux de
la République française, une, indivisible et démocratique,
après la séance ouverte à l'accoutumée, lecture a été faite
du dernier procès-verbal adopté sans réclamation.

Des commissaires de la Société populaire de Valdorlay,
cy-devant Saint-Paul, se sont présentés ; ils ont été accueillis
avec applaudissements et le président les a invités au nom
de la Société à prendre place au bureau. Un d'eux a fait
lecture d'une pétition de la Société de Valdorlay aux Jacobins de Paris, tendant, vu la disette du fer dans ces pays, à
demander l'exécution de la loi du maximum relativement
aux fers et a demandé l'approbation de la Société ; la
Société a applaudi à cette mesure, mais elle a arrêté d'étendre cette pétition sur les autres denrées de première nécessité qui nous manquent. Elle a nommé à cet effet les
citoyens Couchoud, Monate, Nairand et Perraud, auxquels

elle a adjoint son secrétaire et les a chargés de rédiger ladite pétition au nom des deux cantons respectifs de Valdorlay et Vallée-Rousseau.

Les citoyens Dupuy et David ont été nommés par la Société pour se transporter à la municipalité et au comité de surveillance pour leur porter le vœu de la Société qui est de prendre toutes les mesures nécessaires au sujet des voituriers qui nous amenaient des grains et qui ont été battus par les habitants de Saint-Cristô qui les ont arrêtés et empêchés de se rendre à leur destination. (1)

Les mêmes commissaires ont été chargés d'inviter la municipalité à viser les pétitions en indemnité pour qu'elles puissent être envoyées au district.

La séance a été levée.

Signé : TERRASSON, secrétaire.

(1) Il était impossible d'avoir des blés : l'anxiété était trop grande, la propriété trop précaire, le commerce trop empêché, l'achat, la vente, le départ et le payement trop incertains. « Le blé demeure en grange, se cache, attend, et ne se glisse qu'à la dérobée vers les mains assez riches pour payer, outre son prix, le prix de son risque. Ainsi refoulé dans un canal étroit, il monte à un taux que la dépréciation des assignats élève encore et non-seulement la cherté se maintient, mais elle croît. Là-dessus, pour guérir le mal, l'instinct populaire invente un remède qui l'aggrave : désormais le blé ne voyagera plus... » A Aubigny, dans le Cher, les voitures de grains sont arrêtées, les administrateurs du district menacés, deux têtes sont mises à prix. A Chaumont, dans la Haute-Marne, un convoi de plus de 300 sacs est retenu, l'hôtel-de-ville forcé, etc... — Voy. *Origines de la France contemporaine*, par TAINE, t. 1 (*Révolution*).

Cejourd'huy, vingt-cinquième pluviôse de l'an deux de la République française, une, indivisible et démocratique,

La séance a été ouverte et lecture faite du dernier procès-verbal.

La Société, sur la proposition de plusieurs membres qui ont observé que les commissaires nommés pour veiller à l'approvisionnement des denrées de cette commune n'étaient pas en nombre suffisant, a adjoint quatre commissaires à ceux déjà nommés, lesquels huit en nommeront seize autres, ce qui fera le nombre de vingt-quatre; les quatre commissaires nommés dans cette séance sont les citoyens Ogé, Chaumier, Renaud, Chambovet.

Un citoyen est monté à la tribune et a dit que les papiers publics annonçaient que le citoyen Javogues, [1] représentant du peuple, et le citoyen Lapalu, [2] avaient été inculpés, et, connaissant la pureté et le patriotisme du citoyen Javogues, il demande qu'il soit fait à la Convention une adresse afin de prouver que ce ne peut être que l'effet de la calomnie; un autre membre lui succède et dit qu'il serait injurieux de vouloir justifier la conduite du citoyen Javogues et que si ce représentant était légalement dénoncé, tous les sans-culottes du département de la Loire étaient prêts à partir en masse pour attester ses vertus patriotiques et révolutionnaires.

On a procédé par le scrutin à l'élection de candidats et les citoyens Jean-Baptiste Couturier et Gaspard Payre ont

(1) Voy. *Appendice*.

(2) Voy. *Appendice*.

été reçus membres de la Société. Les citoyens Ignace Blanc et Jacques Indy, reçus auparavant, ont prêté le serment.

(Sans signature).

Cejourd'huy, vingt-six pluviôse de l'an deux de la République française, une, indivisible et démocratique,

La séance ayant été ouverte, on a procédé à nommer plusieurs membres au scrutin pour être admis parmi les membres de la Société. Les citoyens Fleury, Bonnard, Jean Pal, Louis Monier, Joseph Javelle, Etienne Benoas, Jean Benoît Couchoud et Poinat fils, ont été reçus en cette qualité.

Les commissaires, nommés pour rédiger l'adresse aux Jacobins relativement au maximum, l'ont présentée à la Société ; un d'eux en a fait lecture qui a été applaudie et la Société a arrêté qu'il en serait également envoyé une à la Convention que le bureau serait chargé de signer.

Les enfants Orelut ont lu une pétition à la Société relativement à leur père ; la Société a pensé qu'il fallait qu'ils s'adressassent au comité de surveillance et au Conseil général de la commune.

La Société a arrêté que les 16 commissaires nommés par elle s'assembleraient demain à la maison commune, pour, de concert avec la municipalité et le comité de surveillance, terminer la révision des pétitions en indemnité pour qu'elles n'éprouvent plus de retard et soient de suite envoyées au district.

La séance a été levée.

Signé : TERRASSON, secrétaire.

Cejourd'huy, vingt-neuf pluviôse de l'an deux de la République française, une, indivisible et démocratique,

La séance a été ouverte à l'accoutumée ; on a procédé ensuite au scrutin et les citoyens Denis Bouche, Pierre Monmartin, Jean Antoine Porte, ont été reçus membres de la Société ; les citoyens Jean Pal et Jean Baptiste Grenier, reçus auparavant, ont prêté le serment.

Sur la proposition de plusieurs membres qui ont observé que plusieurs personnes ne fêtaient pas le décady, [1] et au contraire fêtaient le dimanche, la Société a pensé que lesdites personnes devaient être regardées comme de mauvais citoyens et a arrêté que, comme tels, ils ne seraient pas admis à travailler dans les travaux publics ni ne pourraient recevoir les secours qui sont accordés. A cet effet, la Société a nommé les citoyens Besson et Coron pour se transporter au comité de surveillance pour leur faire part du vœu de la Société et les inviter à prendre des mesures convenables

---

(1) C'est seulement en l'an VI que le Conseil des Cinq-cents s'occupa de la célébration publique et obligatoire du décadi. Pison-du-Galand proposa, le 24 vendémiaire (15 octobre 1797), de charger la commission d'instruction publique de présenter un projet pour célébrer le décadi par le repos, l'instruction, par des jeux ou des exercices dans tous les cantons de la République. Le 25 novembre, le bureau central de la Seine interdit à tous les marchands de faire des étalages quelconques dans les rues, les jours de décade. Enfin, dans sa séance du 28 messidor (16 juillet), le Conseil des Cinq-Cents déclara que « les décadis et les jours de fêtes nationales sont des jours de repos pour la République. » Il obligea les pensionnats publics ou privés à vaquer ces jours-là. Les républicains du 6e arrondissement de Paris demandèrent même une disposition pénale contre les personnes qui ne célébreraient pas le décadi. (Cf. *Ancien moniteur*). — Voy aussi plus haut, p. 115.

à l'effet de connaître les personnes qui ne fêteraient pas les décades et fêteraient le dimanche, lesdites personnes devant être regardées comme suspectes et, comme telles, être traitées suivant la rigueur des lois.

Un membre a demandé que le drap noir [1] qui couvre le cercueil de nos frères morts fût remplacé, suivant le décret de la Convention, par un drap tricolore sur lequel serait empreinte l'image du sommeil. L'assemblée a applaudi et a décidé qu'il serait ouvert une souscription dans son sein à cet effet.

La séance a été levée.

Signé : TERRASSON, secrétaire.

Cejourd'huy, primidy ventôse de l'an deux de la République française, une, indivisible et démocratique,

La séance a été ouverte comme de coutume, et, après lecture faite du précédent procès-verbal, la Société a procédé au scrutin individuel, et les citoyens Pierre Berlier, Pierre Marin, Terrasson, Grégoire Monier, Jean-Baptiste Montagnier, Fleury Chataignon et Mathieu Chazal ont été reçus membres de la Société.

(1) Dans sa séance du 1er frimaire an II (21 novembre 1793), le Conseil général de la commune de Paris, sur la réquisition de Chaumette, arrêta :

1º Qu'aux inhumations il serait porté une espèce de jalon sur lequel seraient inscrits ces mots : *l'homme juste ne meurt jamais, il vit dans la mémoire de ses concitoyens ;*

2º Que les draps mortuaires dont on se servait jusqu'à ce jour seraient remplacés par une draperie aux trois couleurs.

Lecture a été faite d'une lettre du président du département de la Loire, qui annonce que, par une première lettre en date du 25 nivôse, il avait invité la Société à prendre dans son sein quatre bons sans-culottes pour se concerter avec l'administration sur les subsistances et l'engage à ne pas tarder davantage ; comme la Société n'a pas reçu la première lettre, elle a décidé d'en faire mention dans la réponse qu'elle a chargé le citoyen [1] X..... de faire.

Trois commissaires de la Société populaire de la commune de Millery se sont présentés dans l'assemblée ; ils ont été reçus avec des applaudissements unanimes. Le Président, au nom de la Société, les a invités aux honneurs de la séance et à prendre place au bureau. Un d'eux a demandé la parole et a dit qu'ils étaient délégués de leur Société pour fraterniser avec celle de Vallée-Rousseau et demander l'agrégation. Le Président leur a donné l'accolade fraternelle aux acclamations de la Société et a répondu que la Société ne désirait rien tant que de fraterniser avec une Société qui a toujours suivi les traces de nos frères les Jacobins de la Montagne, mais qu'elle désirait auparavant, comme ses règlements le portent, d'entretenir une correspondance.

Un citoyen a dit que deux membres du comité de surveillance avaient signé une attestation en faveur d'Orelut[2] détenu à Commune-Affranchie ; la Société, avant de prononcer sur le fait, a demandé que ladite attestation fût apportée sur le bureau ; mais on n'a pu la trouver ; plusieurs

(1) Le nom manque au registre.

(2) Voy. plus haut, p. 110.

membres ont observé que ce n'était qu'une simple déclaration ; mais la Société persistant à voir ladite attestation,
elle a nommé le citoyen Faure commissaire pour aller à la
commission temporaire demander ladite attestation ou une
copie certifiée.

La séance a été levée.

Signé : TERRASSON, secrétaire.

Cejourd'huy, trois ventôse de l'an deux de la République française, une, indivisible et démocratique,

Après l'ouverture de la séance et lecture du dernier
procès-verbal, il a été fait lecture d'une lettre de la Société
populaire d'Ambert.

Sur différentes propositions relatives aux travaux de
démolitions du château-fort de cette commune, la Société
a arrêté que le comité de bienfaisance lui ferait à la prochaine séance un rapport du mode qu'il emploiera.

Les citoyens Laforest, Joseph Lavel, Denis Bouche, Jean
Baptiste Montagnier et Terrasson-Sève, ont prêté le serment.

Un membre a démontré l'utilité de former un comité
de correspondance et, sur sa proposition adoptée par la
Société, les citoyens Bourgeois, Monate, Pitiot et Terrasson
ont été nommés pour en être membres.

La séance a été levée.

Signé : TERRASSON, secrétaire.

Cejourd'huy, quatrième ventôse de l'an deux de la République française, une, indivisible et démocratique,

La séance ayant été ouverte, il a été fait lecture du précédent procès-verbal.

La commission envoyée par la Société à Commune-Affranchie a remis sur le bureau la réponse de la commission temporaire, dont lecture a été faite.

Il a été pareillement refait lecture des lettres du Ministre invitant la Société à lui faire passer les noms de plusieurs citoyens ; la Société a chargé son comité de correspondance de lui répondre et a indiqué les citoyens Bourgeois, Chana, Monate, Cogniet, Terrasson, Montellier, Crozet, Pitiot, Pascal cadet, Pervanchon.

A l'égard des pétitions, il a été dit que la municipalité, le comité de surveillance et les commissaires nommés par la Société s'assembleraient demain et que les noms qui ne seraient pas connus seraient apportés à la Société.

La séance a été levée.

(Sans signature).

Cejourd'huy, sixième ventôse de l'an deux de la République française, une, indivisible et démocratique, la séance a été ouverte et lecture faite du précédent procès-verbal.

Il a été fait lecture des lettres pour la Commission des subsistances et approvisionnements de la République, pour la Commission des subsistances militaires, ainsi que celle pour le président du département de la Loire ; lesdites lettres ont été approuvées par la Société.

La Société, sur le rapport qui lui a été fait du vol de bois fait au château, a mandé l'officier de garde ce jour-là, mais il ne s'est pas trouvé chez lui.

Il a été fait lecture d'un arrêté pris par l'état-major de la garde nationale, qui a rapport au bon ordre qui doit régner dans la garde; ledit règlement a été applaudi et adopté par la Société.

La municipalité a été invitée par la Société à envoyer des commissaires à Commune-d'Armes pour obtenir le complément des fusils de chasse promis en échange des autres.

La Société a applaudi à la lecture d'une lettre écrite par le citoyen Roset servant dans les armées de la République.

Signé : TERRASSON, secrétaire.

Cejourd'huy, septième ventôse de l'an deux de la République française, une, indivisible et démocratique,

Séance extraordinaire ouverte en la manière accoutumée.

Le Président a invité, au nom de la Société, les citoyens de Commune-d'Armes à prendre place au bureau et leur a témoigné la satisfaction de la Société de posséder dans son sein ces braves républicains. Il a été fait plusieurs discours tendant à l'union fraternelle; le président a proposé à nos frères d'Armes-Commune de jurer respectivement amitié, fraternité, et de défendre jusqu'à extinction de chaleur naturelle les vrais républicains des deux communes et encor tous les sans-culottes de la République. L'assemblée, par un mouvement spontané, n'a prononcé qu'un cri pour le *jurons ;* ensuite il a été chanté plusieurs hymnes à la Liberté. Le président, après avoir donné l'accolade fraternelle à nos frères de Commune-Armes, les a invités à faire leur rapport à la Société populaire de leur commune des sentiments d'amitié et d'union qui règneront désormais entre les vrais républicains, qui ne furent jamais réellement altérés, mais que les ennemis de la République et les fanatiques avaient cherché à désunir pour favoriser leurs complots liberticides.

La séance s'est levée par le dernier couplet de l'*Hymne à la Liberté,* chanté à genoux.[1]

Signé : TERRASSON, secrétaire.

Cejourd'huy, huitième ventôse de l'an deux de la République française, une, indivisible et démocratique,

La séance ouverte à l'ordinaire, on a lu le dernier procèsverbal ainsi que la réponse du sieur Sève, capitaine de chasseurs, qui dit que le chasseur jacobin que la Société a fourni pour voler au secours de la Patrie a été bien accueilli; on a pareillement fait lecture d'une lettre de la Société de Valdorlay, çi-devant Saint-Paul, au sujet du manque de petite monnoie depuis que les papiers de six deniers n'ont

---

(1) Voici un couplet de l'*Hymne à la Liberté,* par Rouget de l'Isle :
  Liberté, Liberté chérie,
  Combats avec tes défenseurs !
  Sous nos drapeaux que la victoire
  Accoure à tes mâles accents !

plus cours; la Société a arrêté qu'elle ferait de concert avec elle une pétition à la Convention à cet effet et en a chargé son comité de correspondance, ainsi que d'écrire au citoyen Boiron, représentant, pour l'engager à suivre cette affaire.

Les citoyens Pierre Berlier, Marc Antoine Porte, Henri Chataignon, Jacques Loubet, Etienne Poinat, ont prêté le serment, et les citoyens Fleury Laval, Jean Antoine Terrasse l'aîné, Antoine Terrasse fils, Jacques Loubet, Mathieu Côte ont passé au scrutin et ont été reçus membres de la Société.

Un citoyen a demandé la parole et a proposé de planter un chêne vivant à côté de la statue de la Liberté; la Société a adopté son avis avec enthousiasme et a nommé les citoyens Rivierre, Belon, Biscornet et Bérange, pour s'occuper de cet objet de suite pour que l'arbre fût planté dans cette décade.[1]

La séance a été levée et ajournée à primidy, onze ventôse.

Signé : TERRASSON, secrétaire.

Cejourd'huy, onze ventôse de l'an deux de la République française, une, indivisible et démocratique,

Après la séance ouverte, il a été fait lecture de deux lettres : l'une du président du département de la Loire qui envoie à la Société des tableaux pour faire remploi en nom-

[1] Je donne à l'*Appendice* la relation de la fête qui eut lieu le 20 ventôse, à l'occasion de la plantation de l'arbre de la Liberté.

mant des commissaires à cet effet qui se transporteront dans les différentes communes du canton, et l'autre lettre de la Société populaire de Beaujeu qui demande l'affiliation. Cette lettre a été suivie des plus vifs applaudissements.

Plusieurs personnes n'ayant pas connu le citoyen Baillard, ce qui a été cause que le scrutin n'a pas été en sa faveur, la Société a arrêté que ledit citoyen serait repassé à la prochaine séance.

Un citoyen a observé que l'on ne s'était pas rendu décady dernier au temple de la Raison. La Société a arrêté d'inviter la municipalité à faire part, inviter la municipalité des communes de notre canton à assister à la fête de la décade avec un détachement de leurs gardes nationales; la Société a de même arrêté que, les jours de décade, huit hommes de chaque compagnie prendraient les armes, que les tambours viendraient et qu'on s'assemblerait à neuf heures du matin, dans le sein de la Société, pour de suite se rendre dans le temple de la Raison.

La séance a été levée.

Signé : TERRASSON, secrétaire.

Cejourd'huy, quatorze ventôse de l'an deux de la République française, une, indivisible et démocratique, la séance ouverte, on a lu le procès-verbal de la dernière.

Il a été fait lecture des lettres çy-après : la première à la Convention pour obtenir la petite monnoie;[1] la seconde

(1) Voy. plus haut, p. 163.

également à la Convention pour la demande du tribunal criminel;[1] la troisième au représentant Boiron pour l'engager à suivre auprès de la Convention les deux demandes cy-dessus.

Les commissaires, nommés par la Société pour se rendre dans les communes du canton à l'effet de remplir les cadres envoyés par le président du département de la Loire, sont Berger aîné, Pleney, Monier, Garat, Pascal, Voron, Dubouchet, Dalissan, Defflacieux, Couturier, Laval, Theillard, Dubouché, David, Durand, Bourg, Journoud, Barange, Bourrin, Brossard, Berger, Fournas fils, Rivierre, Granjon, Faure, Motiron.

Il a été fait lecture de la lettre en réponse à celle de la Société d'Ambert; la Société l'a adoptée et en a demandé l'impression.

La Société a nommé les citoyens Bourgeois et Conor pour aller à Rive-de-Gier prendre des renseignements au sujet d'une lettre adressée à la Société.

Un membre s'est permis, au sujet des pétitions relatives aux indemnités accordées par la Convention nationale aux citoyens qui ont éprouvé des pertes par la rebellion des Lyonnais, d'inculper le district, la municipalité, le comité de surveillance et les seize commissaires. La Société a arrêté que ce citoyen aurait à la première séance à déduire les raisons qui l'y ont engagé.

(Sans signature.)

____

(1) Voy. plus haut, pp. 100, 103.

Cejourd'huy, seize ventôse, an deux de la République française, une, indivisible et démocratique, la séance a été ouverte et lecture faite du dernier procès-verbal.

Le membre qui devait se disculper dans cette séance n'y ayant pas réussi, la Société a arrêté qu'elle ne le compterait plus parmi ses membres.

Lecture a été faite d'une lettre de la Société des Jacobins de Paris; cette lettre a été suivie des plus vifs applaudissements.

Le citoyen Audinette est remonté à la source des propos qui lui avaient été tenus par des habitants de Saint-Christô où il est allé. La Société a arrêté que lesdits noms seraient donnés au Comité de surveillance et elle a applaudi à la conduite de ce citoyen et ordonné mention civique au procès-verbal.

La séance a été levée.

Signé : TERRASSON, secrétaire.

Cejourd'huy, dix-huit ventôse de l'an deux de la République française, une, indivisible et démocratique, après l'ouverture de la séance et lecture faite du dernier procès-verbal,

On a annoncé le détachement de l'armée révolutionnaire qui est entré dans la salle aux acclamations de la Société. Un d'eux a déposé leur guidon et a demandé que ledit guidon restât dans la salle et fût porté toutes les fois que le seraient les drapeaux de la Société, ce que l'assemblée entière a applaudi et arrêté, et, en outre, a ordonné que mention civique en serait faite dans le procès-verbal.

La Société a nommé les citoyens Pal, Mithieu, Morette, Blaisebon et Ch. Rozet, pour faire le recensement des grains et denrées dans cette commune et remplir le tableau envoyé par le président du département de la Loire.

La discussion s'est ouverte sur les marchés et l'assemblée a arrêté de faire une invitation aux cultivateurs qui se rendront à la fête de décady prochain pour les engager à nous fournir les denrées nécessaires et les assurer du bon ordre qui règnera dans les marchés.

Un membre a dit qu'il se commettait des abus dans la vente des bestiaux, que l'on vendait des bêtes pleines, ce qui rendait l'espèce rare. Sur ce, la Société a fait une invitation à la municipalité pour l'engager à faire une proclamation à ce sujet.[1]

Un des citoyens commissaires pour le recensement des grains et autres denrées, a annoncé que dans leur tournée ils avaient trouvé 150 sacs de grains chez un meunier de la commune d'Izieux. Sur ce, la Société a renvoyé cette affaire au Comité de surveillance qui fera les démarches nécessaires.

La séance a été levée.

Signé : TERRASSON, secrétaire.

---

(1) La municipalité prit un arrêté par lequel il était défendu aux bouchers et autres personnes de tuer des bêtes pleines, sous peine de cent livres d'amende et de poursuites (19 ventôse an 2). Voici quel était le prix de la viande à ce moment : 1re qualité, 12 sols ; 2me qualité, 10 sols ; basse-viande, 8 sols.

Cejourd'huy, vingt ventôse de l'an deux de la République française, une, indivisible et démocratique, la séance a été ouverte à l'accoutumée.

La Société a arrêté qu'il y aurait une séance extraordinaire primidy prochain consacrée à passer au scrutin les citoyens proposés qui désirent être membres de la Société.

La Société a applaudi à la livraison du bled qui a été faite à nos frères de Commune-Armes et a montré par là combien elle désirait de maintenir l'union avec eux.

La séance a été levée.

Signé : TERRASSON, secrétaire.

Cejourd'huy, vingt-deux ventôse de l'an deux de la République française, une, indivisible et démocratique,

Après la séance ouverte, la Société a procédé au scrutin et a nommé parmi ses membres les citoyens :

Antoine Laforest,	Jean Tevenon,
Jean-Baptiste Terrasse,	Charles Murgue,
Pierre Terrasson,	Michel Chorel,
Antoine Gillet,	Jean-Pierre Prévost,
Etienne Faure,	Pierre Marin,
Targe,	Augustin Labonne,
Antoine Toulieu,	Jean-Benoît Chabrun,
Jean-Benoît Roussier,	Claude Prénat,
André Payre fils,	Jean Payre.

Les citoyens Etienne Faure, Mathieu Caute et Terrasse fils ont prêté le serment.

22

Il a été fait lecture d'une lettre de la Société populaire d'Aix ; cette lecture a été suivie de vifs applaudissements.

Une lettre du citoyen Simond a pareillement été lue.

Il a été déposé sur le bureau, par la citoyenne Montgarat, la somme de 82 francs pour être portée sur la souscription déjà ouverte à l'effet d'avoir un drap tricolore pour être mis sur le cercueil de nos frères morts.[1]

La séance a été levée.

Signé : TERRASSON, secrétaire.

Cejourd'huy, vingt-quatre ventôse, l'an deux de la République française, une, indivisible et démocratique,

Après la séance ouverte et lecture faite des derniers procès-verbaux, on a procédé par l'appel nominal à la nomination d'un vice-président, et le citoyen Monate[2] ayant recueilli la majorité des suffrages a été reconnu en cette qualité.

(1) Voy. plus haut, p. 158.

(2) Voici, au sujet de Monate, en quels termes s'expriment les citoyens Forest, Meaudre et Duguet, représentants du peuple, composant la députation de la Loire, dans une brochure publiée en l'an VI et ayant pour titre : « *Sur les élections du département de la Loire.* »

« Monate, ancien commissaire de Javogues, fut accusé de plusieurs dilapidations. Il a été depuis l'auteur et le complice de scènes de sang et de pillage commises à Lavalla, à Saint-Chaumont. Encouragé par l'impunité, il a été, en l'an VI, le digne collègue de Chana à l'administration centrale. »

Il fut, pendant plusieurs années, agent national à Saint-Chamond. Il est injuste de lui attribuer la responsabilité des scènes de sang et de

Il a été demandé d'écrire aux Jacobins de Paris pour avoir leur règlement.

On a procédé au scrutin, et les citoyens Raillard père, Laurenson, Meillet, Passerat, Fariol, François Mason et Philibert Thibaud, ont été reçus membres de la Société ; Antoine Chasay a été de même reçu.

Les citoyens admis à prêter le serment sont Jean-Baptiste Chabrun, Jean-Antoine Porte, Claude Prénat, Jean-Benoît Terrasse, Antoine Gillet, Antoine Toulieu, André Payre, Raillard père et Mathieu Chazal.

La discussion s'étant ouverte sur les marchés, ladite discussion a été renvoyée à la prochaine séance.

La séance a été levée.

Signé : TERRASSON, secrétaire.

Cejourd'huy, vingt-six ventôse de l'an deux de la République française, une, indivisible et démocratique,

La séance ouverte à l'ordinaire, lecture a été faite du dernier procès-verbal.

pillage qui se produisirent à Lavalla en différentes occasions ; elles ne furent bien souvent que la conséquence, malheureuse sans doute, mais presque inévitable à une époque aussi agitée, du refus des jeunes gens de cette commune de servir dans les armées et du mauvais vouloir avec lequel les habitants de Lavalla accueillaient les arrêtés du Directoire de district. Le registre des délibérations de Saint-Chamond (1793-1794) nous a conservé quelques-uns de ces arrêtés et l'on peut se rendre compte des difficultés qu'ils ont soulevées et de la résistance à laquelle ils ont donné lieu. On trouvera encore quelques renseignements dans ma brochure : *Lavalla pendant la période révolutionnaire.*

La Société a arrêté que dorénavant ses séances commenceraient entre six heures et six heures et demie.

Il a été lu plusieurs lettres, savoir :

1° Du citoyen représentant Boiron ;

2° De la Société populaire de Millery ;

3° Du Comité révolutionnaire de Feurs, qui fait passer à la Société un arrêté qu'il a pris concernant les fanatiques qui fêtent encore le dimanche ;

4° Du citoyen Guillaudon, servant dans les armées de la République.

Toutes ces lectures ont été suivies de vifs applaudissements.

Lecture a pareillement été faite d'une adresse de nos jeunes frères qui demandent un emplacement pour tenir leurs séances. La Société entière a vivement applaudi à cette dite adresse et a nommé deux commissaires, les citoyens Conord et Gabriel, pour faire auprès de la municipalité les démarches nécessaires afin d'avoir un local ainsi que d'assister à leurs séances. La Société a également arrêté de leur fournir un guidon qu'ils seront invités de porter les décady en se rendant de deux à deux dans la Société pour de là aller ensemble au temple de la Raison ; les citoyennes qui font la lessive sont invitées de conserver les cendres qui en résultent pour coopérer à la fabrication du salpêtre.

Les citoyens Antoine Chazay, Antoine Laurenson, Antoine Meillet, Fleury Laval, Jean-Pierre Prévost, P. Sarriol, Jean Payre, Philibert Thibaud, Pierre Terrasse père, ont été admis à prêter le serment.

La séance a été levée.

Signé : TERRASSON, secrétaire.

Cejourd'huy, vingt-huit ventôse de l'an deux de la République française, une, indivisible et démocratique,

La séance ouverte, on a fait lecture du dernier procès-verbal, ainsi que de plusieurs adresses envoyées par la Société populaire de Dijon.

Les commissaires nommés pour trouver un emplacement pour le lieu des séances de nos jeunes frères et pour assister à leurs séances, ont rempli leur mission.

Plusieurs de nos jeunes frères se sont rendus dans la séance et leur secrétaire a soumis à l'assemblée le procès-verbal de leur séance dont il a fait la lecture qui a été entendue avec enthousiasme et suivie des plus vifs applaudissements ; il a reçu le baiser fraternel du Président.

La Société a arrêté de rayer du nombre de ses membres celui qui fêterait le dimanche et qu'il serait fait un tableau où les noms de tous ceux qui suivraient encor ce fanatisme seraient inscrits en gros caractères et portés les jours de décady ; il a de même été arrêté que les particuliers qui ont des ateliers où l'on ne travaillerait pas le dimanche seraient dénoncés au Comité de surveillance.

La Société a nommé quatre commissaires, dont deux, les citoyens Dalissan et Augustin Rozet, pour se transporter dans les municipalités de Saint-Chamond, Izieux et Saint-Martin, et les deux autres, Escoffier et Bravi, dans la municipalité de Saint-Julien, pour les inviter à faire une proclamation, dans leur municipalité respective, pour que personne ne fête le dimanche et qu'il n'y ait aucun lieu de danse ouvert, notamment le Clos-Marquet ; les mêmes commissaires inviteront aussi ladite municipalité de Saint-Julien à faire marquer le décady par le son de la grosse cloche.

La Société a invité celle de nos jeunes frères à se rendre décady, dans la salle, pour partir ensemble pour se rendre au temple de la Raison et a nommé le citoyen Bourgeois pour faire un discours analogue à cette fête; nos frères de l'armée révolutionnaire ont été invités par la Société à remettre à nos jeunes frères leur guidon, s'ils le trouvent bon.

La séance a été levée.

Signé : TERRASSON, secrétaire.

Cejourd'huy, premier germinal de l'an deux de la République française, une, indivisible et démocratique,

La séance ouverte, la Société a procédé à la nomination d'un vice-président; le premier scrutin a été nul, n'ayant donné que quinze voix au même citoyen; au second, cinquante-huit votants se sont partagés entre les citoyens Conord et Monciny; ce dernier a réuni 32 voix, il y a eu trois voix perdues.

Lecture a été faite d'une lettre du représentant Boiron sur les demandes de la Société pour le tribunal criminel et pour la monnoie de billon; l'une a été renvoyée au Comité de division et l'autre à celui de finance.

La séance a été levée.

(Sans signature.)

Cejourd'huy, deux germinal, an deux de la République française, une, indivisible et démocratique,

La séance ouverte, on a fait lecture d'une lettre des administrations des subsistances relativement à la note des candidats que la Société avait envoyée au ministre et à l'administration des subsistances.

La discussion sur les pétitions, commencée dans la séance du premier germinal, a continué dans cette séance.

La séance a été levée.

(Sans signature.)

Cejourd'huy, quatre germinal, an deux de la République française, une, indivisible et démocratique,

La séance ouverte, la Société a nommé les citoyens Colin, Berange et Bravy, à l'effet d'inviter les communes de Saint-Martin, Saint-Julien, Lavala et Izieu, de choisir des personnes à l'effet de faire des copies des tableaux de recensement de leurs communes.

La Société a arrêté qu'elle s'abonnerait au journal nommé par le Comité de correspondance de la Société populaire de Marseille et qu'elle lui ferait réponse.

La Société a arrêté que les couronnes qui sont sur les[1] ..... seront incessamment enlevées. Elle a de même arrêté que la loy concernant l'indemnité accordée aux citoyens

[1] Il existe une lacune sur le manuscrit original.

persécutés par les Lyonnais sera mise sur le bureau à la première séance.

La Société a nommé pour protéger la Société de nos jeunes frères quatre commissaires qui sont les citoyens Montagnier, François Piraud, Baptiste Piraud et Barbarin.

La séance a été levée.

(Sans signature.)

Cejourd'huy, six germinal de l'an deux de l'ère républicaine,

Après l'ouverture de la séance, la discussion s'est ouverte sur l'affaire des pétitions en indemnités, la Société ayant appris qu'il avait été accordé la somme de deux cent cinquante sept mille livres pour indemniser les patriotes persécutés de la commune de Saint-Chamond; il y eut quelques réclamations sur ce qu'un grand nombre de citoyens qui avaient été persécutés étaient absents lorsque la municipalité fit proclamer que les citoyens qui avaient des indemnités à prétendre eûssent à se présenter et que leurs pétitions seraient reçues jusqu'au jour où la loy en prescrivait la clôture; sur ces observations, les pétitionnaires qui avaient reçu les sommes ont offert volontairement de donner sur ce qu'ils avaient reçu une somme assez forte pour indemniser ceux qui, par absence, ignorance ou négligence, n'avaient point eu part aux indemnités; d'après cette offre si généreuse de leur part, la Société a nommé huit commissaires qui sont les citoyens Simon

Oriol, Imbert, Besson, Barthelemy Oriol, Montagnier, Bérange, Gabriel et Rozet fils, à l'effet de recevoir lesdites sommes, de dresser procès-verbal de celles qui seraient volontairement apportées et d'en faire la distribution.

La séance a été levée.

(Sans signature.)

Les séances jusqu'au 13 germinal ont été employées uniquement à la discussion sur les pétitions rejetées.

(Sans signature.)

Cejourd'huy, 13 germinal de l'an deux de l'ère républicaine,

La séance ouverte, lecture a été faite des noms des citoyens qui ont souscrit pour les réparations de la Grenette;[1] on a lu pareillement une lettre du citoyen Pignon, qui réclame son élargissement; la Société a arrêté que ladite lettre serait remise a la municipalité.

La Société a entendu avec le plus grand intérêt une lecture qui a été faite par de jeunes citoyens faisant partie de la Société de nos jeunes frères.

[1] La Grenette était située sur l'emplacement occupé aujourd'hui par le théâtre.

Elle a arrêté qu’il serait fait une adresse à la Convention pour lui témoigner sa satisfaction de la conspiration découverte.(1)

La Société a de même arrêté qu’après la séance levée, il ne serait plus reçu aucune pétition ni réclamation sur les indemnités.

Il a été fait lecture d’une pétition du citoyen Callet qui avait été inculpé ; la Société a arrêté qu’elle le reconnaissait pour un vrai citoyen et qu’il continuerait ses fonctions.

La séance a été levée.

(Sans signature.)

Cejourd’huy, quinze germinal de l’an deux de l’ère républicaine,

Après la séance ouverte, il a été fait lecture du dernier rapport de Robespierre et du décret concernant les conspirations.

Les commissaires, nommés dans la séance du 8 germinal, ont rendu leur compte ; procès-verbal a été en effet dressé de leur part des sommes qu’ils avaient reçues et des distributions qu’ils avaient faites, et leur bonne conduite a reçu les suffrages de la Société qui les a chargés de remettre à la

(1) C’est de la conspiration Hébertiste qu’il est içi question. — Jacques René Hébert, le fameux *Père Duchesne,* fut le chef d’un des grands partis de la période révolutionnaire. Ses principaux partisans étaient : Chaumette, procureur de la Commune ; Pache, maire de Paris ; Bouchotte, ministre de la guerre ; Vincent, secrétaire-général du même ministère ; Ronsin, général de l’armée révolutionnaire ; l’imprimeur Momoro, etc… Cette faction était extrêmement puissante ; elle dominait partout. C’est

municipalité lesdits comptes pour savoir s'il ne s'y était point glissé d'erreurs.

Les citoyens Bravy et Berger aîné ont été nommés par la Société pour remplacer au comité de bienfaisance les citoyens Bourgeois et Côte.

Un citoyen a demandé la parole et a dit qu'il devait y avoir dans le comité de surveillance un citoyen de chaque commune du canton; sur ce, la Société a arrêté d'écrire au district pour suspendre la nomination des membres du comité de surveillance et a chargé ledit comité d'écrire aux communes du canton à cet effet.

La Société a arrêté de faire faire le cachet de la Société à Romain-les-Vergers[1] ainsi qu'un millier de cartes pour renouveler celles de la Société.

La séance a été levée.

(Sans signature.)

Cejourd'huy, 17 germinal de l'an deux de l'ère républicaine,

elle qui provoqua la plupart des mesures extraordinaires de salut public, telles que le maximum, l'emprisonnement des suspects, la création de l'armée révolutionnaire. Robespierre ne vit pas sans crainte croître cette puissance qui lui portait ombrage, il résolut de l'anéantir en opérant une réaction contre ce qu'il appelait « ces exagérés. » Des arrestations eurent lieu; on accusa les Hébertistes d'avoir voulu troubler la paix publique, corrompre les mœurs, renverser les principes sociaux. En trois jours, le procès fut terminé et, sur vingt accusés, dix-neuf furent condamnés à la mort.

(1) Saint-Romain-en-Jarez.

Après la séance ouverte, la Société a nommé pour commissaires les citoyens Montagnier, Vincent Duculty, J^{me} Corond, Prénat, Pascal fils, Chasay et Jean-Claude Colomb, pour veiller ceux qui fêtent le dimanche et non le décady, et aussi pour se transporter à la municipalité et au comité de surveillance pour les inviter à une exacte surveillance à cet effet.

Il a été dit qu'un particulier de L*** avait tenu des propos contre-révolutionnaires dans un cabaret de cette commune, en disant que la République n'aurait pas lieu tant que les Sociétés populaires existeraient et que, lorsqu'il nous viendrait des grains, Rive-de-Gier l'arrêterait. La Société charge le comité de surveillance de suivre cette affaire et de faire arrêter ledit individu.

La séance a été levée.

(Sans signature.)

Cejourd'huy, 19 germinal de l'an deux de l'ère républicaine, la séance a été ouverte à la manière ordinaire.

La Société a accordé qu'il serait fourni à celle de nos jeunes frères un tableau de Chalier, une table, un tapis, une armoire et des chandeliers, et douze chaises, sur la demande qu'ils en ont faite par un commissaire nommé à cet effet.

Il a été fait lecture d'une lettre des Jacobins de Paris qui défend l'affiliation d'aucune Société sans leur profession de foy depuis 1789 et même d'un scrutin épuratoire qui est très nécessaire.

La Société a nommé pour commissaires pour la commune de Saint-Julien, à l'effet de connaître ceux qui fêtent le dimanche et ne fêtent pas le décady, les citoyens Etienne Bonnard, Jean-Baptiste Deville, Jean Sausay, Jean Charbonnier, Antoine Barbarin, Jacques Richard, Joseph Néret, J. M. Matricon, et a ajouté à ceux pour Saint-Chamond les citoyens Julien Gonnet, Jacques Pennel, Joseph Varinier, Jean-Marie Condamin.

(Sans signature.)

Cejourd'huy, 21 germinal de l'an deux de l'ère républicaine,

Après l'ouverture de la séance, il a été fait lecture de la proclamation de la Convention nationale, sur la conspiration découverte,[1] présentée par le Comité de Salut public.

Les commissaires nommés pour Saint-Julien ont rendu compte de leur mission et ont annoncé que le décady y avait été bien observé.

La Société a chargé l'agent national de cette commune de faire une adresse pour demander que chaque citoyen qui a une propriété capable de le faire vivre, lui et sa famille, ne soit pas admis à aucune enchère; le président, agent national, se charge d'en donner le canevas à la prochaine séance.

La séance a été levée.

(Sans signature.)

(1) Voy. plus haut, p. 178.

Cejourd'huy, 23 germinal, l'an deux de l'ère républicaine,

Après l'ouverture de la séance, la Société a arrêté qu'elle nommait sept commissaires qui sont les citoyens Couchoud, Laval aîné, Pitiot, Monteillier, Escomel, Monate et Guigout, pour vérifier les comptes des premiers ainsi que des derniers commissaires qui ont été payeurs des indemnités.

A suivi la lecture d'une lettre du citoyen Bourgeois.

Elle a de même nommé quatre commissaires, dont deux qui se transporteront à Izieux et les deux autres à Saint-Jean-de-Bonnefond, pour inviter ces communes à célébrer le décady et à lire dans le temple de la Raison de leur commune les décrets et arrêtés. Les mêmes commissaires iront, la décade suivante, à Lavala et à Saint-Martin.

La Société a aussi arrêté de faire une adresse, pour nous procurer des subsistances, aux représentants du peuple séans à Commune-Affranchie, au nom de la Société, et laquelle adresse serait appuyée par la municipalité. Elle a nommé pour commissaires pour se rendre à cet effet au comité de subsistances les citoyens Conord, Escomel, Tardy, Laval aîné, et le citoyen Conord pour porter ladite adresse à sa destination.

La séance a été levée.

(Sans signature.)

Cejourd'huy, 25 germinal, l'an deux de l'ère républicaine,

Après la séance ouverte, on a fait lecture du dernier procès-verbal.

A suivi une pétition de nos jeunes frères tendant à demander des chandelles et autres objets à la Société qui leur a accordé leur demande.

La discussion s'est ouverte sur ceux qui mettent enchère au district sur les domaines nationaux qui s'y louent, et qui ne sont pas à même de cultiver la terre; la matière mise en délibération, la Société a arrêté qu'elle ferait une adresse au district à cet effet.

La séance a été levée.

(Sans signature.)

Cejourd'huy, 27 germinal, an deux de l'ère républicaine,

Après la séance ouverte, il a été fait lecture de l'adresse aux représentants concernant ceux qui enchérissent les domaines et qui ne peuvent les cultiver par eux-mêmes et les habitants des campagnes qui ont des domaines à eux et qui enchérissent les domaines où restent les pauvres fermiers. Cette adresse a été approuvée et applaudie par la Société.

Il a été fait plusieurs motions sur des citoyens qui accaparent des domaines ou recevaient des sommes des fermiers pour que les domaines leur restent.

La séance a été levée.

(Sans signature.)

Cejourd'huy, 28 germinal, an deux de l'ère républicaine,

Après l'ouverture de la séance, on a lu le détail de la fête de la Raison, qui a eu lieu à Serrières, département de l'Ardèche.

La Société a arrêté de faire une réclamation à l'effet d'avoir des denrées telles qu'huile, savon, etc....[1]

La séance a été levée.

(Sans signature.)

Cejourd'huy, 29 germinal, l'an deux de l'ère républicaine,

Après la séance ouverte, il a été fait lecture d'une lettre de la commission des armes et poudres de la République.

Deux citoyens, qui ont prétendu être inculpés attendu qu'ils louent des domaines nationaux au directoire du district, ont obtenu la parole pour se disculper.

La Société a vu que par ce moyen d'enchérir les domaines nationaux, par des personnes qui ne pouvaient cultiver elles-mêmes, les denrées ne pouvaient qu'augmenter considérablement; en conséquence, elle a invité le citoyen Thibaud à se présenter à la Société pour indiquer les trois individus qui ont enchéri sur le domaine qu'il cultive lui-même et auxquels ledit citoyen Thibaud a offert trois cents livres pour qu'ils n'y mettent pas aucune enchère.

La Société a arrêté d'écrire une circulaire à toutes les Sociétés affiliées pour les prémunir contre les accapareurs

(1) Voy. plus haut, pp. 104, 132.

des domaines nationaux et les empêcher de nous réduire à la famine, et elle a nommé les citoyens Ragot et Monteillier commissaires pour se rendre à ce sujet au district, le 1er floréal.

Elle a également nommé deux commissaires, les citoyens Conord et Pervanchon, à l'effet de veiller à ce qu'aucun étranger n'entre dans son sein ni ailleurs, sans être préalablement muni de bons papiers.

La séance a été levée.

(Sans signature.)

Ce jourd'huy, deux floréal, l'an deux de l'ère républicaine,

Après la séance ouverte, le citoyen Mélinant, lieutenant de la gendarmerie, actuellement en résidence dans cette commune, s'est présenté au bureau de la Société, muni d'un diplôme de Jacobin et il a fait un discours pour le soutien et l'affermissement de la République, que la Société a accueilli par les plus vifs applaudissements.

A suivi la nomination de deux censeurs qui sont les citoyens Dupuy et Dervieux.

Un membre a demandé la parole et a dit que des effets avaient été volés dans la Société de nos jeunes frères. Sur ce, la Société a arrêté que les portes qui communiquent dans leur salle seraient happées à ses dépens.

La Société ayant eu connaissance que plusieurs enchérisseurs, entre autres deux, ont exigé du citoyen Berange 50 francs qu'il donna de suite pour qu'ils ne missent pas enchère sur l'objet qu'il avait en vue, elle invite ledit citoyen Berange à se transporter au comité de surveillance pour dénoncer lesdits particuliers et nomme, à ce même effet, les citoyens Ragot, Monteillier, Imbert et Laval aîné, pour s'y transporter également.

La Société a nommé pareillement les citoyens Colin et Bravy commissaires, à l'effet de se rendre à la municipalité pour se concerter avec elle pour les réparations à faire aux parapets du fort qui sont dégradés de toutes parts.

La séance a été levée.

(Sans signature.)

Cejourd'huy, quatrième floréal, l'an deux de l'ère républicaine,

Après la séance ouverte, le citoyen Bravy a rendu compte de sa mission concernant les réparations du fort et autres.

Ensuite on a fait une nouvelle lecture des noms des citoyens des 1re, 2me et 3me classes, qui ont eu part aux indemnités et qui se sont désistés volontairement d'une partie des sommes qu'ils avaient reçues. Sur ce, la Société a arrêté qu'elle nommait les citoyens Neyrand aîné, Pierre Marie Rozet, Perrichon, Jean-Pierre Callet et Jean-Marie Ogier, à l'effet d'épurer finalement les derniers comptes des sommes distribuées ou de celles qui restent encore à distribuer.

Plusieurs membres de la Société de Commune-Armes, venant d'accompagner quatre cavaliers que leur Société fournit pour le soutien et l'affermissement de la République, paraissent dans l'assemblée qui les accueillit avec joie; un d'eux demande la parole et se plaint de ce que plusieurs de leurs camarades ont été insultés à Saint-Julien. Sur cela, la Société a nommé les citoyens Desgranges et Dervieux pour se transporter à la municipalité de Saint-Julien et prendre connaissance de tous les faits relatifs à cette affaire pour, après, agir suivant les lois. Nos frères de Commune-Armes[1] présents içi, qui sont les citoyens Verne, Vial, Vital, aventurier, Pierre Michel, Fleury Poyard, Jean-Baptiste Gonon, Joseph Desprès, Antoine Loizier fils, Jean Grivel et Jean-Baptiste Vachier, demandent l'agrégation. La Société leur l'accorde et leur témoigne la satisfaction qu'elle éprouve en voyant des patriotes.

La séance a été levée.

(Sans signature.)

Cejourd'huy, sixième floréal de l'an deux de l'ère républicaine,

Après la séance ouverte, le citoyen Montagnier a annoncé à la Société qu'il donnerait connaissance d'une montre perdue à quiconque la réclamerait.

La Société a arrêté que ses séances commenceraient régulièrement à 7 heures et qu'un jour dans chaque décade, qui ne serait pas fixé et qui varierait, il serait fait un appel de tous les sociétaires et que, si un membre n'était pas présent à l'appel pendant trois décades consécutives, elle en déciderait comme elle le jugerait convenable.

(1) Saint-Étienne.

Des commissaires de la municipalité de Saint-Julien se sont présentés et ont prouvé à la Société que les commissaires de Commune-Armes avaient trouvé seulement quelques citoyennes aux portes de leur maison, qui n'étaient pas décorées de la cocarde nationale;[1] ils se plaignent en même temps desdits commissaires de Commune-Armes, qui ont molesté des citoyens et citoyennes de Saint-Julien et même ont jeté une bouteille remplie d'huile.

Les commissaires nommés pour épurer les comptes relatifs aux pétitions ont présenté le résultat de leurs opérations.

La Société a nommé les citoyens Dupuy, Ragot, Besson et Motiron pour s'occuper de la construction, dans sa salle, des barrières et rampes qui y sont nécessaires.

Elle a ensuite arrêté que, dans sa prochaine séance, elle nommerait des commissaires pour se rendre dans les communes du canton à l'effet d'en inviter les habitants à célébrer la décade.

La séance a été levée.

(Sans signature.)

Cejourd'huy, huitième floréal, l'an deux de l'ère républicaine,

Après la séance ouverte, il a été fait lecture d'une lettre de la Société de Feurs qui dit que le citoyen Duding demande à être reçu dans leur Société et s'informe si sa

(1) J'ai dit plus haut, que l'on était obligé de porter la cocarde tricolore, sous peine d'être considéré comme suspect. — Voy. p. 77

conduite a toujours été celle d'un vrai républicain. Sur cet objet, la Société arrête d'écrire à celle de Feurs pour lui dire que la Société de Saint-Chamond ne reçoit que les citoyens qu'elle croit républicains et que le citoyen Duding s'est toujours montré tel dans toute sa conduite.

La Société a reçu un paquet d'adresses de la part de celle des Jacobins où se trouvait entr'autres le prospectus d'un journal intitulé : « *Décade républicaine.* » Après en avoir entendu la lecture, elle a décidé qu'elle s'y abonnerait.

L'assemblée a passé à l'ordre du jour de la séance précédente qui était de nommer des commissaires pour inviter les habitants des communes du canton à célébrer le jour du décady [1] et de même à faire ouvrir le temple de la Raison dans les endroits où il ne l'aurait pas encore été. Les citoyens nommés sont :

Laval et Colin, pour la commune de Lavalla ;

Conord et Dupuy, pour celle d'Izieu ;

Bravy, Boissonnat et Hardisson, pour celle de Saint-Julien ;

Ragot et Motiron, pour celle de Saint-Martin ;

Pascal et Pierre Loison, pour celle de Saint-Jean-de-Bonnefond.

Lesdits commissaires sont invités à agir de concert avec le comité de surveillance qui envoie aussi dans les communes des commissaires à cet effet.

Un membre a proposé des moyens d'utilité publique qui sont de faire parvenir l'eau et avoir des fontaines dans les places de la maison commune et de la Liberté. Sur cette

(1) Voy. plus haut, p. 115.

proposition, discutée et adoptée à l'unanimité, la Société a nommé les citoyens Colin, Laval et Besson, pour se transporter à la municipalité, lui faire part de son vœu et l'engager à nommer de suite des commissaires pour prendre les renseignements nécessaires à ce sujet, afin de pouvoir lui en rendre compte dans la prochaine séance.

Un membre a demandé qu'on écrivit à la Convention pour qu'on poursuivit le canal de Givors jusqu'à la Loire. La discussion a été renvoyée à une prochaine séance.

La Société a arrêté qu'il y aurait demain une séance extraordinaire pour recevoir les candidats.

La séance a été levée.

(Sans signature.)

Cejourd'huy, neuf floréal, l'an deux de l'ère républicaine,

La séance ouverte et lecture faite du procès-verbal, la Société a chargé son président de faire faire incessamment le cachet de la Société.

Ensuite elle a procédé à la nomination du vice-président qui est le citoyen Pitiot qui a réuni la pluralité des suffrages.

Les commissaires nommés pour aller faire part à la municipalité du vœu de la Société au sujet du projet d'amener l'eau à la place Nationale, pour de là être conduite dans les autres places de la commune, ont rapporté que la municipalité ferait les diligences nécessaires à cet objet utile à tous les citoyens.

La séance a été levée.

(Sans signature.)

Cejourd'huy, onze floréal, l'an deux de l'ère républicaine,

Après la séance ouverte comme de coutume, il a été fait lecture d'une lettre du représentant Boiron, qui annonce qu'il a fait les démarches nécessaires aux objets dont la Société lui a fait part. Cette lecture a été suivie de vifs applaudissements. La Société a chargé son comité de correspondance de répondre de suite au représentant Boiron et lui témoigner sa satisfaction.

La Société a passé au renouvellement des membres du bureau et a nommé pour les remplacer les citoyens Vincent Deculty, Laval aîné, Connord, Dubois, Gonnet, Barbarin et Bodard.

Un membre a demandé la parole et a dit qu'un citoyen connaissait un individu qui avait vendu le beurre 40 s. la livre; la Société l'a invité à faire sa dénonciation au comité de surveillance.

Les commissaires nommés pour aller dans les communes du canton ont rendu compte de leur mission; ils ont été bien reçus par les membres des municipalités qui les ont assurés que s'il n'y avait pas beaucoup de monde au temple de la Raison, c'est que les habitants avaient été prévenus trop tard.

Un des commissaires envoyés à Bonnefond[1] ayant observé que plusieurs individus se dispensaient de porter la cocarde tricolore,[2] la Société a arrêté qu'elle écrirait à

(1) Saint-Jean-Bonnefonds.

(2) Voy. plus haut, p. 77.

la municipalité de cette commune pour qu'elle prévint les habitants de la porter, sous peine d'être traités suivant la rigueur des lois.

La Société a ensuite arrêté que tous les hymnes et chansons qui se chanteraient dans le temple de la Raison seraient préalablement connus de la Société et mis sur le bureau. Un membre a demandé que les hymnes étant connus, les citoyennes puissent chanter également, ce que la Société a applaudi.

Il a été demandé que les mêmes commissaires retournassent décady prochain dans les communes du canton pour y suivre les progrès que la Raison y fait; la Société a adopté cette demande avec l'amendement que les commissaires changeraient de commune.

Le Président a témoigné aux commissaires, au nom de la Société, combien elle était satisfaite de la manière dont ils ont exécuté leur mission.

La séance a été levée.

(Sans signature.)

Cejourd'huy, treize floréal, l'an deux de la République démocratique, une et indivisible,

Après la séance ouverte et lecture faite du procès-verbal de la dernière, la Société a nommé pour censeurs les citoyens Colon, Dervieux, Rossier, Ollagnier, Boissonnat et Prénat.

Le citoyen Raillard a lu un mémoire au sujet des tableaux pour le payement des parens des deffenseurs de la patrie et a été applaudi.

Le vice-président a fait part à la Société d'un arrêté du Comité de Salut Public qui ordonne aux citoyens d'apporter du vieux linge ou parchemins pour servir à la confection du papier.[1]

Sur des plaintes faites qu'il était sur le point de se commettre des abus dans la commune de Lavalla, la Société a arrêté d'en prévenir le district.

Les citoyens et citoyennes sont invités à se rendre exactement au temple de la Raison et de surveiller ceux ou celles qui, sans cause légitime, ne s'y rendraient pas. On a procédé au scrutin et les citoyens François Piraud, Pierre-Marie Fayot, Jean-Claude Baudois et Pierre Lagrivol ont été reçus membres de la Société.

La séance a été levée.

(Sans signature.)

Cejourd'huy, quinze floréal, l'an deux de l'ère républicaine,

Après la séance ouverte, l'agent national a fait la lecture de l'adresse aux représentants Dupuy et Reverchon, présents à Commune-Affranchie, pour demander que le tribunal criminel[2] revienne dans cette commune comme il y avait été d'abord établi ; ladite adresse a été adoptée par la Société.

(1) Les chiffons et vieux papiers rassemblés dans la ville de Saint-Chamond, en exécution de l'arrêté du Comité de Salut Public de la Convention, du 12 germinal, s'élevèrent au poids de 4000 kilogs.

(2) Voy. plus haut la note de la page 100 ; le vœu de la Société populaire ne fut pas pris en considération et le tribunal criminel resta à Feurs où, de Saint-Chamond, la Convention l'avait transporté.

Ensuite on a lu une lettre du citoyen de Commune-Arme qui a fait la griffe de la Société et qui demande de nouveaux renseignements pour faire le cachet.[1] Sur cela, la Société a chargé de nouveau le citoyen Monate de le faire faire; ce qu'il a promis.

La Société a nommé les citoyens Monate et Hardisson pour faire la pétition à la municipalité, concernant les fontaines à établir dans cette commune.

Elle a procédé au scrutin et admis parmi ses membres les citoyens Pierre Sagnol, Jacques Jolivet, Antoine Chardon, Gabriel Taloche, Jacques Penel, Jean-Baptiste Monier et Jean Hospital.

Les citoyens suivants ont prêté le serment, savoir : Pierre Marie Fayol, François Piraud, Jean-Marie Condamin, Jean-Baptiste Monier, et Jean-Claude Baudois.

Sur l'observation faite à la Société qu'il y avait un défaut d'ordre dans les ventes qui se faisaient, elle a nommé deux commissaires, les citoyens Dupuy et Rozet, pour inviter la municipalité à le faire maintenir et à ce que les acheteurs n'aillent pas dans le local où sont les commissaires procédant à la vente.

La Société a arrêté qu'aucun de ses membres n'entrerait dans l'enceinte sans être muni de sa carte. Elle a arrêté également que le guidon serait ôté de chez le citoyen Montgarat, qui n'était pas exact à le mettre en vue le jour des séances, et a nommé les citoyens Chirat et Tavernier pour le porter chez le citoyen Renaud. Elle en fera donner un

(1) Ce cachet figure dans le diplôme reproduit en tête du présent ouvrage; il porte cette mention : *Société des amis de la République de Chamond; la liberté ou la mort.*

également au citoyen Chasay, à la Rive, et au citoyen Matricon, à la Croix-de-Beaujeu.

Sur le rapport fait à la Société de ce qui s'est passé à Lavalla et des insultes faites à un de ses membres qui a été poursuivi et frappé, elle a invité le Comité de surveillance à s'assembler de suite pour recevoir la dénonciation du citoyen qui a fait le rapport et a nommé les citoyens Combe, Dubois, Chasay et Condamin, pour aller au Comité de surveillance, et les citoyens Pitiot, Pervanchon, Rozet et Laval, adjoints audit Comité, pour l'aider dans ses opérations.

La séance a été levée.

(Sans signature.)

Cejourd'huy, dix-sept floréal, l'an deux de la République française, une, indivisible et démocratique,

La séance a été ouverte à l'ordinaire. La Société a nommé le citoyen Dervieux, partant pour Commune-Armes, pour payer la griffe que la Société a fait faire.

A l'égard de l'objet des fontaines, le citoyen Hervier a été chargé par la Société de prendre le plan de nivellement et autres nécessaires à cet effet.

Pour ce qui concerne les affaires de Lavalla, un membre du Comité de surveillance a annoncé à l'assemblée que le Comité avait cru devoir en instruire le district avant d'en référer au représentant.

La Société accorde des chandeliers à nos jeunes frères qui en demandent pour l'usage de leur salle.

Un membre a demandé que le citoyen Pallet, qui était allé à Lavalla en qualité de musicien, rendît compte de sa conduite. Ledit citoyen a, pour sa justification, exhibé au bureau une permission des autorités constituées de Lavalla.

On a passé au scrutin et les citoyens Antoine Maurice, Antoine Marion fils, Saron fils aîné, François Terrasse et Gabriel Callet ont été reçus membres de la Société.

Les citoyens ci-après ont prêté le serment, savoir : Saron fils aîné, Gabriel Callet, Hospital, Jacques Penel, Antoine Chardon et Jacques Jolivet.

La Société a nommé les citoyens Gabriel et Pervanchon pour prévenir le citoyen Hervier qu'il avait été nommé par la Société pour prendre les plans eu égard aux fontaines.

(Sans signature.)

Cejourd'huy, dix-neuf floréal de l'an deux de l'ère républicaine,

Après la séance ouverte, un membre a demandé que la Société voulût bien s'intéresser pour le citoyen Terrasson auprès des Jacobins et de la Convention à l'effet de lui faire avoir sa légitime. Elle a bien voulu y consentir et a arrêté qu'il serait fait une pétition à ce sujet; le citoyen Terrasson, présent, a témoigné à la Société sa vive reconnaissance de la bienveillance de ses concitoyens à son égard, dont il gardera un éternel souvenir.

Un citoyen a annoncé à la Société que l'on s'occupait de l'objet des fontaines, ce qu'elle a applaudi.

Il y a été fait lecture d'une lettre du citoyen Cusset;

l'agent national y a fait une réponse approuvée par la Société.

Elle a arrêté que chaque brigadier donnerait le nom et la profession des ouvriers de sa brigade au Comité de bienfaisance et a nommé les citoyens Ragot et Pervanchon pour aller audit Comité à cet effet. Un membre de ce même Comité a dit que cette opération venait d'être faite.

La Société a nommé le citoyen Raillard pour présenter aux représentants Dupuy[1] et Reverchon[2] la pétition concernant le tribunal criminel.

La Société a arrêté que les mêmes commissaires qui sont déja allés à Lavalla y retourneraient, et par suite des autres dans les communes où ils sont déjà allés.

La séance a été levée.

(Sans signature.)

(1) Dupuy fils, député de Rhône-et-Loire à l'Assemblée Nationale, puis à la Convention, vota la mort du roi, sans appel ni sursis. Il écrivit en 1795, en collaboration avec Reverchon, un *Mémoire au Comité de Salut Public sur la réhabilitation du commerce de Commune-Affranchie,* publié à Lyon, en 1834. Il fut secrétaire de la Convention.

(2) Né à Saint-Cyr-au-Mont-d'Or, en 1746, Reverchon était marchand quand éclata la Révolution. D'abord nommé administrateur de Saône-et-Loire, il fut, en 1790, élu député à l'Assemblée Législative, puis à la Convention, dont il devint secrétaire en novembre 1793. Les Jacobins, dans leur séance du 29 nivôse an 2, l'élirent président. Après la chûte de Robespierre, il se rangea du côté du parti victorieux et fut envoyé en mission à Lyon et dans les départements voisins, où il fit preuve de modération. Membre du Conseil des Anciens, puis du Conseil des Cinq-Cents, il se montra hostile à Bonaparte ; en 1816, il fut atteint par la loi d'expulsion et mourut, en Suisse, en 1828.

Cejourd'huy, vingt-un floréal, l'an deux de l'ère républicaine,

Après la séance ouverte, il a été fait lecture de l'adresse que la Société a arrêté de faire à la Convention, concernant le citoyen Terrasson, laquelle adresse a été approuvée par la Société.

On a lu ensuite un arrêté du Comité de Salut Public concernant les détenus et fuyards, lequel recommande d'instruire les Comités de surveillance de ce qu'ils sauront sur ces particuliers.

La Société a nommé des commissaires pour se rendre au Comité de bienfaisance pour les inviter à prendre des mesures pour que les brigadiers aient soin de faire travailler leur brigade.

(Sans signature.)

Cejourd'huy, vingt-trois floréal de l'an deux de la République française, une, indivisible et démocratique,

Les commissaires, nommés par la Société pour prendre le plan du terrain pour l'exécution de la fontaine, l'ont apporté sur le bureau et la Société a nommé le citoyen Monate pour l'envoyer au district et lui écrire à ce sujet.

Un membre a dit au sujet de la commune de Jean-de-Bonnefond qu'elle avait besoin qu'on y envoyât souvent des commissaires et qu'elle gardait son cy-devant curé. La Société a invité ledit citoyen à faire son rapport au Comité de surveillance qui fera les démarches nécessaires à cette occasion.

Les citoyens Besson et Cibert sont nommés commissaires pour aller assister à la fête de décady prochain dans la commune de Saint-Jean-de-Bonnefond ; à l'égard des autres commissaires pour aller dans les autres communes du canton, la Société charge le bureau de lui présenter une liste à la prochaine séance.

Les commissaires qui sont allés au Comité de bienfaisance ont rapporté que le Comité avait déjà pris un arrêté conforme au vœu de la Société et qu'il était après s'occuper à réformer les abus qui existaient dans les travaux publics. Un citoyen a dit qu'il manquait dans le Comité de bienfaisance un des quatre commissaires pour surveiller aux travaux publics ; la Société a nommé, à l'unanimité, pour le remplacer, le citoyen Chirat.

Les citoyens Etienne Chorel, Désarmeaux, Jacques Charvet, Cristophe Montagnier, Jean-Claude Peyrieu, Julien Jacquemont, Joseph Bonnard, ont été reçus membres de la Société.

Et les citoyens François Terrasse, Gustave Monier, Augustin Labonne et Jean-Claude Peyrieu ont été admis à prêter le serment.

On a lu une lettre du citoyen Etienne Crapanne servant dans les armées de la République et qui annonce à la Société les nombreuses victoires[1] que nous avons rem-

---

(1) Il s'agit de la campagne de Hollande. Pichegru, exécutant le plan prescrit par Carnot, venait de battre, en avant de Lille, le général autrichien Clairfayt et de prendre Menin sur la Lys.

portées sur les tyrans. Cette lecture a été suivie de vifs applaudissements.

La séance a été levée.

(Sans signature.)

Cejourd'huy, vingt-cinq floréal, l'an deux de l'ère républicaine,

Après la séance ouverte et lecture faite du procès-verbal de la dernière séance, on a lu une lettre du citoyen Saint-Didier qui annonce à la Société que le tribunal criminel sera établi dans cette commune, mais qu'il convient que la Société fasse une adresse à cet effet au Comité de Salut Public à qui les représentants en ont référé. La Société a chargé de cette adresse le citoyen Monate.

Le citoyen Mélinant, officier de gendarmerie et membre de la Société populaire de l'Ain, a été reçu par acclamation membre de cette Société.

Un membre a demandé que l'on entourât d'une caisse l'arbre de la *Montagne* pour le préserver, ce que la Société a adopté, ainsi que de faire autour de la caisse un circuit en pierre, comme l'a proposé un autre citoyen, et elle a nommé pour s'en occuper de suite les citoyens Imbert et Oriol; le citoyen Mélinant a donné 50 francs pour subvenir aux frais; le citoyen Granjon Antony s'est offert de faire faire à ses frais ce qui était nécessaire pour celui de la place de la Liberté.

Les citoyens Jean-Claude Desarmeaux, François Maron, Jean-Baptiste Couchoud, Etienne Chorel, Joseph Bonnard,

Jacques Charvet, Pierre Montmartin, ont été admis à prêter le serment.

(Sans signature.)

Cejourd'huy, vingt-sept floréal, l'an deux de l'ère républicaine,

Après la séance ouverte, on a lu le procès-verbal de la dernière;

La discussion s'est ouverte sur l'ordre qui doit régner dans la salle et la Société a arrêté qu'aucun membre n'entrerait dans l'enceinte s'il n'était muni d'une carte d'entrée; elle a décidé aussi de procurer une griffe à nos jeunes frères pour qu'ils puissent également avoir des cartes d'entrée pour leur salle.

Elle a arrêté que les trésoriers rendraient chaque mois le compte de leurs recettes et de leurs dépenses.

Les musiciens sont invités à se rendre à la prochaine séance pour que la Société puisse prendre quelques arrangements avec eux.

Les commissaires nommés pour faire les barrières, qui doivent fermer l'enceinte de la Société, sont invités à s'en occuper de suite.

La Société a invité le citoyen Girard, architecte, à agir avec les citoyens Monciny et Laval, pour se concerter avec eux sur les moyens d'exécuter le projet des fontaines et a pris l'arrêté d'écrire au département sur cet objet.

(Sans signature.)

26

Cejourd'huy, vingt-neuf floréal, l'an deux de l'ère républicaine,

Après la séance ouverte, on a apporté sur le bureau le dernier rapport de Robespierre.[1] La Société a décidé qu'il serait lu demain dans le temple de la Raison. Il a été seulement fait lecture du décret qui le termine.

La Société a passé à l'ordre du jour d'aujourd'huy qui était relatif à la célébration de la fête du décady. Plusieurs citoyens ont présenté des hymnes[1] et chansons à la Liberté qu'ils chanteront dans le temple.

---

(1) Dans la séance du 18 floréal, an 2, Robespierre fit à la Convention un long rapport sur l'importance de la célébration des décades. Il proposa le décret suivant qui fut adopté :

Article 1er. — Le peuple Français reconnaît l'existence de l'Etre suprême et l'immortalité de l'âme.

Art. 6. — La République française célébrera tous les ans les fêtes des 14 juillet 1789, 10 août 1792, 21 janvier 1793, 31 mai 1793.

Art. 7. — Elle célébrera les jours de décadi, les fêtes dont l'énumération suit : — à l'Etre suprême, à la nature ; — au genre humain ; — au peuple français ; — à la liberté du monde ; à l'amour de la patrie ; — à la haine des tyrans et des traîtres ; — à la vérité ; — à la justice ; — à la pudeur ; — à la gloire et à l'immortalité ; — à l'amitié ; — à la frugalité ; — au courage ; — à la bonne foi ; — à l'héroïsme ; — au désintéressement ; — au stoïcisme ; — à l'amour ; — à l'amour conjugal ; — à l'amour paternel ; — à la tendresse maternelle ; — à la piété filiale ; — à l'enfance ; — à la jeunesse ; — à l'âge viril ; — à la vieillesse ; — au malheur ; — à l'agriculture ; — à l'industrie ; — à nos aïeux ; — à la postérité ; — au bonheur, etc.... etc....

(2) Voiçi un hymne que l'on chantait à Saint-Etienne, dans le temple de l'Etre suprême :

Sur l'air : *Allons, enfants de la Patrie.*

Etre infini que l'homme adore,
Sous des noms, des cultes divers,

Les trésoriers, suivant l'arrêté pris par la Société, ont rendu leurs comptes, et elle a nommé pour les vérifier les citoyens Laval, Dubouchet, Mélinant et Pierre-Marie Rozet fils.

La Société a arrêté, sur la proposition de plusieurs membres qui ont demandé que le citoyen Prout redevînt membre de la Société, que pour ne pas déroger à ses arrêtés ledit citoyen repasserait au premier scrutin qui aurait lieu.

Entends d'un peuple qui t'implore
Les vœux et les pieux concerts !   *(bis)*
Que tout sur la terre fléchisse
Devant ta sainte volonté.
Nous espérons en ta bonté,
Même en redoutant ta justice.
Brise partout les fers de la captivité,
          Dieu bon, Dieu bon,
Donne aux mortels, la paix, la liberté.

En créant l'homme à ton image,
Tu le fis libre comme toi ;
Vouloir le mettre en esclavage,
C'est donc attenter à ta loi.   *(bis)*
Dieu vengeur, défends ton ouvrage
Des entreprises des tyrans ;
Tous les hommes sont tes enfans,
Toi seul mérite leur hommage.
Brise partout les fers de la captivité,
          Dieu bon, Dieu bon,.
Donne aux mortels la paix, la liberté.

O vous, espoir de la patrie,
Jeunes enfans, sur cet autel,
Venez offrir de votre vie
Les prémices à l'Eternel.   *(bis)*
Que du vice l'haleine impure
Ne flétrisse jamais vos cœurs ;
Réglez vos penchants et vos mœurs,
Suivant les lois de la nature.
          Du Dieu de l'Univers,
          Célébrez la bonté ;
          Lui seul, Lui seul
Donne aux mortels la paix, la liberté !

Elle a de même arrêté que les prochaines séances commenceraient par le scrutin.

(Sans signature.)

Cejourd'huy, premier prairial, l'an deux de l'ère républicaine,

Après la séance ouverte, il a été fait lecture de la lettre pour le département au sujet des fontaines; la Société l'a adoptée et a décidé qu'elle serait envoyée de suite.

Ensuite il a été lu une pétition du citoyen Escomel; la Société ne voulant rien préjuger a arrêté d'écrire à l'accusateur public du tribunal criminel de la Loire pour savoir les motifs de l'arrestation du citoyen cy-dessus dénommé.

Un des commissaires pour la fabrication du salpêtre a lu une pétition à la Société et a demandé le concours des citoyens de bonne volonté pour accélérer les travaux de ladite fabrication du salpêtre. La Société a applaudi unanimement, et de suite les citoyens cy-dessous dénommés se sont offerts volontairement pour employer dans l'atelier une journée de la décade. Les citoyens Monier et Rémond ont été nommés pour recevoir les noms des citoyens qui ne se trouvent pas à la séance et qui veulent concourir à aider à fabriquer le salpêtre.

Noms des citoyens qui se sont présentés au bureau : Bonnet aîné, Montagnier, Jean-François Clapeyron, Antoine Barbarin, Bellon, Jean-Pierre Prévost, Joseph Cibert, Jean-Marie Play, Jean-Claude Coulon, Paul Pervanchon, Pierre Chirat, Jacques Dervieux, Etienne Chomienne, Laurent

David, Pascal, maire, Pascal, Desjonge, François Combe, Michel Moireau, Conord, Augustin Rozet fils, François Piraud, Laval aîné, Antoine-Marie Porte, Jean-Claude Désarmeaux, Joseph Néret, Perret, Jean-Pierre Chervet, Guillaume Prout, Jean Charbonier, Pierre Besson, Dubouchet, Claude Pascal, Claude Montagnier, Noël Monier, Michel Courbon, Joseph Magnard, Drevas, Jean Bador, Simon Oriol, Etienne Audinette, Monciny, chirurgien, Monciny, greffier, Fleury Dervieux, Fillon, boulanger, Joseph Coron, Rozet fils.

La séance a été levée.

Signé : TERRASSON, secrétaire.

Cejourd'huy, trois prairial de l'an deux de l'ère républicaine,

Après la séance ouverte, il a été fait lecture d'une lettre de la Société populaire de Vienne la Patriote, qui demande si les environs de Saint-Chamond pourraient fournir du charbon de terre à la commune de Vienne ; cette lettre a été remise par deux commissaires, la Société les a invités à venir prendre place au bureau et à assister à la séance.

Ensuite on a lu une autre lettre du citoyen Escomel mis en arrestation ; la Société a arrêté d'écrire une lettre au citoyen Dubesset, accusateur public du tribunal criminel du département de la Loire, pour l'inviter à lui donner les motifs de son arrestation.

Les commissaires nommés pour constater l'état de recettes et dépenses du trésorier ont rendu compte qu'ils l'ont trouvé exact; la Société les a chargés de constater de même celui qu'a rendu le citoyen Berne.

Un membre a fait la proposition que les terres et fonds des citoyens de la première réquisition, qui partent pour rejoindre leurs frères d'armes, fûssent cultivés par ceux qui resteraient. La Société a applaudi unanimement et a arrêté d'écrire à cet effet aux communes du canton.

Ensuite il a été fait lecture d'un décret.

Un citoyen a demandé la parole et a dit qu'il y avait du charbon dans quelques fonds du citoyen Palerne[1] et que l'exploitation en serait très aisée. Sur ce, la Société, voyant l'utilité pour cette commune de l'ouverture de quelques nouvelles carrières,[2] a nommé deux commissaires, les citoyens Pitiot et Gaillard, qui se transporteront chez le citoyen Palerne pour l'inviter à faire les dépenses nécessaires pour extraire le charbon qui se trouve dans ses fonds et elle a arrêté en outre de faire une pétition au district

(1) Les Palerne, originaires de Bourg-Argental, sont, dès le XVᵉ siècle, mentionnés à Saint-Chamond, où l'on trouve : Mathieu Palerne, fondateur de la chapelle Sainte-Barbe, décédé en 1490; Antoine Palerne, apothicaire, (1533); Guillaume Palerne, maître ès arts (Saint-Martin-à-Coailleu), etc.... En 1649, Jean-Marie Palerne était maître fileur de soie, à Izieux.

C'est à tort que les plaques indicatrices de la rue et du quartier « des Palermes » portent une fausse orthographe, et, en passant, je forme le vœu que le mot « Palermes » soit remplacé par celui de « Palerne. »

(2) On peut consulter, sur ce point et sur l'historique des mines de houille dans la Loire, l'excellent ouvrage publié en 1887 par M. Brossard, sénateur : *Etudes historiques sur la propriété, l'exploitation et l'établissement des concessions des mines de houille dans le département de la Loire.*

pour l'engager à nommer des mineurs qui visiteraient les fonds pour connaître ceux où il y aurait du charbon.

Le citoyen Jean-Baptiste Grenier a été reçu membre de la Société et a prêté le serment.

La séance a été levée.

(Sans signature.)

Cejourd'huy, cinquième prairial, an deux de l'ère républicaine,

Après la séance ouverte et lecture faite du dernier procès-verbal,

Un des commissaires nommés pour aller chez le citoyen Palerne à l'effet du charbon a rendu compte de leur mission et a rapporté qu'incessamment il allait s'occuper à ouvrir des carrières dans ses fonds pour en tirer le charbon qui y est enfoui.

Après, il a été fait lecture d'une lettre d'un citoyen qui fait une réclamation sur sa maison vendue ; deux commissaires, les citoyens Colin et Pervanchon, ont été nommés par la Société pour lui rendre compte si le reste des indemnités accordées aux patriotes persécutés avait été remis au comité de bienfaisance.

Sur le fait de la maison, la Société a nommé les citoyens Dugas, notaire, Pitiot et Monciny, pour examiner cette affaire et en rendre compte à la Société.

Plusieurs membres ont parlé sur l'objet des communes du Fay ; l'affaire ayant été discutée, la Société a arrêté d'écrire de nouveau au représentant Boiron pour le prier de nous faire passer sans délay les papiers relatifs à cette affaire et lui demander lss causes du retard.

Il a été annoncé que les citoyens à qui il restait des fusils de calibre devraient les porter à la municipalité comme la loi le prescrit et qu'il leur serait délivré en échange des fusils de chasse.

Les commissaires nommés pour vérifier le compte du trésorier Berne ont rapporté qu'il avait été brûlé par les muscadins lors de leur irruption dans cette commune.

Le citoyen Jean-Pierre Pitiot, qui part pour les frontières, a été reçu par acclamation membre de cette Société.

Un des citoyens commissaires, pour le départ des jeunes gens de la première réquisition, rend compte à la Société qu'ils sont partis et qu'ils ont été fournis par les soins des commissaires de tout ce qui était nécessaire à leur équipement. L'assemblée applaudit et témoigne sa satisfaction.

Suit une adresse de nos jeunes frères qui demandent l'aveu de la Société pour correspondre avec leurs frères de la commune de Valdorlay.[1]

La discussion s'est ouverte sur la fête du 20 prairial en l'honneur de l'Etre suprême. Les citoyens Jacquier, Dupuy, Rivière et Conord sont nommés commissaires pour diriger le projet résultant de ceux présentés. Les citoyennes Vinoye, Bouteille, Dryon, Rozet, Boissonnat et Rochette offrent leur talent pour l'embellissement de la fête.

Un des membres de la municipalité annonce que demain ils proclameront le prix du maximum.

(Sans signature.)

(1) Voy. plus haut, p. 111.

Cejourd'huy, septième prairial de l'an deux de l'ère républicaine,

La séance ouverte, la Société a nommé les citoyens Montagnier et J. Piraud pour aller chez le citoyen Rivière au sujet de la réclamation des 300 francs qui lui est faite.

Un vieillard a demandé la parole et a fait un discours tendant à la prospérité de la République; il s'est trouvé dans le besoin et la Société a fait en sa faveur une collecte dans son sein.

Le reste de la séance s'est passé en discussion sur la fête du 20 prairial, en l'honnneur de l'Etre suprême.

(Sans signature.)

Cejourd'huy, neuf prairial de l'an deux de l'ère républicaine,

La séance ouverte, on a lu une lettre du citoyen Dubesset, en réponse de celle à lui écrite par la Société, qui dit que le citoyen Escomel sera mis en liberté s'il est innocent, ce qui est probable.

A suivi la lecture de différentes nouvelles qui annoncent les victoires nombreuses remportées par les républicains sur les despotes étrangers.[1]

Les citoyens Guillaume Ducoin, Antoine-Marie Porte et Guillaume Prout ont prêté le serment.

(1) Jourdan commandait l'armée de la Moselle. Il traversa le Luxembourg, défit près d'Arlon un corps d'armée autrichien, et alla rejoindre (16 prairial) l'armée des Ardennes, près de Charleroi.

Ensuite il a été lu la proposition des citoyennes, relative à l'embellissement de la fête du 20 prairial, en l'honneur de l'Etre suprême.[1]

(Sans signature.)

Cejourd'huy, onze prairial de l'an deux de l'ère républicaine,

La séance ouverte, elle s'est passée en quelques discussions sur la fête du 20 prairial et à la lecture des nouvelles.

(Sans signature.)

[1] Plan de la fête dédiée à l'Etre suprême :

1º A la tête de la colonne, deux citoyens portant, au bout de deux piques, un arc de triomphe avec cette inscription : *Fête dédiée à l'Etre suprême ;*

2º Le premier bataillon, en armes, portant des branches de chêne au bout de leurs fusils ;

3º Les pères avec leurs fils, les mères avec leurs filles, marchant sur deux colonnes ; les mères porteront des bouquets de roses à la main et leurs filles seront couronnées de fleurs, les pères et leurs fils porteront un bouquet de chêne ;

4º Les invalides, en armes, formant un bataillon carré autour d'un char triomphal, couvert de branches de chêne et de guirlandes tricolores, où seront placés des aveugles et des vieillards infirmes et indigents, avec cette inscription : *Le peuple français honore l'infirmité et l'indigence ;*

5º Les jeunes citoyennes portant des corbeilles de fleurs et les citoyennes, en habit blanc, chantant des hymnes à l'Etre suprême avec les musiciens ;

6º Le corps municipal portant à la main des bouquets de chêne et les différentes productions de la terre, et cette inscription : *O peuple heureux ! qui peut mourir pour ton bonheur ?*

Cejourd'huy, treize prairial, l'an deux de la République française, une, indivisible et démocratique,

Après la séance ouverte, la Société a procédé à la nomination d'un vice-président, et le citoyen Laval aîné, ayant réuni la majorité des suffrages, a été proclamé en cette qualité.

Les nouveaux censeurs nommés sont : Joseph Néret, Jean Charbonnier, Michel Moiraud, François Piraud, Laurençon, Jean-Pierre Chervet.

Le Président a reçu un paquet contenant plusieurs exemplaires de l'adresse de Robespierre, lesquels ont été distribués à la Société et quelques-uns pour celle de nos jeunes frères.

7° Le juge de paix et ses assesseurs ;

8° Une charrue traînée par deux taureaux, avec cette inscription : *Le bienfaiteur de l'humanité conduit la charrue de la même main qu'il a vaincu les rois et leurs satellites ;*

9° Le comité de surveillance, avec cette inscription : *Il déjoua les complots des conspirateurs et des traîtres ;*

10° Les comités des subsistances et de bienfaisance portant des bouquets de chêne et de fleurs ;

11° La Société des jeunes républicains portant les attributs de la République, avec cette inscription : *Espérance de la Patrie ;*

12° La Société populaire portant le buste des grands hommes morts en défendant la liberté, avec les attributs de notre sainte Révolution ;

13° La commission et les ouvriers composant l'atelier du salpêtre, portant sur un brancard du salpêtre entouré de fleurs et de guirlandes tricolores, avec cette inscription : *Par la sueur du peuple, il est sorti des entrailles de la terre la foudre qui doit pulvériser les tyrans et leurs satellites ;*

14° L'atelier employé à la démolition du château, portant cette inscription : *Nous détruisons le monument qui représentait au peuple son ancien esclavage ;*

15° Le deuxième bataillon fermera la marche.

Les citoyens Couchoud Michel, Gaspard Dard, Joseph Revolier, Jean Lallier, Baptiste Granjon et Jean Tranchant, dit Saint-Roch, ont été reçus membres de la Société. Ce dernier, ainsi que Jean-Claude Dervieux et François Jacquemont, ont prêté le serment.

La Société a arrêté que, toutes les séances, elle passerait six candidats au scrutin.

Ensuite elle a passé à la discussion sur la fête du 20 prairial, en l'honneur de l'Etre suprême et elle a nommé six commissaires, les citoyens Monteillier, Laval, Rozet, Conord, Pitiot et Duplomb, pour s'en occuper et faire faire les préparatifs.

La séance a été levée.

(Sans signature.)

Séance extraordinaire de cejourd'huy, quatorze prairial, l'an deux de l'ère républicaine,

Après la séance ouverte, on a annoncé que le citoyen Bourgeois et deux administrateurs du département de la Loire étaient dans le sein de la Société qui les a accueillis avec transport et les a invités à prendre place au bureau; ils ont remis une lettre de la Société populaire de Feurs qui demande l'affiliation. Cette lecture est suivie d'applaudissements et la Société accorde la correspondance avant l'affiliation à la Société de Feurs, comme le porte ses règlements.

A suivi un discours du citoyens Bourgeois sur la prospérité de la République, l'anéantissement des tyrans et l'hommage que les hommes libres doivent rendre à l'Etre

suprême. Ce discours a été suivi des plus vifs applaudissements.

Le citoyen Monate est chargé de faire la réponse à la
lettre écrite par la Société de Feurs.

Il a été élevé plusieurs discussions relatives à l'objet des
fontaines.

La séance a été levée.

(Sans signature.)

Cejourd'huy, quinzième prairial, l'an deux de l'ère républicaine,

Après la séance ouverte, le Secrétaire a fait lecture d'une
lettre du citoyen Chana qui invite la Société d'écrire de
nouveau au département au sujet des fontaines et lui faire
voir que les sources qu'on prendra nuisent plutôt au pré
qu'elles ne lui sont utiles. En conséquence la Société
nomme les commissaires nommés auparavant pour refaire
un autre plan exact, l'envoyer au département et parler en
même temps de la conduite de l'inspecteur envoyé içi. Un
membre s'est plaint de ce que des jeunes gens de la première
réquisition trouvaient encore le moyen de s'y soustraire;
un membre du comité de surveillance a annoncé à la Société
que le comité prenait les mesures nécessaires à ce sujet. A
suivi la lecture du décret concernant la première réquisition.

On reçoit à l'instant une lettre du citoyen Saint-Didier
qui annonce les victoires importantes que nous venons de
remporter sur l'Espagnol. Cette lecture est suivie des plus
grands applaudissements.

La discussion s'est ouverte sur le plan de la fête du 20 prairial, dédiée à l'Etre suprème. La Société a nommé plusieurs commissaires pour exécuter plusieurs articles du plan qui a été lu et elle a nommé d'autres commissaires, savoir : les citoyens Rozet, Poinat, Rémond, Ragot, Drevas, Claveloux, Chazard, Durand-Bourg et Morette, pour régler l'ensemble de la fête et en remettre le plan à la Société.

Les citoyens Lallier, Revolier, Gaspard Dard et Couchoud Michel ont été admis à prèter le serment.

La séance a été levée.

(Sans signature.)

Cejourd'huy, dix-sept prairial, l'an deux de l'ère républicaine,

Cette séance, ouverte à l'ordinaire, a été employée à la discussion sur la fête de décady prochain et à en faire les préparatifs.

La séance a été levée.

(Sans signature.)

Cejourd'huy, dix-neuf prairial, l'an deux de l'ère républicaine,

Cette séance, comme la précédente, a été remplie par la discussion sur la fête en l'honneur de l'Etre suprême. Le citoyen Chambovet, membre de cette Société, a déposé sur le bureau un hymne à l'Eternel.[1] La Société a applaudi et a arrêté qu'il en serait fait mention sur le procès-verbal de ses séances.

La séance a été levée.

(Sans signature.)

Cejourd'huy, vingt-un prairial, l'an deux de l'ère républicaine,

Après la séance ouverte, il a été lu les noms des individus qui, le jour de la fête à l'Etre suprême, se sont abstenus de se conformer à la loi. La Société a arrêté que leurs noms seraient donnés à l'agent national pour l'inviter d'en faire mention dans les rapports qu'il fait à la Convention.

[1] Hymne à l'Eternel pour être chanté à Commune-d'Armes, pendant la marche du cortège de la fête du 20 prairial.

Sur l'air : *Pauvre sire, tu n'as plus de véto.*

Fuis loin de nous, méprisable mortel,
Qui préconisas la matière;
Nous consacrons ce jour à l'Eternel
Qui nous dispensa la lumière.

Nous t'adorons, unique souverain,
Toi qui gouvernes le tonnerre;
En Dieu jaloux, renverse de ta main
Les trônes honteux de la terre.

L'homme s'égale à la divinité,
Il veut régner. Frémis, nature;
Ah ! quel outrage ! Il se dit majesté;
Dieu, tu vengeras son injure.

Frappe, il est temps, l'atôme couronné;
Notre opprobre est son diadème;
Que l'univers entier régénéré
N'ait de maître, ô Dieu, que toi-même !

Un membre s'est plaint de ce que l'arrêté du maximum ne paraissait pas affiché au corps de garde.

Il est fait lecture d'une lettre du citoyen Laforest, agent national du district de Commune-Armes, qui invite la Société de faire choix d'un jeune citoyen pour être du nombre des six que chaque district envoie à l'école de Mars.[1] La Société a nommé à l'unanimité le citoyen Rozet, en qui elle a reconnu toutes les qualités exigées par le Comité de Salut public.

Il est fait lecture d'une lettre du représentant Cusset[2] qui a été applaudie avec le plus vif intérêt.

La séance a été levée.

(Sans signature.)

Cejourd'huy, vingt-cinq prairial, l'an deux de la République,

(1) Dans la séance du 13 prairial, sur un long rapport de Barère, la Convention décréta : 1º qu'il serait envoyé à Paris, de chaque district de la République, six jeunes citoyens, sous le nom d'élèves de l'école de Mars, dans l'âge de 16 à 17 ans et demi, pour y recevoir, par une éducation révolutionnaire, toutes les connaissances et les mœurs d'un soldat républicain ; 2º que la moitié des élèves serait prise parmi les citoyens peu fortunés des campagnes ; 3º que l'école de Mars serait placée à la plaine de Sablons, près Paris. — Cf. *Ancien Moniteur,* t. XX, pp. 622-627 et 662.

(2) Député de Rhône-et-Loire à la Convention, il vota la mort de Louis XVI sans appel ni sursis. Il dit : « Je ne crains pas de cumuler sur ma tête les fonctions de juge et de législateur. Je demande la mort du roi dans les vingt-quatre heures. » Impliqué dans l'affaire du camp de Grenelle, il fut condamné à mort et fusillé le 10 octobre 1796, à l'âge de 37 ans.

Après que la séance a été ouverte par le Président, le premier objet a été la lecture faite d'une pétition et ordonnance ou arrêté rendu sur ladite pétition, présentée par le citoyen Faugier, surnuméraire de l'agence nationale au district, cejourd'huy, portant qu'il y a incompatibilité entre ses fonctions de surnuméraire et celle de garde-magasin, à laquelle le district l'avait nommé par arrêté du 2ᵉ de ce mois, attendu qu'il était fonctionnaire public dans l'un et l'autre cas; la Société, sur l'invitation de la municipalité, a présenté le candidat pour remplir la place de garde-magasin, des personnes de Tavernier, Duclos, Colin-Bellegarde, Gabriel, tanneur, Claveloux, Pierre Côte, Chambovet-Peyron, Grégoire Laval et Pierre-Marie Rozet, et de suite il a été arrêté que les candidats ci-dessus se transporteraient, assistés d'un officier municipal, au district pour choisir un d'entre eux à l'effet de remplir ladite place de garde-magasin.

(Sans signature.)

Cejourd'huy, vingt-neuf prairial, l'an deux de l'ère républicaine, après la séance ouverte, le citoyen Rivière a remis sur le bureau 100 francs, à-compte des 200 qu'il doit compter.

La Société a acquiescé avec empressement à la demande de nos jeunes frères d'acquitter un compte de serrurier et a nommé les citoyens Nantet et Barlon pour examiner l'ouvrage.

Sur la proposition de plusieurs membres, la Société a

chargé le citoyen Dupuy d'ouvrir les fenêtres pour faire circuler l'air dans la salle.

Les citoyens Christophe Célard, Gabriel Grangier, Antoine Morice ont prêté le serment.

La Société a arrêté d'écrire au Comité de Salut public au sujet de l'approvisionnement des grains et en a chargé le citoyen Monate, et a décidé également que la prochaine séance serait employée à passer les candidats au scrutin, et a nommé les citoyens Conord, Clapeyron, Célard et Chirat pour avec son secrétaire faire de nouvelles cartes d'entrée. Un citoyen de Marseille a présenté son diplôme et a été applaudi par la Société.

Il est fait une invitation réitérée aux citoyens de se faire inscrire pour travailler aux besoins de la terre. La Société annonce que les mêmes commissaires, nommés pour prendre les noms de ceux qui veulent concourir au travail du salpêtre, continueront de les recevoir.

(Sans signature.)

Cejourd'huy, troisième messidor, l'an deux de l'ère républicaine,

La séance ouverte, il a été nommé des commissaires pour aller à Saint-Martin-en-Haut, offrir des forces contre les contre-révolutionnaires de cette commune et s'assurer des faits.

Le citoyen Bourgeois et son collègue ont été invités de prendre place au bureau par la Société entière ; le premier a fait un discours sur le devoir des vrais patriotes, lequel discours a été applaudi à l'unanimité.

La séance a été levée.

(Sans signature.)

Cejourd'huy, cinquième messidor de l'an deux de l'ère républicaine,

Après la séance ouverte, il a été fait lecture d'une lettre du citoyen Montellier, membre du département de la Haute-Loire. Sur ce, la Société a arrêté qu'elle chargeait son comité de correspondance de lui répondre.

Les citoyens Claude Jarbaud et M. Jayet ont prêté le serment civique.

La Société a chargé son comité de correspondance de renouveler son abonnement des *Nouvelles*.

Ensuite il a été question de l'établissement de la fontaine et de l'ouverture d'une souscription à cet égard; mais il n'a rien été statué définitivement à ce sujet.

L'innocence du citoyen Escomel étant bien reconnue et ses vertus civiques s'étant constamment soutenues, il a donné le baiser fraternel et la Société a arrêté qu'elle prierait le Comité de Salut public de vouloir bien lui transmettre la dénonciation faite contre ledit citoyen injustement accusé, afin que l'on pût découvrir le dénonciateur à sa signature.

La Société a également arrêté qu'il serait fait défenses expresses aux chirurgiens, apothicaires et épiciers et autres, de délivrer de l'arsenic à qui que ce soit sans un ordre exprès de la municipalité.

L'on s'est plaint du fanatisme et des fanatiques et l'on a insisté sur cet objet et les mesures à prendre pour en arrêter les progrès.

(Sans signature.)

Cejourd'huy, septième messidor de l'an deux de l'ère républicaine,

La séance ayant été ouverte, il a été question des papiers du Fay et la Société a arrêté que son comité de correspondance écrirait de nouveau au représentant Boiron pour l'inviter à faire passer lesdits papiers dans le plus bref délay. Il a été fait un rapport par le citoyen Bourgeois au sujet de Saint-Galmier, ainsi que la lecture d'une lettre aux représentants du peuple à Commune-Affranchie sur cet objet, laquelle lettre la Société a approuvée.

Il a été annoncé que les commandants du canton s'assembleraient dans le chef-lieu du canton, le district devant donner un arrêté à ce sujet.

Il a été fait invitation aux citoyens d'aller s'instruire aux maniements des armes trois fois par décade et de se faire inscrire, et il a été demandé que les citoyens fûssent libres d'apprendre soit à la place Nationale, soit à celle de la Liberté. Le citoyen Granjon Antony s'est proposé pour l'enseigner.

(Sans signature.)

Cejourd'huy, neuvième messidor de l'an deux de la République française, une, indivisible et démocratique,

Après la séance ouverte à la manière accoutumée, on a procédé au scrutin et la Société a reçu au nombre de ses membres les citoyens Jean-Baptiste Piraud, Garnier, Michel Courbon, Etienne Pitiot, Jean Veyre et Jean-Pierre Faure, et a admis à prêter le serment civique les citoyens Martin Gagnière, Jean-Baptiste Piraud, Garnier, Michel Courbon, Etienne Pitiot et Jean Veyre.

Il a été fait lecture, suivie d'applaudissements, de deux lettres : la première, du citoyen Jamon au nom de la Société populaire de Montfaucon,[1] laquelle lettre a été remise par le citoyen Barbarin qui a porté au président l'accolade fraternelle de la part de ladite Société de Montfaucon; et l'autre lettre, du citoyen Pascal fils, servant dans les armées de la République; la Société applaudit et le Président donne en son nom l'accolade fraternelle à son père.

La Société applaudit de même au zèle des citoyens Granjon Antony, Callet, Montagnier, Augustin Rozet, Moireau, Guillaume Prout, Escoffier et Imbert, qui se sont proposés et fait inscrire pour instruire nos frères dans le maniement des armes.

Elle a passé ensuite à la discussion sur les écoles primaires et a chargé les citoyens Duding, Bourgeois, Conord, Chana et Coignet de lui présenter un plan à ce sujet.

La séance a été levée.

(Sans signature.)

(1) On a vu plus haut, p. 70, que le curé Jamon s'était retiré à Montfaucon.

Cejourd'huy, onze messidor, l'an deux de la République française, une, indivisible et démocratique,

Après la séance ouverte, la Société a procédé au scrutin et a admis parmi ses membres : Maudre neveu, Burelier, Dervieux fils, Couturier.

Les citoyens ont prêté le serment civique.

La Société a arrêté d'écrire à la Convention et de lui marquer qu'elle reconnaissait l'Etre suprême et de lui donner des détails de la fête célébrée en son honneur, et elle a chargé son comité de correspondance de faire l'adresse.

Il a été parlé au sujet du rétablissement du parapet du fort; le citoyen Conord a annoncé que le comité de bienfaisance était d'accord avec la municipalité et que l'on ferait assembler les maîtres maçons pour faire un plan au rabais, qui sera exécuté au rabais.

La Société a arrêté qu'elle se rabonnerait au même journal de *La Montagne*.

Elle a nommé ensuite les citoyens Pose et Barbarin pour voir le citoyen Monate et l'inviter à faire la pétition pour les canons.

La séance a été levée.

(Sans signature.)

Cejourd'huy, treizième messidor de l'an deux de l'ère républicaine,

Après la séance ouverte en la manière accoutumée, la discussion s'est ouverte sur l'affaire des communes du Fay et, comme il y a des papiers y relatifs dans la maison de Finaz, la Société a nommé les citoyens Conord et Laval, président, pour faire les démarches nécessaires pour la levée des scellés et avoir lesdits papiers.

A l'égard des écoles primaires, la Société a arrêté que le plan présenté par le citoyen Chana serait remis à la municipalité et qu'il en serait gardé un exemplaire dans les archives de la Société.

Trois commissaires de la Société populaire de Rive-de-Gier ont paru dans la salle; le président les a invités à prendre place au bureau; ils ont annoncé qu'elle désirait d'être affiliée avec celle de Saint-Chamond et de former une liaison nécessaire au bien de la République; la Société a applaudi, mais a arrêté que, suivant ses règlements, elle accorderait la correspondance à nos frères de Rive-de-Gier avant de leur accorder l'affiliation.

Le citoyen Antoine Giraud a prêté le serment civique.

Le citoyen Saint-Didier a envoyé à la Société un paquet du rapport de Robespierre pour être distribué aux membres de la Société, ce qui a été exécuté.

La séance a été levée.

(Sans signature.)

Cejourd'huy, quinzième messidor de l'an deux de l'ère républicaine,

Après la séance ouverte, il est fait lecture d'une lettre de citoyens de la première réquisition qui demandent que l'on fasse partir les lâches qui ont cherché à s'en exempter;

ils envoient les noms de ceux de la commune de Saint-Julien et invitent la Société à prendre cette affaire en considération.[1]

Les commissaires, envoyés à la municipalité pour avoir les papiers chez Finaz concernant le Fay, ont rendu compte qu'elle s'occupait de cette affaire ainsi que des écoles primaires. Sur ce, la Société a arrêté qu'elle ferait une pétition au Comité de Salut public et aux Jacobins au sujet de ceux qui se sont rendus à Commune-Armes pour s'exempter de la réquisition et qui sont en partie des fanatiques qui dérangent les autres, et a chargé de la rédaction de ladite pétition les citoyens Chana, Coignet et le secrétaire.

Au sujet de la pétition pour les canons, le citoyen Monate a annoncé que Commune-d'Armes faisait une cueillette pour les payer.

Un membre a présenté un livre contenant l'explication des droits de l'homme. La Société, considérant son utilité, a arrêté qu'elle en ferait imprimer environ quatre cents exemplaires pour être distribués aux citoyens.

Il a été lu le décret concernant les grains,[2] lequel

(1) Le registre des délibérations de la municipalité constate que les jeunes gens de la première réquisition sont restés sourds à la voix de la patrie qui les appelait : on fait une proclamation aux termes de laquelle, s'ils ne se présentent pas dans les 24 heures, ils seront traités comme suspects et complices des ennemis.

(2) Le 9 messidor, Saint-Chamond est menacé de la famine : il ne reste que 25 quintaux de grains pour 8000 âmes ; on adresse d'urgence une demande de 300 quintaux, afin de prévenir les horreurs de la famine. Cinq jours après (14 messidor), tous les foins et avoines de la commune sont réquisitionnés pour être transportés d'urgence à Commune-Affranchie et servir à l'armée des Alpes.

enjoint à tous les citoyens de surveiller à ce qu'il soit exécuté.

La Société a ensuite nommé les commissaires pour la surveillance des écoles primaires;[1] ce sont les citoyens Conord, Augustin Roset, Bravy, Mayère, Gabriel Terrasse, Vincent Deculty, Tardy, Montellier, Jean Pause, Citharon, Jean Villemagne, Granjon Antony; et pour adjoints, Cibert cadet, Durand et Chavériat; lesdits commissaires se rendront demain, à dix heures, à la municipalité.

Ensuite la Société a nommé le citoyen Coignet pour être adjoint au comité de surveillance et a chargé les citoyens Montanier et Pause de lui en faire part.

Il a été lu le décret concernant l'extirpation de la mendicité, et les mêmes commissaires nommés par la municipalité et le comité, ainsy que les citoyens Couturier et Claveloux, nommés par la Société, sont invités à se rendre demain à deux heures à la municipalité pour cet objet.

Il a été pareillement lu une pétition du citoyen Bruyas qui se trouve malade et qui demande une indemnité; la Société a arrêté qu'à sa première séance on ferait une souscription en sa faveur.

(Sans signature.)

---

(1) Voy. plus haut, pp. 110, 111 et 113. — L'enseignement public de Saint-Chamond fut divisé en trois classes : la lecture, l'écriture et l'arithmétique, la langue française. Les écoles étaient ouvertes de 8 heures du matin à midi, et de 2 heures à 6 heures du soir. — Cf. *Registre des délibérations de la municipalité*, séance du 17 messidor, an II.

D'après une délibération du 13 vendémiaire, an III, les instituteurs et institutrices sont payés à raison de 20 livres par an et par élève.

Cejourd'huy, dix-septième messidor de l'an deux de l'ère républicaine,

On a procédé au scrutin et le citoyen Baptiste Bourin a été reçu membre de la Société.

Après, on a fait lecture des grandes victoires remportées sur l'ennemi par nos armées; l'assemblée, au comble de la joie, a arrêté de célébrer cette victoire décady prochain et en conséquence invite tous les musiciens qui sont dans cette commune à s'unir aux tambours pour que la fête soit plus belle.

Il a été annoncé à la Société qu'une caisse cassonnade destinée pour Saint-Chamond avait été arrêtée à Valdorlay, cy-devant Saint-Paul, par le nommé Bonnand, et, plusieurs autres faits ayant été allégués contre lui, la Société a nommé commissaires pour cette affaire les citoyens Laval et Pitiot, ainsy que les citoyens Montanier et Pasquier, pour aller prendre des renseignements auprès du voiturier.

Au sujet de la pétition du citoyen Bréat, la Société invite les officiers de santé de cette commune de se concerter entre eux sur la maladie de ce républicain et décide qu'elle en fera les frais.

Les citoyens Escomel et Deculty sont nommés pour aller chez le citoyen Rivière et l'engager à remettre les cent livres qui restent dues au garçon qui a travaillé chez lui.

La séance a été levée.

Signé : TERRASSON, secrétaire.

Cejourd'huy, dix-neuvième messidor de l'an deux de l'ère républicaine,

Après l'ouverture de la séance, il a été procédé à la nomination d'un vice-président, et le citoyen Pervanchon, ayant réuni la majorité des suffrages, a été proclamé en cette qualité.

Ensuite a suivi la lecture des nouvelles, après quoy la Société entière s'est occupée du projet de la fête qui aura lieu demain pour célébrer nos victoires sur les tyrans de notre glorieuse Révolution.

On a mis à l'ordre du jour de la prochaine séance de nommer des commissaires pour faire le recensement des gerbes.

On a fait ensuite la lecture d'une lettre de la Société de Commune-Fondfort, cy-devant Saint-Galmier, et la séance a été levée.

Signé : TERRASSON, secrétaire.

Cejourd'huy, vingt-un messidor de l'an deux de l'ère républicaine,

La séance ayant été ouverte, il a été fait lecture des derniers procès-verbaux ainsy que d'une lettre du représentant du peuple Boiron.

La Société a nommé les citoyens Laval et Célard pour inviter les officiers de santé de cette commune à se transporter chez le citoyen Bréat à l'effet de lui donner tous les secours de l'art pour sa guérison.

Elle a arrêté ensuite d'écrire à la Société de Rive-de-Gier qui réclame des contre-révolutionnaires de leur commune et aussi à la Société populaire de Commune-d'Armes, pour être assurée d'elle si véritablement ils ont accordé leur affiliation à celle de Rive-de-Gier. Il a été nommé, pour s'en occuper, les citoyens Tavernier, cordonnier, Jean-Marie Villemagne, Clapeyron, cordonnier, Jean-Benoît Roussier, Jacques Dervieux et Monteillier, épicier.

La séance a été levée.

(Sans signature.)

Cejourd'huy, vingt-trois messidor de l'an deux de l'ère républicaine,

Après l'ouverture de la séance, le citoyen Tavernier, garde-magasin, a proposé à la Société une augmentation de travailleurs. La Société a renvoyé la demande à la municipalité qui doit en connaître et a invité le citoyen Tavernier à faire une pétition à cet effet.

Il a été fait lecture de deux lettres mentionnées dans la précédente séance, savoir : l'une pour la Société de Rive-de-Gier et l'autre pour celle de Commune-d'Armes, lesquelles deux lettres la Société a approuvées.

Après quoy, elle invite derechef les officiers de santé de cette commune à faire leur possible et mettre tous leurs soins pour opérer la guérison du citoyen Bréat.

La séance a été levée.

Signé : TERRASSON, secrétaire.

Cejourd'huy, vingt-cinq messidor de l'an deux de l'ère républicaine,

La séance a été ouverte à la manière accoutumée, après lecture du procès-verbal de la dernière séance.

Il a été nommé 25 membres, choisis dans la Société, pour par eux procéder à l'exscrutin épuratoire de toute la Société et en exclure ceux qui ne méritent pas d'être au nombre des vrais Jacobins. Voiçi les noms des 25 commissaires : Ragot, Conord, Vincent Deculty, Escomel, Monteillier, Granjon, Barbarin, Pervanchon, Montagnier, F. Piraud, J.-M. Pley, Sibert cadet, Guillaudon, Jacques Dervieux, Jean-Baptiste Gonond, Nantas, capitaine, Oriol, Colin, Berne-Damour, Fleury Dervieux, Motiron, Tavernier, J. Charbonnier, C. Prénat, Chaveriat; après, les nommés çi-dessus seront épurés par la Société entière.

Les nouvelles ayant été mises sur le bureau, on a demandé que la lecture en soit faite.

Il a été arrêté que tous les officiers, bas-officiers, sergents et caporaux, se rendraient tous les jours indiqués à l'exercice avec leurs compagnies.

La séance a été levée les jour et an que dessus.

(Sans signature.)

Ce vingt-neuf messidor, l'an deux de l'ère républicaine,

La séance étant ouverte à la manière accoutumée, après la lecture du dernier procès-verbal,

Après les lectures des papiers-nouvelles,

Suivies de grand nombre de discussions sur l'épuration générale de notre Société,

La Société a arrêté que le premier thermidor, tous les membres, ou la majeure partie, étant assemblés, après la nomination de tous les membres, suivie de mûres réflexions, la Société en exclurait ceux qui ne mériteraient pas d'être admis.

Alors le Président a levé la séance les jour et an que dessus.

(Sans signature.)

Cejourd'huy, premier thermidor, l'an deuxième de l'ère républicaine,

La séance étant ouverte à la manière accoutumée, on a fait lecture des papiers-nouvelles.

Après, il s'est présenté douze à quatorze membres de la Société populaire de Rive-de-Gier, se disant chargés de ladite Société d'une adresse ou pétition pour assurer à notre Société qu'ils étaient dans les principes des vrais républicains. Après que le citoyen Vial, un desdits commissaires, en a fait lecture, le citoyen Jacquette, de même commissaire et président de la Société de Rive-de-Gier, a monté à la tribune, a fait un discours, et dans son discours il a même inculpé notre Société, en disant que ceux qui avaient rédigé la lettre qui leur avait été adressée le 14 messidor étaient de la faction de Danton, d'Hébert,[1] etc.... Après

(1) Voy. plus haut, p. 178.

plusieurs discussions de nos membres pour leur faire apercevoir que notre Société était pure, le président a levé la séance les jour et an que dessus.

(Sans signature.)

Cejourd'huy, troisième thermidor, l'an deuxième de l'ère républicaine,

Après l'ouverture de la séance, comme il avait été arrêté, concernant le scrutin épuratoire, après nombre de discussions, il a été question de nommer tous les membres à la tribune, qu'ils seraient adoptés ou rejetés à la pluralité des voix, selon leur patriotisme ou incivisme. Il en a résulté que six membres y ont été remis pour passer au scrutin à la prochaine séance, qui sont : Montagnier cadet, Perrod N., Paillard, Poinat, Camille Dugas et Fournas fils. Trois ont été rejetés : Antoine Laforest, Terrasson, dragon, Vinoye, beau-fils.

(Sans signature.)

Cejourd'huy, cinq thermidor, l'an deuxième de l'ère républicaine, après la lecture des papiers-nouvelles, le président a ouvert la séance à la manière accoutumée.

On a fait lecture d'une lettre de la Société populaire de Rive-de-Gier pour avoir notre correspondance. Après, plusieurs discussions ont suivi concernant nos pièces de canon que les contre-révolutionnaires de Commune-d'Armes nous ont ravies à l'arrivée des muscadins. La Société a nommé six commissaires pour se présenter auprès du représentant du peuple, Reverchon, lorsqu'il sera dans notre commune, pour que le montant de nos canons soit remboursé, et à l'égard de la fontaine et des terres du Fay, etc....

La Société a encore nommé quatre commissaires pour se rendre auprès de l'état-major, afin qu'il ordonnât à l'officier de garde que nul ne passât dans nos murs sans être nanti des bons papiers et qu'aucun enfant ne fût mis en faction.

La séance a été levée les jour et an que dessus.

(Sans signature.)

Séance du sept thermidor, l'an deuxième de l'ère républicaine,

Après la lecture des papiers-nouvelles, le président a ouvert la séance à la manière accoutumée. Un membre a demandé la parole en disant à tous les membres de la Société de se rendre à la Société lorsque le représentant[1] sera dans nos murs et d'observer un grand silence et de ne faire que des motions justes et raisonnables.

Après, suivi d'une lettre adressée au représentant du peuple, Reverchon, pour réclamer nos canons, c'est-à-dire d'autres, attendu que les nôtres sont cassés.

Il a été nommé quatre commissaires pour se rendre à l'état-major, à l'effet que les compagnies et les sections fussent égalisées pour monter la garde.

(1) Il s'agit du représentant du peuple Reverchon. — Voy. plus haut, p. 197.

Il a été arrêté de même que le comité d'instruction nommera dans leur sein deux membres pour recevoir la souscription des citoyens pour les instituteurs et institutrices. Il a été arrêté que les commissaires dudit comité ou receveurs rendront compte du nombre des souscripteurs et des souscriptions de ceux qui auront souscrit, toutes les séances.

La séance a été levée les jour et an que dessus.

(Sans signature.)

Cejourd'huy, neuf thermidor, l'an deuxième de l'ère républicaine, après l'ouverture de la séance à la manière accoutumée, les citoyens Pierre Colombet, Joseph Magnard, J.-B. Gagnière, François Moulin et Jean-François Calet, d'Izieu, ont réuni les suffrages du scrutin et été admis membres de la Société.

Puis on a fait lecture d'une lettre de nos frères les Jacobins de Paris, concernant le fils Terrasson, dit La Roche, qui n'a jamais varié des principes d'un vrai républicain ; donc il est à croire qu'ils se sont mépris, le prenant pour son frère de Lyon. Alors la Société a fait lecture d'une réponse à ladite lettre pour certifier la vérité du patriotisme du citoyen Terrasson La Roche.

A succédé la lecture des papiers-nouvelles.

Le Président a levé la séance, les jour et an que dessus.

(Sans signature.)

30

Cejourd'huy, onzième thermidor de l'an deux de la République française,

Après la séance ouverte, il a été fait lecture des nouvelles et annoncé la venue dans le sein de la Société du représentant Reverchon, qui a été accueilli par la Société entière avec les démonstrations de la plus vive joie ; il s'est exprimé d'une manière juste et instructive pour augmenter le nombre des véritables citoyens et connaître tous ceux qui voudraient s'opposer au bonheur du peuple pour les punir suivant les loix ; le citoyen Lafay a fait un discours sur l'anéantissement des abus, qui produira le bonheur du peuple, et pour que les riches abandonnent le vil intérêt et deviennent citoyens en contribuant au bonheur de leurs semblables.

Il a été question de proposer plusieurs candidats membres pour remplacer ceux qui manquent dans la municipalité et le comité de surveillance. Mais la Société a renvoyé cette nomination à la prochaine séance.

La Société a arrêté que les citoyens :

J.-B. Couchoud fils *(bon, ajourné)*,

Paillard père,

Poinas père *(bon, sans scrutin)*,

Camille Dugas *(bon)*,

Fournas fils *(bon)*,

Montagnier cadet *(bon)*,

repasseraient au scrutin dans une prochaine séance.

La séance a été levée.

(Sans signature.)

Cejourd'huy, douzième thermidor de l'an deux de la République française, une, indivisible et démocratique,

Après l'ouverture de la séance, convoquée par le tambour, pour compléter la municipalité et le comité de surveillance, la Société a nommé pour candidat pour le comité de surveillance le citoyen Grégoire Laval, et pour candidats également, pour compléter la municipalité, les citoyens Bravy, Ragot, Thibaud, Pierre Côte, Play dit Dupuy, Antoine Barbarin, Jérôme Terrasson, Antoine Chasay, François Boissonna, Pierre-Marie Rozet;

Et également pour chef de légion, le citoyen Escoffier fils; ensuite elle a arrêté qu'elle renommerait à la place de Fournas fils et Granjon, commandants des deux bataillons.

Ensuite la Société s'est rendue au temple de l'Etre suprême et elle a nommé deux commissaires pour inviter le représentant du peuple à s'y rendre. Les démonstrations de joie ont été unanimes dès qu'on l'a vu paraître. Le représentant ayant observé que le nombre des candidats élus pour la municipalité et le comité de surveillance devait être plus considérable, pour qu'il pût faire son choix, la Société a ajouté au candidat déjà nommé pour le comité de surveillance, les citoyens Coignet et Escomel, et aux candidats nommés pour la municipalité, les citoyens Durand, Coron aîné, Montellier, drapier, Oriol, menuisier, Jean-Marie Prénat, Antony père, Montellier, du Sépulchre, et Besson.[1]

(1) Par arrêté du représentant Reverchon, daté du 14 thermidor, à Valdorlay (Saint-Paul-en-Jarez), la municipalité fut constituée ainsi qu'il

Il a été fait lecture d'une lettre des Jacobins de Paris en réponse à celle de la Société, qui lui faisait part de la fête célébrée dans cette commune en l'honneur de l'Etre suprême. Les citoyens Saint-Didier, Laforest et Lafay ont fait des discours applaudis par la Société entière.

On a ensuite lu une lettre du citoyen Pascal[1] qui demande à être démis de sa place de maire et rentrer dans la place de notable qu'il occupait auparavant; la Société en a référé au citoyen représentant.

Et après une pétition de Marie-Antoine Hervier, sur laquelle l'assemblée a passé à l'ordre du jour, les citoyens Escoffier fils et Rossary ont été proposés au représentant par la Société pour la place de chefs de légion.

La Société a arrêté qu'elle accorderait un certificat au citoyen Saint-Didier, un de ses membres.

Et pour la nomination des commandants de bataillon, elle nommera des candidats à la prochaine séance et fera passer les noms au représentant, à Rive-de-Gier.

Le citoyen Monate a fait une seconde lecture de la lettre écrite par nos frères les Jacobins de Paris au sujet de Terrasson fils, et de la réponse que la Société l'avait chargé de faire. Elle l'a approuvée et a décidé en même temps que

suit : Pascal, dit l'*Invalide*, maire; Claude Pascal, premier notable; Coignet, officier municipal ; Bravy, Ragot, Thibaud, Pierre Côte, Play dit Dupuy, Antoine Barbarin, Jérôme Terrasson, Ennemond Montellier, François Boissonnat, Prévost, Pitiot, Pervanchon, Valentin, Tardy, notables.

(1) Ce n'est pas Pascal l'*Invalide* qui donna sa démission, mais son frère, Claude Pascal, officier municipal, dont ladite démission est transcrite dans les registres de la municipalité (11 thermidor).

ladite réponse serait envoyée au citoyen représentant
Javogues avec prière de la remettre lui-même aux Jacobins.

La séance a été levée.

Signé : TERRASSON, secrétaire.

Cejourd'huy, treizième thermidor de l'an deuxième de
l'ère républicaine,

Après la séance ouverte à la manière ordinaire, la discussion a été ouverte sur les commandants de bataillon. Sur
ce, la Société a décidé que les bataillons s'assembleraient
pour nommer des candidats à ces places et qu'on en enverrait la liste au représentant, à Rive-de-Gier, qui ferait le
choix.

Les commissaires, nommés pour aller vers le représentant au sujet des canons, de la fontaine et des communes
du Fay, ont rendu compte de leur mission.

La Société a arrêté de nommer des commissaires pour
aller demander au comité de surveillance et à la municipalité la note des endroits où sont placés des gardiateurs,[1]
pour que ces places soient occupées par des pères de famille
dans l'indigence. Les citoyens Desgrange et Pause se sont
chargés de ladite mission.

La discussion a été ouverte sur la fontaine. Un membre
de la municipalité a dit que le département et le district
avaient pris un arrêté à ce sujet et que les travaux commenceraient à la prochaine décade et que les fonds étaient prêts;

---

(1) On appelait ainsi les personnes chargées de veiller aux biens
séquestrés.

les habitants du canton se sont offerts de venir aider aux travaux. Sur cela, la Société a invité le citoyen maire d'écrire aux deux ingénieurs qui avaient déjà été instruits de cet ouvrage pour les engager à donner des plans y relatifs et a nommé les citoyens Laval, Rivierre, Nantas et Berange, pour accompagner lesdits ingénieurs dans leurs opérations. Cesdits commissaires sont également nommés pour aller demain matin sur les lieux pour examiner les sources et les moyens d'y statuer. Ils se rassembleront à sept heures du matin au corps de garde. Ensuite la Société arrête d'inviter la municipalité à faire défense à ce que l'on n'enlève pas les pierres du cy-devant château qui pourront servir à la confection de la fontaine.

Il a été mis sur le bureau une lettre de Marie-Antoine Hervier dont il a été fait lecture et l'assemblée a passé à l'ordre du jour.

La séance a été levée.

Signé : TERRASSON, secrétaire.

Cejourd'huy, quatorzième thermidor de l'an deux de l'ère républicaine,

Après la séance ouverte, il a été fait lecture de deux lettres du citoyen Rozet fils à la Société. Toutes les deux témoignent le plus vif attachement à la Société et annoncent les événements qui viennent d'avoir lieu à Paris.[1]

Un citoyen a demandé la parole et a dit que le devoir

(1) Le 9 thermidor, chûte de Robespierre, après une séance orageuse de la Convention.

des patriotes était de se tenir fermement attachés à la Convention.

Ensuite il a été fait la lecture de la réponse aux Jacobins et du certificat pour le citoyen Saint-Didier, membre de cette Société. La Société a approuvé ces deux pièces et arrêté qu'elles seraient signées sur le bureau.

Un citoyen a fait une réclamation que l'on a pensé être en faveur de Girodet, que l'assemblée a rayé du nombre de ses membres.

(Sans signature.)

Cejourd'huy, seizième thermidor de l'an deux de l'ère républicaine,

La séance ayant été ouverte par le président à la manière accoutumée, la discussion s'est ouverte sur les gardiateurs et il a été remis sur le bureau la liste des maisons où il y a des gardiateurs, qui sont : Royer; Gauthier, minime; Bethenod, médecin; Bethenod aîné; Gillet aîné; Hervier; Jacquin; Montagnier aîné; Praire; Duvillard. Sur ce, la Société invite les capitaines de chaque compagnie à donner les noms des plus indigents pour occuper la place de gardiateurs.

Il a été fait lecture d'une pétition pour le sieur Chaland.

Un membre a demandé que l'on s'occupât des subsistances et la Société a nommé les citoyens Berange, Conord, Oriol, Gonon, Berger, Chomel, Montgarat, Mayère et Steimer, commissaires pour se rendre à la commune à l'effet d'aviser, de concert avec la municipalité, aux moyens de nous procurer du bled.[1]

La séance a été levée.

(Sans signature.)

Cejourd'huy, dix-septième thermidor, l'an deux de l'ère républicaine,

Après la séance ouverte, on a commencé la discussion sur les grains qui a été interrompue par la lecture d'une lettre de la citoyenne Dugas-Villard, qui réclame son mari auprès de la Société populaire qui a arrêté de la retirer à la première séance.

[1] Comme on l'a vu, p. 224, Saint-Chamond était, au commencement de messidor, menacé d'une effroyable famine ; malgré quelques approvisionnements, sa position est, de nouveau, très alarmante : les communes voisines ne peuvent fournir les grains réquisitionnés chez elles ; les paysans n'apportent plus leurs denrées au marché. D'après un arrêté du Directoire du district de Commune-d'Armes, du 16 thermidor, les maires et agents nationaux des communes de Saint-Martin, Izieux, Saint-Julien et Jean de Bonnefond seront « mis en état d'arrestation si, dans les 5 jours, ils n'ont pas fourni à Saint-Chamond les 400 quintaux de grains réquisitionnés. » Le 21 thermidor, on accorde à Saint-Chamond 400 quintaux de blé à prendre sur Cuzieu et Millery ; puis le 26, 1200 mesures de seigle en Forez, sur Saint-Cyr-les-Vignes et Sury-la-Chaux.

Bientôt, malgré les précautions prises, la ville se trouve à la veille de la disette et le Comité de Salut public lui accorde 2000 quintaux de grains sur le district de Montbrison, mais la municipalité ne peut trouver de voitures pour transporter cet approvisionnement ; elle est obligée d'employer les transports militaires et d'envoyer à Montbrison 30 mulets cantonnés par hasard dans la ville. Il en est de même en vendémiaire, brumaire et frimaire suivants (an III) ; on accorde bien des subsistances, mais les mêmes difficultés pour le transport se représentent.

On a arrêté d'envoyer un diplôme au citoyen Fonvieille qui le demande pour aller au département séant à Feurs ; il a remis 5 francs pour les frais de la Société.

La Société a arrêté, à l'égard des diplômes de la Société, qu'ils seraient changés et que l'on mettrait en tête la même empreinte qui est sur le cachet.

On a procédé ensuite à la nomination d'un vice-président ; le citoyen Ragot a obtenu la pluralité des suffrages dans le dépouillement du premier scrutin.

Il a été ensuite fait lecture des nouvelles et la Société a arrêté d'écrire à la Convention pour la féliciter d'avoir reconnu et déjoué la nouvelle conspiration.

Un membre de la Société de nos jeunes frères a demandé que la Société payât les frais de la peinture de la déesse de la Liberté, ce qu'elle a adopté.

La séance a été levée.

(Sans signature.)

Cejourd'huy, dix-huit thermidor de l'an deux de l'ère républicaine,

Après la séance ouverte par le président et la lecture faite du dernier procès-verbal, on a procédé au renouvellement du bureau par la nomination des citoyens Moireau, Etienne Audinette, Granjon Antony, Chol, Tavernier, cordonnier, Trenard, Play dit Dupuy et Hardisson.

L'assemblée a aussi nommé pour archiviste le citoyen Terrasson fils et a renvoyé à une autre séance à remplacer le secrétaire qui a occupé la place pendant le temps porté par le règlement.

Un des commissaires nommés pour le bled a annoncé à la Société que le district et le département s'occupaient de procurer des bleds à Saint-Chamond et que l'on avait la permission de prendre provisoirement celui qui est dans les maisons séquestrées du canton et l'arrêté en a été lu.

Il a été relu la lettre de la citoyenne Dugas-Villard qui demande que la Société veuille bien s'intéresser à ce que son mari obtienne son élargissement.

Ensuite, plusieurs membres ont parlé en faveur des citoyens Grangier, Dugas-Villard, Chaland et Vielle pour que la Société s'intéresse à leur sort. Après une discussion, la Société a arrêté de les réclamer et a nommé les citoyens Hardisson et Monate pour rédiger une pétition à l'agent national du district à ce sujet, et les citoyens Chol, Ragot, Granjon et Oriol, commissaires pour la porter après qu'elle aura eu le vu de la municipalité et du comité de surveillance.

Les mêmes commissaires Monate et Hardisson, nommés cy-dessus, sont nommés avec le citoyen Terrasson, archiviste, pour rédiger la pétition que la Société a arrêté de faire à la Convention nationale pour la féliciter d'avoir déjoué les complots des conspirateurs et également de répondre aux deux lettres du citoyen Rozet fils et de lui témoigner que la Société désire entretenir une correspondance avec lui.

Les mêmes commissaires, nommés pour aller chez Rivierre et qui ne l'ont pas trouvé, sont invités d'y retourner.

On a fait lecture des nouvelles, ainsy que d'une lettre de la Société populaire de Beaune, qui dit avoir dénoncé à

la Convention l'envoy de plusieurs millions par Marseille
et l'employ de trois mille nobles.

La séance a été levée.

Signé : RAGOT, vice-président;
TERRASSON, secrétaire.

Cejourd'huy, dix-neuvième thermidor, l'an deux de
l'ère républicaine,

Après la séance ouverte par le président, il a été fait
lecture d'abord de la réponse aux lettres du citoyen Rozet
fils, laquelle réponse a été approuvée par la Société, ainsi
que celle de félicitation à la Convention nationale de ce
qu'elle a déjoué les complots liberticides des conspirateurs.

Ensuite on a lu les pétitions relatives aux réclamés; la
Société les a de même approuvées et a décidé qu'elles
seraient signées par le bureau.

Il s'est élevé une discussion entre plusieurs membres.
La Société a passé à l'ordre du jour comme ne devant
s'occuper que de l'intérêt général.

Lecture a été faite d'une lettre du citoyen Chambovet
par laquelle il demande et invite les sociétaires et autres de
rapporter les exemplaires de l'hymne à l'Eternel, où il était
question de Robespierre, pour que ces dits exemplaires,
contenant des éloges de ce conspirateur, fûssent brûlés.

Le Président a rappelé à la Société qu'elle avait arrêté et
que c'étaient les vœux du représentant Reverchon qu'elle
nommât des commissaires pour aller dans les cinq communes du canton faire ouvrir le temple de la Raison et

prêcher les lois du républicanisme. Sur ce, la Société a nommé à cet effet :

Moireau, Claude Clair, pour la commune de Saint-Julien ;

Tavernier, Prénat, pour celle de Saint-Martin ;

Perret, David, pour Bonnefond ;

Dervieux, Piraud, pour Lavala ;

Escomel, Cris. Célard, Pierre Loizon, pour Izieux.

La Société a arrêté que les commissaires dénommés cy-dessus inviteraient les communes où ils vont à apporter les denrées à Saint-Chamond, comme ils le faisaient autrefois.

Le citoyen Rivierre a annoncé qu'il remettrait les 100 francs qu'il restait devoir à son garçon, comme il lui l'avait promis.

La séance a été levée.

(Sans signature.)

Cejourd'huy, vingt-unième thermidor de l'an deux de l'ère républicaine,

Après la séance ouverte par le président, il a été fait lecture du dernier procès-verbal et ensuite d'une lettre du citoyen Rozet fils ; d'après sa lettre, la Société, après une discussion, a arrêté qu'elle écrirait à l'agent national pour les armes séant à Commune-d'Armes, pour le prévenir des abus qui proviennent de ce que des jeunes gens aisés se mettent à la fabrication des armes uniquement pour s'exempter de la réquisition et vont la plupart dans leurs familles prendre des plaisirs et s'éloignent de leur atelier. Elle a

chargé de la rédaction de la lettre le citoyen Monate et le
secrétaire. Il s'est élevée une discussion entre deux particuliers au sujet du bled qui était chez le meunier d'Izieux;
le Président a invité ces deux citoyens, comme dans la
précédente séance, à se rendre au comité de surveillance,
dont quelques membres présents ont dit que ledit grain
appartenait aux différents particuliers de cette commune
d'Izieux et que, pour le surplus qui n'était pas déclaré, le
comité avait pris des mesures à cet égard.

Le citoyen maire a demandé, au nom de nos jeunes
frères, que les barrières anciennes leur fûssent accordées;
la Société a adopté cette demande avec applaudissement et
a fait une invitation à la municipalité à ce sujet.

La Société a arrêté que les mêmes commissaires, nommés précédemment pour porter la pétition à Commune-
d'Armes au sujet des réclamés, la porteraient au représentant du peuple Reverchon, maintenant à Commune-
Affranchie.

La séance a été levée.

Signé : TERRASSON, secrétaire.

Cejourd'huy, vingt-deux thermidor de l'an deux de l'ère
républicaine,

Après la séance ouverte, il a été fait lecture des nouvelles ainsi que de la lettre à l'agent national pour les armes,
séant à Commune-d'Armes, que la Société avait chargé le
citoyen Monate de rédiger.

La Société a pris ensuite l'arrêté de faire une adresse à

la Convention et au Comité de Salut public pour lui témoigner le civisme pur et intact du citoyen Laforest[1] et
demander qu'il soit continué dans ses fonctions et elle a
chargé de rédiger ces adresses les citoyens Monate et Hardisson.

La séance a été levée.

Signé : PERVANCHON, président;

TERRASSON, secrétaire.

Cejourd'huy, vingt-quatre thermidor, de l'an deux de
l'ère républicaine,

Après la séance ouverte, la Société a arrêté qu'elle nommait les citoyens Pervanchon, Laval, Hardisson, Berenge
et Pitiot, commissaires pour se transporter au comité de
bienfaisance pour savoir si le citoyen Grangier avait souscrit.

Il a ensuite été fait lecture d'une lettre en réponse à celle
de la Société populaire de Rive-de-Gier, cette lettre a été
adoptée et signée sur le bureau, ainsi que les adresses à la
Convention et au Comité de Salut public pour demander
que le citoyen Laforest ne quitte point ses fonctions et, sur
la proposition de plusieurs membres, la Société a arrêté
aussi de demander dans les mêmes pétitions que le citoyen
Saint-Didier continuât également les siennes dans les armées.

Il y a eu une discussion au sujet de Girodet que la municipalité a envoyé par devant le juge de paix qui, si l'affaire
n'est pas de sa compétence, l'enverra par devant le tribunal
criminel. Le juge de paix a annoncé que ceux qui auraient

---

(1) Agent national du Directoire du district de Commune-d'Armes.

des dépositions à faire se rendraient demain matin à la commune auprès du greffier.

Le citoyen Bonnet est nommé commissaire pour avertir le citoyen Jalas qui a une déposition à faire à ce sujet.

La Société a renvoyé à la séance de demain à statuer sur le remplacement des gardiateurs.

La séance a été levée.

Signé : PERVANCHON, président;

TERRASSON, secrétaire.

Cejourd'huy, vingt-cinq thermidor, l'an deux de l'ère républicaine,

Après la séance ouverte et la lecture du procès-verbal de la veille, il a été fait lecture des nouvelles et du discours du représentant Reverchon aux habitants de Commune-Affranchie.

Le Président a lu une liste des indigents présentés pour être gardiateurs.

Les commissaires nommés pour aller au comité de bienfaisance pour sçavoir si le citoyen Grangier[1] avait souscrit ont rapporté qu'il l'avait fait pour la somme de quarante mille livres.

Les commissaires nommés pour aller vers le représentant Reverchon ont rendu compte de leur mission; deux d'entr'eux ont porté un paquet adressé au citoyen Chana de la part du représentant Reverchon qui lui a donné les pou-

---

(1) Grangier Etienne fut, le 20 fructidor an 2, mis en liberté et les séquestres apposés sur ses biens furent levés.

voirs de statuer définitivement sur l'objet de leur mission; le représentant leur a donné l'accolade fraternelle pour la rendre à la Société.

On a relu la lettre du représentant Boiron et la réponse faite par le bureau et adoptée par la Société.

La Société a reçu membres les deux citoyens Faure, actuellement au service à Commune-Affranchie; le citoyen Berlier doit les inviter à envoyer un certificat de l'adjudant de leur bataillon et leur signalement pour leur faire passer leur diplôme.

Le Maire a prononcé un discours dans lequel il a développé toute l'énergie d'un républicain en invitant tous les membres de la Société à l'ordre, au respect pour les autorités constituées et l'obéissance aux décrets de la Convention nationale; il a montré combien la France avait couru de dangers sous le tyran Robespierre, il a dit qu'on ne devait plus s'attacher aux hommes, mais aux principes, et que nous devions surveiller les intrigans et les faux patriotes pour consolider notre liberté et faire le bonheur de la République.

La séance levée.

Signé : PERVANCHON, président;
TERRASSON, secrétaire.

Cejourd'huy, vingt-six thermidor, l'an deux de la République française,

Après la séance ouverte et la lecture du procès-verbal d'hier, on a nommé pour censeurs les citoyens Bérange, Imbert, Loubet, Gonon, Saint-Louis et Pierre Fleury.

On a procédé à la nomination de 14 gardiateurs qu'on a pris dans les 14 compagnies, savoir :

Compagnie Granjon, D'Ambuan,

Compagnie Nantas, Viney,

Compagnie Garand l'aîné, Etienne Sagnol,

Compagnie Montellier, Montagnier, dit Gros Bien,

Compagnie Motiron, Couturier,

Compagnie Charles Rozet, Biscornet, grand-père,

Compagnie Perret, Françon,

Compagnie Boyer aîné, Forestier,

Compagnie Rodier, Cornet,

Compagnie Cartal, Doret,

Compagnie Estienne, Plaçon,

Compagnie Chaland, Brosse,

Compagnie Granjon, Gauthier,

Compagnie Thiolière, Charvet.

La Société a arrêté que les citoyens Pradier, Grange, Rozier et Porte, se rendraient demain au comité de surveillance pour déposer contre le citoyen Vivarais, accusé par eux d'avoir dit que la Société populaire ne suivait pas les lois ainsy que les autorités constituées.

Ledit citoyen Vivarais, à l'unanimité des suffrages, a été rayé de la Société pour avoir tenu des propos injurieux contre elle et avoir cherché à corrompre celle de nos jeunes frères.

Le jeune Terrasse, président de cette Société, a prononcé un discours énergique et plein d'amour pour la liberté ; il a déclaré que le citoyen Vivarais avait cherché à le corrompre, mais qu'il dénoncerait avec fermeté tous les traîtres et tous les ennemis de la patrie.

On a lu une lettre du citoyen Saint-Didier, datée de Paris, du 22 thermidor, sur la pétition envoyée aux Jacobins et à la Convention au sujet du citoyen Terrasson.

On a lu un billet du citoyen Giroud, priant la Société de lui permettre d'enlever douze chars de pierre brute. Accordé.

On a fait lecture d'une promesse de Jacques Dugas-Villard de la somme de quarante mille livres pour subvenir aux dépenses de la commune de Saint-Chamond et prie la Société de s'intéresser à ce qu'il recouvre sa liberté pour qu'il puisse satisfaire à ses engagements.

La Société a arrêté que les citoyens Hardisson et Terrasson écriraient en son nom au citoyen Reverchon, représentant du peuple, relativement à la promesse faite par le citoyen Dugas-Villard. La lettre sera signée par le bureau et portée à Commune-Affranchie par deux commissaires qu'elle a nommés, les citoyens Ragot et Granjon.

On a lu une lettre du citoyen Escomel au citoyen Viette détenu à Commune-d'Armes, par laquelle il lui promet de travailler à lui faire rendre sa liberté dès qu'il aura obtenu une place qu'il ne désigne pas.

Signé : PERVANCHON, président.

Cejourd'huy, vingt-huit thermidor, l'an deux de l'ère républicaine,

Après la séance ouverte et lecture faite du procès-verbal d'hier, il a été lu la lettre au représentant Reverchon qui sera portée, suivant l'arrêté de la Société, à Commune-Affranchie par les citoyens Ragot et Granjon. Il a été lu de même la réponse au citoyen Sain-Didier; ces deux lettres ont été adoptées par la Société et signées sur le bureau.

Lu une lettre en réponse à la Société par le citoyen Boyer, commissaire pour les armes; il envoie plusieurs ouvrages propres à l'instruction des jeunes républicains.

Lu une pétition du citoyen Montellier relative à l'inculpation faite aux gardiateurs des maisons séquestrées.

Lu une autre pétition de la citoyenne Vaganay.

Ensuite il a été fait lecture de la souscription de 3000 livres du citoyen Chaland pour les frais de la commune de Sain-Chamond, c'est-à-dire pour les besoins de cette dite commune en bled ou autrement.

La Société a nommé après douze commissaires, savoir : les citoyens Renaud, Oriol, Berange, Chol, Imbert, Celard, François Piraud, V. Duculty, Conord, Gonin, Clapeyron et Villemagne, pour aller avec l'agent national vérifier l'état des maisons séquestrées; les dits commissaires s'assembleront à dix heures à la commune.

Le citoyen Callet, nommé commissaire pour les grains, a annoncé qu'il n'en manquait pas dans le Forest; suivant l'arrêté lu, il est accordé douze cents mesures pour Sain-Chamond, mais comme les bras manquent pour battre ledit grain, sur la proposition du citoyen commissaire Callet, les citoyens Antoine Meiller, Gabriel Colon, Jean-Claude Peyrieu et Richard, se sont offerts volontairement pour aller battre dans le Forest et se joindre à ceux déjà inscrits à la municipalité.

Signé : PERVANCHON, président.

Cejourd'huy, vingt-neuf thermidor, l'an second de la République française,

Après l'ouverture de la séance et la lecture du procès-verbal, on a lu plusieurs adresses envoyées par nos frères les Jacobins de Paris.

Les commissaires, nommés pour examiner l'état des scellés apposés dans les différentes maisons de cette commune, ont rendu compte de leur mission.

On a fait lecture d'une lettre du citoyen Rozet fils, ainsy que des conditions passées pour la reconstruction du quai du Fort entre les membres du comité de bienfaisance et les citoyens Ravachol et Chazel, maçons.

La discussion s'est ouverte au sujet du citoyen Combe et des réclamations faites par la Société populaire pour quatre détenus, la Société, d'après le vœu réitéré de tous ses membres, a maintenu l'arrêté qu'elle avait pris à ce sujet.

On a lu la réponse de la Société populaire de Rive-de-Gier à notre lettre du 24 thermidor; il a été arrêté qu'on y répondrait et que la Société entretiendrait une correspondance avec cette Société.

Le citoyen maire, présidant la séance de ce jour, a proposé une souscription pour le salpêtre,[1] ce qui a été ajourné à la prochaine séance.

(Sans signature.)

(1) Le 13 fructidor an 2, le Conseil général de la commune requiert les communes avoisinantes d'envoyer toutes les cendres de lessive à Saint-Chamond afin d'activer et d'augmenter la fabrication du salpêtre. Cette fabrication fut suspendue pendant un certain temps à cause du manque de charbon. que l'on ne pouvait extraire faute d'huile.

Cejourd'huy, premier fructidor, deuxième année républicaine,

Après l'ouverture de la séance et la lecture du procès-verbal, on a lu les nouvelles et la réponse faite à la Société populaire de Rive-de-Gier qui a été adoptée et envoyée de suite.

Les deux commissaires envoyés à Commune-Affranchie ont rendu compte de leur mission et ont apporté la délivrance du citoyen Vielle ; ils ont fait espérer que les deux autres détenus réclamés seraient délivrés lorsque le représentant Laporte[1] serait arrivé à Commune-Affranchie où il était attendu incessamment par son collègue Reverchon.

La Société, à l'unanimité des voix, a arrêté de rayer provisoirement du nombre de ses membres les citoyens Gaillard et Escomel jusqu'à ce qu'ils aient produit une justification claire et précise.

(Sans signature.)

Cejourd'huy, trois fructidor, l'an deuxième de la République française,

Après l'ouverture de la séance, on a fait lecture du procès-verbal et des papiers-nouvelles.

La Société a invité le citoyen Rivierre à ne pas différer plus longtemps le payement des 100 livres promises au citoyen Philibert Camier ; le citoyen Rivierre les a portées de suite sur le bureau et le Président les a données au citoyen Philibert qui a fait don à la Société de 20 livres.

---

(1) Député du Haut-Rhin à la Convention. Il fut nommé commissaire dans le département de Saône-et-Loire.

La discussion s'est ouverte sur la commune du Fay. On a nommé les citoyens Pascal, Hardisson, Granjon et Monciny, pour examiner de nouveau les titres relatifs à cette commune.

Le citoyen Pugnet a dit que le citoyen Matras avait connaissance d'un titre relatif à ladite commune du Fay, et très avantageux ; le citoyen Gonon a dit que le citoyen Meaudre avait aussi connaissance d'un autre titre relatif à ladite commune du Fay. On invitera lesdits citoyens Matras et Meaudre à faire part à cette commune des titres qu'ils connaissent.

Les quatre mêmes commissaires ont été invités de chercher dans les archives de la cy-devant église de Saint-Pierre des titres qui placent un vieillard, homme ou femme, de cette commune, dans l'hôpital de Commune-d'Armes ; les citoyens Granjon et Colin-Bellegarde ont été adjoints aux quatre commissaires.

La Société a nommé les citoyens Pugnet père, Granjon, Oriol, Preynat, François Piraud et Sablière pour aller, de concert avec quelques membres du comité de surveillance et de la commune, chez différents particuliers de la commune de Sain-Martin, qui ont une grosse provision d'huile chez eux et les inviter à nous en donner une certaine quantité dont cette commune a un besoin urgent pour les travaux des carrières.[1]

On a fait lecture d'un billet du citoyen Pierre Malassagny qui demande à la Société de lui permettre d'enlever douze chars de pierre brute. Sa demande lui a été accordée et la

[1] Voy. plus haut, p. 104.

Société a nommé le citoyen Jean-Baptiste Dervieux pour être présent à l'enlèvement des douze chars de pierre brute.

On a lu d'autres papiers-nouvelles, un discours sur la situation actuelle de la République, un autre sur la fête du 10 août et une pièce de vers par le citoyen Noël Pointe,[1] représentant du peuple, prononcée à Nevers.

Séance levée.

Signé : PERVANCHON, président.

Cejourd'huy, cinq fructidor de l'an second de la République,

Après la lecture du procès-verbal de la dernière séance, on a lu une adresse de la Société populaire de Commune-d'Armes à la Convention nationale, ainsy que les papiers-nouvelles.

La Société a nommé les citoyens Colin, Chirat, Chol, Piraud, Oriol et Célard, pour aller dans la maison Bethenod[2] avec l'agent national et le citoyen Callet, gardiateur de ladite maison, pour y faire un nouvel inventaire des effets qui sont sous le scellé.

On a arrêté de nommer un secrétaire à la prochaine séance.

Le citoyen Saint-Didier ayant paru dans la séance a été

(1) Né à Sainte-Foy, près Lyon, où il mourut en 1825, il fut élu député à la Convention par le département de Rhône-et-Loire. Il vota la mort de Louis XVI sans appel ni sursis.

(2) Claude Bethenod fut mis en liberté le 22 fructidor an 2, et les scellés apposés sur ses biens furent levés.

invité de prendre place au bureau; il a lu le projet d'une adresse à la Société des Jacobins de Paris. Cette adresse a été adoptée et sera revêtue, dans la prochaine séance, des signatures de tous les membres de la Société.

On a nommé le citoyen Pitiot pour porter ladite adresse aux Jacobins de Paris, la pétition qui leur fut faite au sujet du citoyen Terrasson et la réponse des Jacobins à ce sujet. La Société a autorisé l'archiviste à remettre audit citoyen Pitiot la lettre originale des Jacobins de Paris.

On a repris la discussion sur la commune du Fay; le citoyen Hardisson, l'un des commissaires nommés pour examiner les titres relatifs à cette commune, a prouvé que les titres trouvés suffisaient pour en assurer la possession à la commune de Sain-Chamond.

Il a été arrêté en outre que le citoyen Pitiot serait porteur d'une lettre aux Jacobins de Paris par la Société populaire de nos jeunes frères. Le Président de cette Société naissante a fait lecture d'une lettre qu'elle a reçue du citoyen Bourgeois, président du tribunal criminel, à Feurs.

Le citoyen Pitiot, avant son départ, recevra un nouveau diplôme, un passeport de la municipalité et l'extrait du procès-verbal des délibérations de la Société qui l'a nommé commissaire pour porter aux Jacobins de Paris l'adresse de notre Société; on enverra de même de nouveaux diplômes aux citoyens Coignet et Escoffier, actuellement à Paris, et qui doivent accompagner le citoyen Pitiot aux Jacobins.

Séance levée.

Signé : PERVANCHON, président.

Cejourd'huy, six fructidor, l'an deuxième de la République,

On a fait lecture du procès-verbal de la veille et des papiers-nouvelles.

On a reçu membres de la Société les citoyens : Pierre Chasart, Jacques Rivoire, Chol dit Choux, Joseph Goujon, ferblantier, Simon Depierre, gendarme, François Ravon, dit Doizieu, et Jean-Baptiste Donasson, cordonnier.

Les citoyens Goujon et Chol ont prêté le serment.

On a nommé par acclamation deux secrétaires qui sont les citoyens Hardisson et Chol, adjoints.

La Société arrête que le citoyen Biscornet sera invité par deux commissaires nommés à cet effet, les citoyens Ragot et Chol, à se pourvoir d'un logement pour laisser l'appartement libre pour les archives et le bureau de la correspondance.

Le citoyen Gaillard sera invité de se rendre à la prochaine séance pour produire la justification qu'on exige de lui; à défaut par lui de la donner, il sera demandé son remplacement au comité de surveillance.

On a fait une seconde lecture de l'adresse aux Jacobins qu'on n'a pu faire signer dans cette séance, attendu qu'il était déjà tard.

Séance levée.

Signé : PERVANCHON, président.

Cejourd'huy, sept fructidor, l'an deuxième de la République française,

Après lecture faite du procès-verbal de la dernière séance,

Le citoyen Gaillard s'est rendu à l'invitation qui lui avait été faite pour répondre aux inculpations dirigées contre lui, dont un des griefs portait sur le reproche de désertion ; le citoyen Gaillard ayant soutenu qu'il n'avait jamais été engagé, la Société a renvoyé la discussion à la prochaine séance pour prendre des renseignements plus positifs sur les dénégations de ce citoyen, et a arrêté que, en attendant sa justification, il serait invité de se retirer de la séance.

Immédiatement après, on s'est occupé de la signature de l'adresse aux Jacobins, ainsy que de l'extrait du procès-verbal de nomination des citoyens Coignet et Escoffier comme députés auprès de nos frères les Jacobins, à l'effet de leur présenter notre adresse avec la copie de notre lettre du 12 thermidor.

Lecture a été faite des nouvelles qui venaient d'être apportées dans le moment au bureau. Après quoy, la séance a été levée.

Signé : PERVANCHON, président ;

HARDISSON, secrétaire.

Cejourd'huy, neuf fructidor, l'an deuxième de la République française,

Après lecture faite du procès-verbal de la dernière séance,

Le citoyen Président a fait part à la Société qu'il avait reçu une lettre par la voye du directeur de la poste, lequel lui a dit que cette lettre lui était parvenue avec enveloppe à son adresse. La Société ayant désiré d'en entendre la lecture, son étonnement a égalé son indignation. En voyant par son contenu que les partisans de la faction scélérate de Robespierre faisaient encore des efforts pour corrompre l'opinion publique et ramener le peuple à l'esclavage par le désordre et l'anarchie, la Société ayant voué à l'anathème et à l'exécration les complices de ce nouveau Cromwell, ces hommes gorgés de sang et de rapines qui, sous de faux dehors de patriotisme, méditaient la ruine de la patrie et creusaient un abîme au peuple qu'ils trompaient, a voté à l'unanimité que le citoyen Ragot serait député comme commissaire auprès des représentants du peuple à Commune-Affranchie à l'effet de leur faire hommage des sentiments de la Société sur cet infâme écrit anonyme, sentiments qui seraient consignés dans une lettre dont il serait le porteur et qui contiendrait la lettre reçue, l'arrêté du représentant qui y était joint avec les deux enveloppes qui les renfermaient, afin de les mettre à même de faire faire, d'après la vue de l'écriture et du style, quoique déguisés, les recherches qui pourraient conduire à la découverte de ces hommes atroces qui n'ont d'existence que dans le crime et qui ne peuvent se sauver que par un bouleversement général.

L'affaire du citoyen Gaillard étant à l'ordre du jour, plusieurs membres ont parlé à son sujet, mais vu que divers commissaires dont on attendait des lumières plus précises se trouvaient absents, la Société, sévère dans ses principes, mais juste, ne voulant pas se livrer à des mesures de rigueur sans que les faits qu'on lui reproche fussent évidemment constatés, a arrêté que le citoyen Gaillard écrirait à l'état-major du 56e régiment, dans lequel on l'accuse d'avoir servi, pour avoir une attestation de retraite honorable ; à défaut par lui de pouvoir produire son congé ou l'équivalent, que jusque-là la question resterait ajournée sur son compte à trois décades, à moins qu'il ne parvînt plus tôt à la Société des renseignements certains et la preuve du délit qu'on lui impute.

Un membre a fait part de la certitude qu'il avait de l'élargissement de Giraudet, détenu à Commune-d'Armes, en vertu de l'information faite par le citoyen Conord, juge de paix, et ses assesseurs, et du renvoi de la procédure au jury d'accusation ; plusieurs membres ayant observé qu'il leur paraissait étonnant que la mise en liberté pure et simple eût été prononcée, tandis qu'il résultait de l'interrogatoire, qu'il avait subi lors de son arrestation, et de son propre aveu, qu'il avait acheté du bled au-dessus du maximum, d'où il devait naturellement s'en suivre que si les preuves d'abus de confiance dans l'employ qu'il avait au comité de subsistance n'étaient pas suffisantes pour déclarer qu'il y avait lieu à accusation, il devait être renvoyé pardevant la municipalité pour se voir condamner à l'amende qu'il avait encourue pour infraction à la loi du maximum.

D'autres membres ayant déclaré qu'ayant été appelés audit jury d'accusation, on leur avait dit que les dépositions seraient inutiles, le prisonnier ayant été élargi. La Société, ne voyant dans ces rapports rien de satisfaisant, a arrêté que les citoyens Prost, Coignet, Françon et Mercier seraient députés comme commissaires auprès du directeur du jury pour demander l'extrait du procès-verbal de l'élargissement de Giraudet avec la copie des charges portées contre lui au jury d'accusation, et pour prendre au surplus tous les renseignements que la Société désire sur son élargissement.

La Société des jeunes républicains ayant envoyé des commissaires pour se plaindre des désordres qui régnaient dans les séances par l'effet de quelques malveillants, et demander que l'on nommât des commissaires pour être présents à leurs séances, la Société a nommé les citoyens X.... X....[1] à l'effet d'assister régulièrement aux séances de cette Société, d'y maintenir le bon ordre et entretenir nos jeunes frères dans les sentiments de vrais républicains.

Les citoyens Depierre, gendarme, Ravon et Jacques Rivoire, qui avaient passé au scrutin dans une précédente séance et admis, ont prêté le serment et ont été reçus au nombre des frères de la Société.

Lecture a été faite des papiers-nouvelles, après quoi la séance a été levée.

Signé : HARDISSON, secrétaire;

PERVANCHON, président.

Cejourd'huy, onze fructidor, l'an deuxième de la République française, après lecture faite du procès-verbal de la dernière séance,

La discussion s'est engagée sur le rapport des commissaires députés à Commune-d'Armes pour l'affaire de Giraudet; ils ont remis sur le bureau la réponse par écrit du citoyen Bardet, greffier du tribunal de district de Commune-d'Armes, portant que la déclaration du jury mise au bas de l'acte d'accusation portée contre Giraudet étant qu'il n'y avait pas lieu à accusation, il avait été sur le champ

(1) Les noms manquent au registre original.

mis en liberté. Les dits commissaires ayant ajouté qu'il leur avait été dit que le motif de l'élargissement dudit Giraudet avait pour base une déclaration à lui délivrée par les membres composant le comité de subsistances, constatant que ledit Giraudet n'avait point à leur connaissance prévariqué dans ses fonctions, la Société a nommé les mêmes commissaires qui avaient été députés à Commune-d'Armes à l'effet de se transporter auprès du comité de subsistances et s'informer si effectivement ladite déclaration avait été délivrée et en demander copie.

Sur l'observation d'un membre que divers cabaretiers de cette commune avaient cessé de vendre du vin, quoiqu'on fût persuadé qu'ils en avaient encore en cave, la Société a nommé les citoyens Mezin, Chol, Jean Villemagne, Imbert, Berry, Chirat, Mosain, drapier, Vincent Duculty et Chasal, pour commissaires à l'effet de se transporter auprès de la municipalité et lui demander qu'il fût pris un membre dans son sein pour les accompagner dans la visite qu'ils feraient ensemble chez les cabaretiers, pour leur signifier l'ordre de la municipalité de continuer à vendre au prix du maximum tout le vin qu'ils auraient excédemment à la consommation de leur famille jusques à la Sain-Michel prochaine.

Lecture faite d'une lettre des citoyens frère et sœur Vanelle, réclamant les bons offices de la Société pour faire mettre en exécution une sentence rendue contre le citoyen Fournas père en leur faveur, la Société, ne se dissimulant pas que cet objet n'était point de sa compétence, les tribunaux étant ouverts à tout citoyen sans distinction pour obtenir justice, a cru ne devoir se mêler de cette affaire qu'en qualité de défenseur officieux; en conséquence, elle a nommé les citoyens Granjon Antony et Hardisson pour en prendre connaissance et en faire le rapport à la Société, d'après la vérification des pièces.

Les papiers-nouvelles ayant été apportés dans le moment au président, ainsi qu'une lettre des Jacobins de Chambéry (circulaire imprimée) et une autre du citoyen Rozet, de l'école de Mars, à la plaine des Sablons; lecture en a été faite de suite. La Société a entendu avec transport la nouvelle de la défaite complète des esclaves du tyran d'Espagne par nos braves défenseurs de l'armée des Pyrénées-Orientales.[1]

Elle a applaudi au zèle de la Société de Chambéry et a reçu avec intérêt les détails consignés dans la lettre du citoyen Rozet sur les nouvelles manœuvres des agents de Robespierre pour corrompre l'opinion et dégoûter les jeunes républicains des travaux glorieux dont ils s'occupent et qui doivent faire de cet établissement une pépinière de héros.

Après quoy, la séance a été levée.

Signé : HARDISSON, secrétaire ;

PERVANCHON, président.

---

[1] Aux Pyrénées-Orientales, nos succès furent des plus brillants. De Toulon, qu'il venait de reprendre, le général Dugommier fut envoyé à Perpignan. Il réorganisa l'armée des Pyrénées, prit l'offensive, força les Espagnols dans leur camp du Boulou, leur enleva 140 canons et tous leurs bagages, et les rejeta en pleine déroute au-delà des montagnes. (12 floréal) — Les places occupées par les Espagnols dans le Roussillon furent reprises. — Cf. Henri Martin, *Histoire de France.*

Cejourd'huy, treize fructidor, l'an deuxième de la République française, après lecture faite du procès-verbal de la dernière séance,

Le citoyen Ragot a fait son rapport sur la députation dont il avait été chargé auprès des représentants à Commune-Affranchie. La Société a appris avec une bien vive satisfaction que la démarche qu'elle avait faite, en vouant à l'exécration les auteurs de la lettre anonyme reçue, avait ajouté à l'estime de ces représentants qui ont chargé leur député d'inviter, en leur nom et en celui du bien public, la Société de continuer à déjouer tous les traîtres et les malveillants par une surveillance continuelle et plus nécessaire que jamais.

Quant à la réclamation des détenus, renouvelée par la lettre de la Société, les représentants ont assuré qu'ils y feraient droit aussitôt que leurs collègues seraient arrivés à Commune-Affranchie.

On a de nouveau mis l'affaire de Giraudet en discussion. Lecture a été faite par le secrétaire de la déclaration délivrée au fils Giraudet par les membres du comité de subsistances. Le greffier du juge de paix a donné connaissance de l'information faite à la police correctionnelle contre Giraudet père, qui étant parfaitement en règle et à la forme de la loi a satisfait à la Société, qui, pour le surplus des discussions, a passé à l'ordre du jour, attendant du zèle de la municipalité des mesures ultérieures, authorisées par la loi qui doit être sans cesse la boussole d'un républicain, contre Giraudet en raison des cas résultant de son interrogatoire.

La confection de la fontaine ayant mérité l'attention de la Société, il a été arrêté que l'ouvrage serait continué et qu'on inviterait le citoyen Forest, de Rive-de-Gier, à se transporter dans cette commune à l'effet de faire un plan qui serait envoyé au département pour être authorisé à faire cette fontaine.

Lecture a été faite des papiers-nouvelles, après quoi la séance a été levée.

Signé : HARDISSON, secrétaire ;
PERVANCHON, président.

Cejourd'huy, quinze fructidor, l'an deuxième de la République française et indivisible,

Après lecture faite du procès-verbal de la précédente séance, un membre a dit que les intrigants que la Société avait expulsés de son sein continuaient leurs manœuvres pour corrompre l'opinion publique, en répandant malicieusement des propos tendant à désunir les bons patriotes qui restent invariablement attachés aux bons principes et qui veulent que l'honneur, la probité et la vertu soient mis en pratique et restent continuellement à l'ordre du jour. La Société a arrêté qu'il serait fait une adresse aux représentants du peuple à Commune Affranchie pour les prévenir contre les fausses impressions que ces malveillants pourraient leur faire prendre contre la pureté des sentiments qui animent la Société, sentiments dont elle se fait gloire de faire profession, qui sont la haine et la proscription des tyrans, des traîtres et des intrigants, et dévouement inaltérable et sans borne à la Convention.

Un membre, étant monté à la tribune, a dit que le moment était venu où aucune inculpation grave ne devait peser sur la tête d'un vrai patriote, qu'il avait ouï dire qu'un des frères de la Société, qui s'était opposé à la réclamation qui en avait été faite de quatre de nos concitoyens détenus à Commune-d'Armes, avait écrit ou dit de vive voix à un de ces détenus, le citoyen Jacques Dugas, qu'il travaillait à son élargissement; que ce langage portant le caractère de la duplicité, dont tout vrai républicain devait être l'ennemy, il désirait que le membre inculpé s'expliquât et parvînt à se blanchir. La Société, désirant s'éclaircir sur la vérité des faits rapportés, a arrêté que les citoyens François Piraud et Berange se rendraient à Commune-d'Armes pour prendre auprès du détenu les renseignements qui devaient servir de base à son jugement et à la justification du membre inculpé.

Le citoyen Monate a fait lecture d'une lettre du citoyen Raillard, adressée à la Société et à lui parvenue sous enveloppe à son adresse. Le principal motif de cette lettre étant de demander à la Société un nouveau diplôme, sa demande a été renvoyée à la prochaine séance, vu que ce citoyen, lors de l'épuration de la Société, avait été remis à passer au scrutin pour sa nouvelle admission. La Société ayant appris par cette même lettre que la Convention n'avait pas reçu l'adresse de félicitations de la Société sur les événements des 9 et 10 thermidor, remise à la poste le 21 dudit mois, a arrêté qu'il lui serait de nouveau écrit pour lui rappeler cette adresse.

Le Président ayant fait part à la Société de toute la sollicitude du corps municipal relativément aux subsistances en grains et ayant invité la Société de nommer des commis-saires pour prendre, d'un commun accord, les mesures les plus sages pour s'en procurer; les citoyens Raynaud, de la Rive, Imbert, Mangerat, Augier, Moiraud, Trimard, Jean Villemagne et Prénat, de Saint-Ennemond, ont été désignés pour commissaires à cet effet.

Le facteur ayant remis au bureau une lettre venant de Paris avec le timbre de la Convention, la Société s'est empressée d'en demander la lecture; elle s'est trouvée du représentant Boiron, qui annonçait la reprise de Valen-ciennes[1] et la reddition du fort de l'Ecluse, en Hollande; ces heureuses nouvelles ont répandu l'allégresse dans tous les cœurs et les cris de : vive la République, ont été réitérés à l'unanimité.

On a fait ensuite lecture des papiers-nouvelles, après quoy la séance a été levée.

Signé : HARDISSON, secrétaire;

PERVANCHON, président.

Cejourd'huy, dix-sept fructidor de l'an deuxième de la République française,

Après lecture faite du procès-verbal de la précédente séance, ainsi que des papiers-nouvelles, le citoyen Monate,

[1] Le général Schérer avait ordre, de la part du comité de Salut public, de sommer Valenciennes sans admettre aucun délai. Le gouver-neur de cette ville proposa de capituler à la condition que la garnison pourrait rentrer en Autriche. Le 10 fructidor, les Français reprirent possession de Valenciennes où ils trouvèrent 227 bouches à feu et une masse de munitions.

l'un des rédacteurs désignés par la Société pour l'adresse à envoyer à la Convention, en a fait lecture; elle a été accueillie avec applaudissements, ainsi que la réponse que les mêmes rédacteurs étaient chargés de faire au représentant Boiron.

Le temps fixé pour la présidence du citoyen Pervanchon étant expiré, on a procédé au scrutin à l'élection d'un vice-président. Le citoyen Auriol, ayant réuni la majorité des suffrages, a été proclamé en cette qualité à la satisfaction générale.

La Société, considérant que l'ordre et la décence qui devaient toujours régner dans ses séances se trouvaient souvent interrompues par l'effet de certains individus qui s'introduisaient dans la salle avec des intentions perverses, a arrêté qu'il serait mis deux lampions en-dehors de la porte d'entrée et que deux censeurs seraient invités à s'y tenir pour voir ceux qui entreraient, qu'en outre le citoyen Mayère ferait faire de nouvelles cartes d'entrée pour être distribuées aux membres de la Société.

L'ordre du jour appelant le rapport des commissaires députés à Commune-d'Armes, ils ont rendu compte de leur mission. Ils ont remis sur le bureau un billet du citoyen Dugas[1] dont la lecture et les explications qui s'en sont suivies de la part du membre inculpé ayant entière-

---

[1] Jacques Dugas était détenu à Commune-d'Armes. Il fut remis en liberté (vendémiaire an III) et les scellés apposés sur ses biens furent levés.

Jean-Baptiste Dugas aîné fut mis en liberté en brumaire an III.

Ils firent don pour les subsistances de la commune : le premier de 5000 livres; le second, de 10000 livres; lesquelles sommes furent versées au citoyen Antoine Neyrand, trésorier du comité des subsistances.

ment satisfait la Société, on a passé à l'ordre du jour motivé sur ce que ledit membre se trouvait parfaitement lavé de toute espèce d'inculpation.

Les commissaires, nommés par la Société pour aller se concerter avec la municipalité relativement aux subsistances, ont peu rassuré les citoyens sur la pénurie qui les menace, le résultat de leurs visites dans le canton n'ayant que trop convaincu que le produit de la dernière récolte se trouvait encore inférieur à ce que l'on en avait attendu ; dans cet état de choses, la Société a arrêté que, dans la prochaine séance, elle nommerait un commissaire pris dans son sein pour se rendre avec un membre du comité de subsistances à Paris, à l'effet d'y solliciter du comité de commerce et d'approvisionnement de la République des secours en grains pour cette commune.[1]

Il a été arrêté en outre qu'il serait écrit au département pour avoir son authorisation à la confection de la fontaine, afin qu'on pût y faire travailler de suite.

La séance a été levée.

Signé : HARDISSON, secrétaire.

Cejourd'huy, dix-neuf fructidor l'an deux de la République française, après lecture du procès-verbal de la précédente séance, on a nommé huit censeurs qui sont les

---

[1] Un arrêté du comité des subsistances et approvisionnements de la République, à Paris, accorda 5000 quintaux au district de Commune-d'Armes, pour être affectés spécialement à Saint-Chamond. — Voy. plus haut, p. 240.

citoyens Pradier, Paret, Chavériat, Robert, Désarmeaux, Fillion, Berger et Françon.

Le citoyen Pontet a dit que les commissaires pour les ateliers du district avaient effectivement visité le cy-devant château pour prendre des pierres pour des marches d'escalier, mais, n'en ayant pas trouvé le nombre suffisant et considérant les frais de transport, ils se sont retirés.

On a arrêté de faire une troisième réclamation aux représentants du peuple à Commune-Affranchie en faveur du citoyen Jacques Dugas. Un membre a proposé d'ajourner la réclamation à huitaine, mais la Société a persisté dans son vœu; la pétition a été rédigée de suite sur le bureau, lue à la tribune et signée par les membres de la Société présents à la séance.

La discussion s'est ouverte sur une lettre du père Callet, fugitif, et déposée chez le citoyen Roux. On a nommé le citoyen Montagnier pour aller chercher ladite lettre qu'il a trouvée enveloppant du fromage. Il a été arrêté qu'elle serait remise aux représentants du peuple, à Commune-Affranchie, par le citoyen Ragot, président de la Société, avec la réclamation faite en faveur du citoyen Jacques Dugas.

Un membre a dit que le comité de subsistances avait nommé le citoyen Camille Dugas commissaire pour présenter une pétition au comité des subsistances de Paris pour avoir du grain pour cette commune. La Société a approuvé ce choix et a choisi dans son sein, pour second commissaire, le citoyen Pervanchon pour se rendre aussi à Paris avec le citoyen Camille Dugas.

Il a été arrêté qu'il y aurait demain matin, à huit heures,

une séance extraordinaire pour repasser au scrutin les six membres ajournés.

La Société, prévenue des faux bruits que les malveillants faisaient courir sur l'abolition des décades et le rétablissement des fêtes du dimanche, a juré de surveiller plus que jamais ces perfides imposteurs et de faire observer attentivement les fêtes décadaires.[1]

On a lu une lettre du citoyen Vanelle réclamant une indemnité du citoyen Fournas.

Le citoyen Simon Dervieux, de Saint-Ennemond, a demandé qu'on lui permît d'enlever 15 chars de pierre brute, la Société a arrêté de n'en délivrer qu'après la confection de la fontaine.

On a fait lecture des papiers-nouvelles, après quoy la séance a été levée.

Signé : HARDISSON, secrétaire.

Cejourd'huy, vingt fructidor, l'an second de la République française, il y a eu une séance extraordinaire pour repasser au scrutin les six membres qui n'avaient pas été admis lorsqu'on fit un scrutin épuratoire dans la séance du 11 thermidor. Ce sont les citoyens Perraud, Raillard, Jean-Baptiste Couchoud fils, Camille Dugas, Fournas fils[2] et Montagnier le cadet.

[1] Un arrêté du Directoire du district (27 messidor) prescrivait les poursuites à exercer contre ceux qui célébreraient le dimanche.

[2] Claude Fournas fut négociant à Saint-Chamond. Il se présenta aux élections législatives du 14 août 1815 et fut élu député par 91 voix;

Les citoyens Camille Dugas, Fournas fils et Montagnier le cadet ont été reçus membres de la Société, ayant la majorité des suffrages, et les citoyens Raillard et Perraud ont été exclus.

On a ajourné le scrutin pour le citoyen Jean-Baptiste Couchoud fils parce que les membres présents ne connaissaient pas ledit Couchoud.

La séance a été levée.

Signé : HARDISSON, secrétaire.

Cejourd'huy, vingt-un fructidor, l'an second de la République,

On a fait l'ouverture de la séance par l'hymne des Marseillais[2] et la lecture du procès-verbal de la dernière séance.

Les citoyens Piraud, Granjon et Coron ont été nommés censeurs pour les tribunes.

On a fait de nouveau la lecture de la deuxième adresse à la Convention nationale pour lui rappeler celle que lui fit la Société, en date du 21 thermidor, dont elle joint une copie ; ladite adresse a été signée par tous les membres présents au bureau, ainsi que par les sociétaires.

membre du Conseil général, il fut réélu député le 25 septembre 1816 ; puis en 1818 (20 octobre), par 473 voix ; il était alors conseiller de préfecture. Il fut aussi heureux le 13 novembre 1822, puis le 25 février 1824, enfin le 17 novembre 1827. Il mourut en 1828. Il était chevalier de la Légion d'honneur.

(2) La *Marseillaise*.

On a fait lecture des papiers-nouvelles et d'une lettre du citoyen Jean-Pierre Chambovet qui réclame les bons offices de la Société relativement à sa femme qui veut faire le divorce; la Société passe à l'ordre du jour motivé sur ce qu'elle n'a pas le droit de prononcer sur cet objet.

On a lu une lettre de la commission des dépêches de la Convention nationale, portant que la pétition de la Société en faveur des citoyens Laforest et Sain-Didier a été renvoyée au comité de Salut public sous le n° 123.

Les papiers-nouvelles du jour venant d'arriver, on en a fait lecture.

La discussion s'est ouverte sur la fontaine projetée dans cette commune, la Société a arrêté d'inviter le comité de bienfaisance à payer les journées des ouvriers qui travaillent à faire venir les eaux nécessaires à la fontaine. Le citoyen Oriol, vice-président, a été nommé commissaire auprès du comité de bienfaisance pour porter ledit arrêté.

La séance a été levée.

Signé : HARDISSON, secrétaire.

Cejourd'huy, vingt-trois fructidor, l'an second de la République,

Après la lecture du procès-verbal de la précédente séance, la Société a reçu une lettre du citoyen Vergas, passementier, au sujet de Gaillard qui avait demeuré chez lui ; Vergas assure ne rien savoir de positif à cet égard.

On a discuté l'affaire de Vanelle et les commissaires nommés ont fait leur rapport ; mais on a passé à l'ordre du jour motivé sur ce que l'affaire est encore en instance au tribunal de district et d'après l'insulte faite par Vanelle aux commissaires nommés par la Société pour examiner cette affaire.

On a repris la discussion sur le jugement de Giraudet; la Société a renommé les mêmes commissaires qui sont les citoyens Julien Cognet, Mezin, Antoine Prost et Antoine Ramon, pour se transporter auprès de la municipalité et s'informer si Giraudet a payé l'amende exigée par la loi contre les accapareurs; enfin pour se concerter sur les moyens de réviser le jugement dudit Giraudet.

On a procédé à la nomination d'un second secrétaire; le citoyen Chol ne pouvant en remplir les fonctions, le citoyen Caire a été nommé pour le remplacer.

Le citoyen Ragot, nommé commissaire dans la séance du 19 pour porter à Commune-Affranchie une nouvelle réclamation de la Société pour le citoyen Jacques Dugas et porter aussi la lettre de Callet père, a rendu compte de sa mission. Il a dit que les nouveaux représentants envoyés à Commune-Affranchie examineraient nos réclamations ainsi que toutes les pièces concernant le citoyen Jacques Dugas et que l'un des deux représentants, à son passage à Commune-d'Armes, élargirait tous les prisonniers qui mériteraient de recouvrer leur liberté.[1]

La discussion s'est ouverte ensuite sur la commune du Fay; le citoyen Monciny, l'un des commissaires nommés

[1] Un certain nombre d'habitants de Saint-Chamond furent mis en liberté, à cette époque; ce sont : Jacques Roux, Etienne Grangier, Claude Bethenod, Jean-Jacques Boissieu, femme Filliat, Jacques Dugas, femme Bruyas, Vinant, Guérin père et fils, Joseph Praire, Jean-Baptiste

pour examiner les titres relatifs à cette commune, a fait son rapport, mais on n'a pu terminer cet objet, attendu qu'on n'avait pas les décrets relatifs aux biens communaux; la citoyenne Prévost a promis de faire parvenir incessamment à la Société le décret de la Convention suivant lequel cette commune a des droits sur la commune du Fay.

On a fait lecture des papiers-nouvelles, après quoi la séance a été levée.

Signé : HARDISSON, secrétaire.

Cejourd'huy, vingt-cinq fructidor, l'an deuxième de la République française, et après la lecture du procès-verbal de la précédente séance,

Le citoyen Mezin, l'un des quatre commissaires nommés pour se rendre auprès de la municipalité, a rendu compte de leur mission et a dit que la municipalité, prenant en considération l'objet de leur mission, n'attendait pour statuer de nouveau dans l'affaire de Giraudet que l'arrivée du citoyen Depierre, gendarme, dont il était nécessaire de recevoir la déposition.

Un membre a observé que le citoyen Forest, désigné pour faire le plan de la fontaine projetée, avait demandé

Chaland, Antoine Hervier, Targe, Joseph-Marie-François Gauthier, citoyenne Flachat, Gillier fils aîné, Gautier, ex-minime, Marc-Antoine Hervier, Montagnier aîné, Rillier, Léonard Anginieur, Royer Mazenod de la Bâtie, Jean-Baptiste Dugas aîné, Jean-Jacques Dugas cadet, Jérôme Chambovet, Finaz, Julien Callet, Jean-Marie Bethenod, veuve Dutreyve, Pierre-Louis Perrussel, Antoine de Boissieu, etc....

que préalablement on lui indiquât définitivement les lieux
où on ferait passer les conduites des eaux et que, d'après
cela, il s'occuperait du plan nécessaire pour la confection de
cet ouvrage. La Société bien convaincue que, pour asseoir
avec connaissance de cause la conduite des eaux, il convenait de nommer des commissaires entendus dans cette partie, elle a fait choix des citoyens S. Auriol, Rivierre, Désarmeaux et Chavanne, avec invitation de se concerter avec
le citoyen Forest pour déterminer par l'inspection des lieux
le passage le plus propice pour la pente des eaux et le moins
dispendieux.

Un membre ayant observé que, l'exécution des lois
étant spécialement recommandée à la surveillance des
Sociétés populaires et les décrets de la Convention devant
constamment être la base de leurs démarches et de leurs
opérations, la Société ne voyait que trop souvent son zèle
enchaîné par l'impuissance de se procurer les lois relatives
aux objets soumis à sa discussion; elle a arrêté que le bureau
serait chargé d'écrire à Commune-Affranchie pour se procurer la collection des décrets depuis l'existence de la Convention qui est l'époque de la proscription de la royauté et
de la proclamation de la République française, qu'en outre
on prendrait un abonnement pour recevoir journellement
les décrets émanés de la Convention.

Lecture a été faite d'une lettre du citoyen Rozet, élève
de l'école de Mars, contenant des détails d'instruction très-
intéressants sur l'agriculture et la fourniture des armées.
La Société les a entendus avec satisfaction; elle a applaudi
également aux sentiments de républicanisme consignés dans
une lettre des citoyens frères Faure qui défendent la patrie

à l'armée du Bas-Rhin. Il a été arrêté que mention honorable en serait faite dans le procès-verbal.

Les papiers-nouvelles venant d'être apportés au bureau, on en a fait lecture, après quoi la séance a été levée.

Signé : HARDISSON, secrétaire ;

RAGOT, président.

Cejourd'huy, vingt-sept fructidor, l'an deuxième de la République française, une, indivisible, après la lecture du procès-verbal de la précédente séance,

On a lu une lettre du comité de correspondance de la Convention qui annonçait que l'adresse de la Société relativement aux journées des 9 et 10 thermidor avait été lue à la Convention et qu'elle en avait décrété mention honorable.

Les commissaires, nommés pour se concerter avec le citoyen Forest à l'effet de déterminer le lieu le plus propice au passage des conduites pour la fontaine projetée, ont fait leur rapport ; il a été définitivement arrêté qu'on ferait passer les eaux par le pré du cy-devant château, pour arriver entre la maison de Plaisance et la Charité, de là en passant par le pré et la terre Gayot arriver à la cy-devant Croix de Mission, au-dessus de l'ancien cimetière, passer par l'enclos Terrasson pour arriver au coin de la maison Laroue, occupée par le citoyen Nantas, descendre par la rue des cy-devant Minimes, traverser la Grande rue, descendre par la rue

Ventefort,[1] passer à la Grenette[2] pour arriver au milieu de la place de cy-devant Saint-Pierre; que, pour la fontaine qui doit avoir lieu à la place Nationale,[3] la source sera partagée au-dessus du jardin de la Charité et les conduites des eaux passeront par le chemin qui descend à la place, qu'elles traverseront jusqu'auprès de l'arbre de la Liberté où sera construit le bassin; arrêté en outre que le citoyen Chavanne se transporterait, en qualité de commissaire de la Société, auprès du citoyen Forest pour l'inviter à faire le plus tôt possible le plan de ces deux fontaines d'après l'arrêté çi-dessus.

Les commissaires envoyés auprès de la municipalité pour l'affaire de Giraudet ont rapporté que la municipalité devait envoyer à la Société les déclarations qui avaient été faites par les deux gendarmes; ces déclarations s'étant trouvées sur le bureau, lecture en a été faite; après quelques discussions, on a passé à l'ordre du jour motivé sur ce que la Société devait s'en rapporter à la sagesse de la municipalité pour les mesures ultérieures.

La Société ayant pris connaissance de l'arrêté du district sur l'approvisionnement des marchés, il a été arrêté que la municipalité serait invitée à nommer des commissaires conformément à l'article 2 de la section 4 du dit arrêté, qu'en outre une circulaire serait adressée aux Sociétés de Commune-d'Armes, Val-Dorlay et Rive-de-Gier, pour les inviter à prendre les mêmes mesures.

(1) Aujourd'hui, rue Ventefol.

(2) Place de la Halle.

(3) Aujourd'hui, place de la Liberté.

Sur l'observation d'un membre que les revendeurs de tout genre ne faisaient plus usage du poids de marc, la Société a invité tous les citoyens à surveiller et a dénoncer tous ceux qui contreviendraient par là à la loi du maximum.

Lecture a été faite des papiers-nouvelles, après quoi la séance a été levée.

Signé : RAGOT, président;
CAIRE, secrétaire.

Cejourd'huy, vingt-neuf fructidor, après la lecture du procès-verbal de la précédente séance, on a lu le jugement que la municipalité a prononcé contre Giraudet, qui consiste à payer une amende de la somme de 881 livres 5 centimes pour l'amende exigée par la loi contre les infracteurs de la loi du maximum.

On a fait lecture d'une circulaire adressée aux Sociétés populaires affiliées pour les inviter à nommer des commissaires pour surveiller ceux qui se portent chez les habitants des campagnes pour enlever les denrées de première nécessité; elle a été approuvée, signée par les membres composant le bureau et envoyée de suite à sa destination.

On a lu les papiers-nouvelles.

Le citoyen Bourgeois a paru à la séance, il a été reçu avec de vifs applaudissements et le président l'a engagé à prendre place au bureau; il a prononcé un discours rempli de patriotisme et a invité la commune de cette cité à ne pas s'alarmer mal à propos sur les subsistances.

La discussion s'est ouverte sur la correspondance de notre Société avec celle des Jacobins de Paris et l'affiliation qu'ils lui ont retirée; on a nommé les citoyens Gonon et Monteiller pour inviter les citoyens Coignet et Escoffier, arrivant de Paris, à faire un rapport sur ce qu'ils avaient prononcé et ce qu'on leur avait répondu aux Jacobins de Paris. Mais les citoyens Coignet et Escoffier n'ayant pu venir, le rapport a été ajourné au lendemain.

Un membre a dit que les citoyens David et Journoud avaient apporté du savon dans cette commune. La Société a arrêté que la distribution se fera par compagnie, on a nommé huit commissaires à cet effet, qui sont les citoyens : Granjon Antony, Durand, Bourg, Pasquier, Trénard, Bérange, Imbert et François Piraud; et que chaque capitaine prenne le dénombrement de sa compagnie à seule fin que les commissaires puissent faire un partage légal.

On a nommé 14 commissaires pour aller dans les communes du canton lire aux habitants des campagnes la loi du maximum et l'arrêté du district sur les approvisionnements des marchés; ce sont les citoyens : Plainé, Drevas, Dubouchet, pour Saint-Jean-Bonnefond; Cervette, boulanger, Chol, de la Fontaine, Bérange, pour Lavalla; Conord, Laval coquet, pour Izieux; Jérôme Fournier, Jean Charbonnier, Augustin Rozet, pour Saint-Martin; cadet Goujon, François Piraud, pour Saint-Julien.

La discussion s'étant ouverte sur les savons et huiles, la Société a proposé d'inviter les marchands de clous ayant des relations à Marseille et dans les provinces d'échanger leurs clous contre des huiles et savons.

La séance a été levée.

Signé : CAIRE, secrétaire;
RAGOT, président.

Cejourd'huy, trente fructidor, l'an deuxième de la République française,

Les citoyens Coignet et Escoffier, à l'issue du temple de l'Etre suprême, se sont rendus au sein de la Société populaire et ont rendu compte de leur mission auprès des Jacobins de Paris ; ils ont dit qu'ayant sollicité la parole pendant deux jours, ils l'avaient obtenue très-difficilement et qu'ils avaient tâché de prouver aux Jacobins de Paris combien nous étions dignes de la liberté par les nombreux sacrifices que nous avions faits pour la patrie, par notre surveillance active à déjouer les complots des aristocrates et le courage qu'avaient déployé les patriotes de cette commune à l'époque de la rebellion lyonnaise, et que même ils étaient allés chez les représentants du peuple Boiron, Javogues, Dupuy, Pointe, les prier de se transporter aux Jacobins pour leur prouver combien la Société populaire de Saint-Chamond n'a jamais dévié des vrais principes du républicanisme. Ces représentants, connaissant les principes de notre Société, y sont allés avec plaisir et ont même bien été accueillis par les Jacobins.

(Sans signature.)

Cejourd'huy, premier jour complémentaire de la deuxième année républicaine, après la lecture du procès-verbal de la précédente séance,

Le citoyen Laval coquet, l'un des commissaires désignés pour se rendre à la commune d'Izieux, a fait le rapport de leur mission. La Société a entendu avec satisfaction que l'arrêté du district, relatif aux approvisionnements des marchés et à l'exécution de la loi salutaire du maximum, avait été accueilli de cette municipalité qui avait promis de faire tous ses efforts pour que nos marchés fûssent approvisionnés et que la loi du maximum fût exécutée dans son arrondissement, mais que pour faciliter cette exécution plus stricte, il fallait aussi que la Société surveillât les infractions qui se trouvaient dans cette commune, vu que les habitants des campagnes trouvaient injuste d'être forcés de donner leurs denrées au maximum lorsqu'en retour ils ne pouvaient rien se procurer dans cette commune qu'à prix infiniment au-dessus de celui établi par la loi. La Société qui s'est toujours fait un devoir de tenir aux principes de la justice, ayant reconnu que les plaintes de nos frères des campagnes n'étaient pas sans fondement, a arrêté que tous les bons citoyens seraient invités à redoubler de zèle pour faire cesser le monopole qui se commettait, en dénonçant les infracteurs à la loi, seul moyen d'entretenir la bonne union et l'harmonie nécessaire entre les habitants des campagnes et nous.

Les commissaires députés à la commune de Saint-Jean-Bonnefond ont fait également leur rapport, qui s'est trouvé à peu près le même que celui cy-dessus.

On a fait lecture d'une adresse circulaire des Jacobins de Paris aux Sociétés affiliées, tendant à les prémunir contre les insinuations calomnieuses que des malveillants répandent contre leurs principes. Un membre a judicieusement observé que mal à propos on avait dit dans une séance précédente que les Jacobins avaient retiré leur affiliation à cette Société, puisque l'envoi de cette adresse prouvait invinciblement le contraire, n'étant envoyée qu'aux Sociétés affiliées.

On a fait aussi lecture d'une lettre de nos frères de Marseille qui invite à la plus grande surveillance sur les intrigues des contre-révolutionnaires.

Le citoyen Escomel ayant obtenu la parole d'après la délibération de la Société, il est monté auprès du bureau pour être mieux entendu; il a demandé à la Société les raisons pour lesquelles il avait été provisoirement exclus; un membre les lui ayant rappelées, il a cherché à se justifier sur les inculpations qui lui avaient été faites. La Société, peu satisfaite des raisons qu'il a alléguées pour sa justification, a arrêté à l'unanimité qu'il ne serait plus compris dans le nombre des frères de cette Société.

Un membre ayant obtenu la parole au sujet d'un payement fait deux fois au sieur Escomel et au citoyen Montagnier, pour solde des gardes mises chez deux particuliers de cette commune, la discussion s'est ouverte; diverses autres réclamations ont été faites, mais il n'a rien été statué, l'heure étant avancée, et la séance a été levée.

Signé : HARDISSON, secrétaire;

RAGOT, président.

Cejourd'huy, troisième des complémentaires de la deuxième année républicaine, après lecture du procès-verbal de la précédente séance,

Un membre a dit que les savons n'étant plus en réquisition, il serait à propos de profiter du moment actuel, où la fabrique de cet objet de nécessité indispensable allait se mettre en activité à Marseille, pour en procurer aux citoyens de cette commune qui en étaient totalement dépourvus, que les négociants en clous faisant des affaires à Marseille et au port la Montagne [1] pourraient faciliter cet approvisionnement en faisant venir en retour de leurs clous des savons et des huiles.

La Société, ne pouvant que prendre cette ouverture en grande considération, a nommé les citoyens Fillon et Berry à l'effet de se transporter chez les marchands de clous et les inviter au nom de tous les citoyens de cette commune à leur procurer en échange de leur marchandise des savons et des huiles pour leur consommation.

L'un des commissaires députés auprès des représentants du peuple à Commune-Affranchie, à l'effet de solliciter des secours en grains dont cette commune était à la veille d'être totalement dépourvue, a fait le rapport de leur mission. La Société a entendu avec reconnaissance les effets de la sollicitude paternelle de ces représentants, consignés dans l'arrêté remis aux dits commissaires portant injonction au district de Commune-d'Armes de faire délivrer pour les besoins urgents de cette commune la quantité de grains relative à sa population et à prendre sur les quinze mille quintaux accordés par le comité des approvisionnements de Paris à Commune-d'Armes; les mêmes commissaires, ayant été chargés de porter au district l'arrêté des représentants, ont rapporté une authorisation de cette administration pour deux mille quintaux à prendre dans le district de Montbrison sur la partie des quinze mille quintaux.

(1) Toulon.

Lecture ayant été faite d'une adresse du district aux diverses municipalités, tendant à demander à chaque commune un certain nombre de batteurs de grains, tous les citoyens qui sçavent battre ont été invités de se rendre à la maison commune pour se faire inscrire et pour indiquer ceux qui connaissent ce genre de travail.

Le citoyen Mely, place Beaujeu, a prévenu le vœu de la Société en s'offrant de suite pour aller battre partout où on jugerait à propos de l'employer ; cet acte de civisme a excité la sensibilité de tous les membres de la Société et il a été arrêté qu'il en serait fait mention honorable au procès-verbal.

Il a été arrêté en outre que le comité de bienfaisance serait invité à donner des secours aux familles des bons citoyens qui iraient battre dans la plaine du cy-devant Forest.

Sur la motion qui a été faite de s'occuper de l'ordre qui aurait lieu à la fête de la Fraternité,[1] la Société a arrêté qu'elle s'en rapportait aux mesures qu'adopterait la municipalité.

On a fait lecture des papiers-nouvelles, après quoi la séance a été levée.

Signé : HARDISSON, scrétaire ;

RAGOT, président.

Cejourd'huy, quatrième des complémentaires de l'an deux de la République,

---

[1] C'était une simple fête décadaire dont il n'est même pas fait mention dans les registres de la municipalité.

Après lecture du procès-verbal de la précédente séance,

Les commissaires nommés pour inviter les marchands de clous à faire venir des savons et huiles ont rapporté que ces marchands leur avaient témoigné le plus grand empressement à concourir par cette mesure à satisfaire aux besoins de leurs frères de cette commune, que pour parvenir plus sûrement à remplir leur vœu ils se concerteraient à cet effet afin d'agir d'un commun accord dans cette opération.

Sur le rapport du citoyen commissaire de police qui a dit que la citoyenne Perrochia, de Cellieu, l'avait insulté lorsqu'il lui avait reproché qu'elle n'apportait plus comme cy-devant des denrées au marché, que le fait étant constaté par témoins, il serait à propos d'en instruire la municipalité pour qu'elle fit les démarches convenables pour en avoir raison et pour contraindre cette citoyenne à continuer d'apporter ses denrées au marché, conformément au vœu de l'arrêté du district; les citoyens Rivierre et Berry ont été nommés commissaires à cet effet.

Un membre ayant témoigné sa surprise sur la suspension des travaux de la fontaine, on lui a objecté qu'il fallait, avant de les continuer, avoir l'authorisation du département sur le plan qui serait présenté. La Société a invité le citoyen Fournier de passer chez le citoyen Forest pour l'engager à finir son plan le plus tôt possible pour qu'on pût d'après cela solliciter avec succès l'authorisation du département.

Lecture a été faite des papiers-nouvelles, après quoi la séance a été levée.

Signé : HARDISSON, secrétaire;
RAGOT, président.

Cejourd'huy, premier vendémiaire, l'an troisième de la République française, après la lecture du procès-verbal de la précédente séance,

Le citoyen Berry, un des commissaires désignés par la Société pour se transporter auprès de la municipalité à l'effet des insultes qui avaient été faites par la citoyenne Perrochia, de Cellieu, au commissaire de police, a rapporté que la municipalité a pris sa mission en considération et qu'elle a pris en note les faits constatés.

Le citoyen Fournier, qui avait été chargé par la Société de se transporter chez le citoyen Forest à l'effet de l'engager à diligenter le plan de la fontaine, a rapporté que le citoyen Forest lui avait assuré que définitivement il serait icy mercredy prochain (vieux style) avec le plan. Une discussion s'est ouverte sur les moyens d'approvisionner notre commune de fromage, qu'elle en est totalement dépourvue; diverses objections se sont faites, on n'a rien statué dessus.

La discussion s'est engagée sur le nommé Christophe Granjon; un membre a dit qu'il était venu avec les rebelles lyonnais dans notre commune pour nous persécuter. La Société a arrêté qu'il serait nommé quatre commissaires dans son sein, qui sont les citoyens Jacques Dervieux, Gaspard Villemagne, Françon, Mezin, à l'effet de se transporter auprès de la municipalité pour l'inviter de faire appeler ledit Granjon et lui demander ses pièces justificatives du temps de la rébellion lyonnaise.

On a fait lecture d'une lettre, adressée au président de la Société, du citoyen Rozet fils, élève de l'école de Mars, du camp des Sablons, qui a été vivement applaudie; ainsy a suivi la lecture des papiers-nouvelles.

Un membre a obtenu la parole et témoigné sa surprise sur ce que les garde-scellés n'avaient pas été changés comme la Société l'avait arrêté; on a objecté à cela que le citoyen Berne avait dit que le département ne l'authoriserait pas; la Société a de suite nommé deux commissaires pour inviter le citoyen Berne à venir s'expliquer séance tenante; le citoyen Berne a dit avoir été au département, il y a un mois, que les membres composant le département lui avaient dit que les gardiateurs des scellés ne pouvaient pas être changés et que c'était d'après cela qu'il l'avait dit; un membre a obtenu la parole et dit qu'il faudrait écrire au district, savoir si nous ne pourrions pas les changer, vu que nous avons des pauvres sans-culottes indigents, hors de pouvoir travailler; après plusieurs objections, la Société a arrêté d'écrire au département et au district à l'effet d'obtenir l'authorisation à pouvoir changer les garde-scellés, comme la Société l'avait arrêté dans la séance du 26 thermidor.

Après quoi, la séance a été levée.

Signé : CAIRE, secrétaire;

RAGOT, président.

Cejourd'huy, troisième vendémiaire, l'an troisième de la République française,

Après lecture du procès-verbal de la précédente séance, les commissaires, nommés pour se transporter à la municipalité et remplir le vœu de la Société relativément au citoyen Granjon, ont rapporté que l'agent national viendrait dans cette séance rendre compte de leur mission et des démarches qui avaient été faites.

Deux de nos jeunes frères de la Société des jeunes républicains ont obtenu la parole pour faire lecture d'une lettre du jeune Boiron, actuellement auprès de son père, représentant du peuple à Paris, par laquelle il les invite à resserrer les liens de la fraternité et à redoubler de zèle et de soins pour démasquer les intrigants. Cette lecture a été entendue avec le plus vif intérêt et la Société a fortement applaudi aux sentiments consignés dans ladite lettre.

La discussion s'est ouverte sur les moyens d'obvier aux abus qui se commettent par quelques citoyens de cette commune qui ne rougissent pas de faire servir leur diplôme à des exactions contraires au bon ordre et aux arrêtés du district qui prohibe tout achat de denrées de première nécessité dans les campagnes et hors des marchés. Un membre a observé qu'on lui avait dit à Saint-Christô, d'où il arrivait, que des individus de Sain-Chamond présentaient leur diplôme aux habitants pour les forcer à leur livrer leur beurre et autres denrées; plusieurs objections ont été faites et la chose n'étant pas suffisamment prouvée, on a passé à l'ordre du jour.

Sur l'observation d'un membre que, le citoyen Monate n'étant pas venu à la Société, il conviendrait de lui envoyer deux commissaires pour l'inviter à se rendre dans son sein et à y faire le rapport dont il était chargé par la municipalité, les citoyens Prénat et Neyret ont été nommés à cet effet.

Pendant l'intervalle de la députation, on a fait lecture des lettres écrites au département et au district à l'effet d'obtenir leur authorisation pour changer les gardiateurs établis dans les maisons séquestrées; elles ont été approuvées, signées de suite par le bureau et envoyées à leur destination.

Le citoyen Monate, empressé de se rendre au vœu de la Société, s'est rendu de suite dans son sein; il a fait lecture de deux dénonciations faites contre Christophe Granjon, en ajoutant qu'il y avait encore deux dénonciateurs qui n'étaient point encore venus déposer.

Lecture a été faite des papiers-nouvelles, après quoi la séance a été levée.

Signé : HARDISSON, secrétaire.

Cejourd'huy, cinq vendémiaire, l'an troisième de la République française,

Après la lecture du procès-verbal de la précédente séance, les citoyens Labric, Louis Flachier, Rochette, François Font, Boyer cadet, Pierre Chazard, Martin Tardy, François Lagrange, Pierre Colombet, cadet Dervieux, Couturier, Ch. Girard et Moulin, admis dans ses séances précédentes, ou passés au scrutin dans celle de ce jour, ont été appelés pour prêter leur serment. Les citoyens Girard et Couturier se trouvant seuls présents ont prêté le serment et ont été admis au nombre des frères de la Société.

Un citoyen ayant dénoncé le citoyen Matrat pour aller acheter à tous prix, dans la commune de La Valla, du beurre et autres denrées de première nécessité, il a été arrêté que le citoyen Monate, en sa qualité d'agent national, recevrait la dénonciation, comme chargé de suppléer au comité révolutionnaire et de faire punir les infracteurs à l'arrêté du district du 15 fructidor, concernant l'approvisionnement des marchés.

Ledit citoyen Monate a fait lecture à la Société de la lettre qu'il a écrite au comité révolutionnaire de Commune-d'Armes, relativement au citoyen Christophe Granjon.

Un membre ayant observé qu'il n'était plus possible de se procurer de la chandelle, les bouchers voulant vendre le suif au-dessus du maximum, ce qui mettait les chandelliers hors d'état de pouvoir fabriquer, la Société, considérant que cet objet était d'une nécessité indispensable dans la saison où nous entrons, a nommé les citoyens Tavernier et Berry pour se rendre à la municipalité et lui faire l'exposé cy-dessus, afin qu'elle prenne dans sa sagesse les mesures nécessaires pour contraindre les bouchers à se conformer au maximum, tant dans la vente de leur suif que de la viande à tous les citoyens.

On a fait lecture des papiers-nouvelles, après quoi la séance a été levée.

Signé : HARDISSON, secrétaire.

Cejourd'huy, sept vendémiaire, l'an troisième de la République française,

Après lecture du procès-verbal de la précédente séance, les citoyens Labrie, Louis Flachier, Joseph Hyacinthe

Rochette, François Font et Boyer cadet, ont prêté serment et ont été admis au rang des frères de la Société.

Un citoyen ayant entendu dire que le citoyen Ennemond Villemagne avait offert sans succès 50 sols de la douzaine des chandelles, il a cru devoir appeler l'attention de la Société sur le monopole qui résultait de la conduite des bouchers qui refusaient la délivrance de leurs suifs au maximum. La Société désirant, avant de statuer sur un objet aussi important, s'édifier sur la vérité des faits a nommé les citoyens Fleury Dervieux et François Piraud pour aller inviter le citoyen Villemagne à se rendre dans le sein de la Société; ce citoyen s'y étant rendu de suite a dit n'avoir aucune connaissance des bruits qu'on avait répandus et n'avoir jamais offert un prix pareil de la chandelle. Un membre alors a pris la parole et a dit que depuis longtemps la Société n'entendait dans ses séances que des dénonciations fondées sur des ouï-dires, que cela devait servir de leçon à l'avenir pour n'en recevoir que de signées, que tous les membres seraient invités à demander à ceux qui leur feraient des rapports de mettre au bas leur signature, que c'était là le seul moyen de déjouer les intrigants qui ne cherchaient qu'à faire soulever le peuple par des faussetés.

La discussion s'étant engagée sur les inconvénients de l'inoculation, la Société a nommé les citoyens Tavernier et Clapeyron pour prendre l'avis de la municipalité sur les mesures convenables à cet égard; elle les a en même temps chargés de l'inviter à lui procurer des chandelles pour ses séances.

Lecture a été faite de deux lettres des Sociétés populaires affiliées de Val-Dorlay et Rive-de-Gier, en réponse à

celle qu'elle leur avait adressée relativement aux accaparements faits dans les campagnes par des monopoleurs. La
Société a reconnu, par l'intérêt que leurs frères de Rive-de-
Gier et Val-Dorlay ont pris pour faire disparaître cet abus,
qu'ils étaient de véritables amis du peuple et de bons républicains.

Lecture a été faite des papiers-nouvelles, après quoi la
séance a été levée.

Signé : HARDISSON, secrétaire.

Cejourd'huy, neuf vendémiaire, l'an troisième de la
République française, après lecture du procès-verbal de la
précédente séance, le citoyen Julien Dervieux a prêté le
serment et a été admis au rang des frères de la Société.

Un membre a demandé la parole et l'a obtenue, a dit :
« nos ennemis méditent la dissolution des Sociétés populaires;[1] c'est dans ce moment que nous devons nous réunir
et redoubler de zèle et d'ardeur et correspondre exactement
avec les Sociétés auxquelles nous sommes affiliés pour
démasquer les scélérats qui osent encore une fois conspirer
contre la liberté. »

On a fait lecture d'une adresse de nos frères de Grenoble
qui nous invitent à la plus grande surveillance à démasquer

---

(1) Comme on le verra plus bas, ce pressentiment était fondé, car,
deux mois plus tard, les Sociétés populaires étaient dissoutes. La Convention, avant de prendre un arrêté dans ce sens, fit établir la liste des
membres composant chaque Société populaire et, par ce moyen, elle
anéantit toute l'opposition que l'on aurait pu faire à la dissolution des
Sociétés populaires.

les malveillants et les contre-révolutionnaires; cette lecture a été entendue avec beaucoup d'intérêt. La Société a vivement applaudi.

La Société a arrêté qu'on ferait une adresse aux Jacobins de Paris tendant à appuyer celle de nos frères de Niort à la Convention; on a nommé pour rédacteurs Coignet, Conord, Hardisson, Monate. La Société a chargé les mêmes rédacteurs de répondre à la lettre que nous ont écrite les Sociétés populaires de Rive-de-Gier et de Val-Dorlay.

La discussion s'est ouverte sur les difficultés qu'il paraît y avoir pour l'authorisation de la fontaine. Un membre a dit que le district avait répondu à la pétition de la Société à la municipalité. Un membre de la commune s'est offert à aller chercher ladite réponse pour que lecture en soit faite à la Société. Après lecture faite, la Société a nommé pour commissaires les citoyens Laval coquet et Chavanne, pour se transporter auprès de la municipalité à l'effet de se concerter ensemble pour obtenir le plus tôt possible l'authorisation.

Lecture a été faite des papiers-nouvelles, après quoi la séance a été levée.

Signé : RAGOT, président;

CAIRE, secrétaire.

Cejourd'huy, onze vendémiaire, l'an troisième de la République française,

Après la lecture du procès-verbal de la précédente séance, on a procédé à la nomination d'un vice-président; le citoyen Pascal l'invalide, ayant réuni la majorité des suffrages, a été reconnu en cette qualité.

Les citoyens censeurs ayant demandé à être remplacés, la Société a nommé par acclamation les citoyens Hyacinthe Rochette, Faure, Gaspard Villemagne, Cauron, Claude Prénat, Conord, pour remplir lesdites fonctions.

Sur la motion d'un membre qui a fait connaître la nécessité de se munir, dans ces circonstances de disette, de pommes de terre, la Société a nommé pour, de concert avec le comité des subsistances, se transporter dans toutes les communes du canton et les engager à nous donner des pommes de terre au prix fixé par le maximum, les citoyens Guillaume Fournier, Ph. Girard, Berange, Imbert, Bancel, Martin neveu, Garas, chapelier, Cauron, J. L. Augier, Pléney, Couturier, de la Grande rue, Raymond, Laval, Pomeirol, Dubouchet, Gonon, dit chapeau blanc, Jean Villemagne, Montgarat, Perret, cantonnier, Granjon Antony, Pal, Pascal aîné, Boyet, Grange, Escoffier, Prost, marchand de clous, Arnaud fils et Fournas fils.

La Société, pénétrée de respect et d'admiration pour la Convention qu'elle veut reconnaître uniquement pour le centre du gouvernement révolutionnaire et pour le seul point de ralliement des bons et véritables patriotes, a arrêté qu'une adresse lui serait envoyée pour la féliciter sur ses travaux et lui faire part des sentiments invariables que lui ont voués tous les membres de cette Société.

Un membre ayant observé que le service de la garde nationale relativement aux étrangers paraissait se ralentir, que plusieurs de ces étrangers passaient sans qu'on leur demande leur passeport, la Société, empressée de faire cesser cette espèce d'insouciance qui peut compromettre la chose publique, a arrêté que les citoyens Pitiot et Montagnier se rendraient en qualité de commissaires auprès de l'état-major afin de l'inviter à ce que la consigne de visiter les passe-ports fût donnée de nouveau et suivie avec exactitude.

Sur la proposition d'un membre et sur l'observation qu'il a faite que cette commune se voyait sur le point de manquer de charbon, la Société a nommé les citoyens Dupuis et Prénat à l'effet de se transporter auprès du citoyen Chaland et l'inviter d'augmenter son exploitation par un plus grand nombre d'ouvriers extracteurs.[1]

La discussion s'étant engagée sur l'inobservation du maximum sur ce combustible si nécessaire, un membre a observé que le district avait pris un arrêté à cet égard, et la Société a renvoyé cet objet à une autre séance pour avoir le temps de prendre connaissance dudit arrêté.

Lecture a été faite des papiers-nouvelles, après quoi la séance a été levée.

Signé : HARDISSON, secrétaire.

Cejourd'huy, treize vendémiaire, l'an troisième de la République française,

---

[1] L'extraction du charbon fut interrompue pendant un certain temps, par suite du manque d'huile.

Afin d'activer les travaux des carrières et augmenter leur exploitation, un arrêté du directoire du district de Commune-d'Armes fixa provisoirement la journée des mineurs aux taux suivants : les piqueurs, 7 livres 10 sols au lieu de 5 livres 8 sols; les porteurs, 7 livres au lieu de 5 livres.

Après lecture du procès-verbal de la précédente séance, les membres composant le comité révolutionnaire dissous, à la forme de la loi,[1] sont venus faire hommage à la Société du coq qu'ils avaient fait faire pour les cérémonies publiques et qui, présentant le symbole de la vigilance, caractérisait le zèle qu'ils avaient mis dans toutes les fonctions dont ils avaient été chargés. La Société l'a reçu avec de vifs applaudissements et a arrêté qu'il servirait à la décoration de la salle de ses séances.

Sur la motion d'un membre, la Société a accordé la parole au citoyen Gaillard pour se disculper des allégations qui avaient été portées contre lui et a arrêté que, d'après les renseignements qu'il donnerait sur sa conduite depuis la révolution, on s'en édifierait en arrivant aux diverses personnes qu'il indiquerait pour avoir leur témoignage et savoir s'il a déserté ou non d'un régiment, que provisoirement il serait admis aux séances de la Société.

Le citoyen Monate, l'un des rédacteurs désignés pour les adresses aux Jacobins de Paris, à la Convention nationale, en a fait lecture ainsi que des réponses aux Sociétés de Rive-de-Gier et Val-Dorlay; ces lettres et ces adresses ont été approuvées avec applaudissements.

On a fait lecture de diverses lettres, l'une du citoyen Fournas père sur le contenu de laquelle on a passé à l'ordre

---

(1) Dans la séance du 19 frimaire, an III, la Convention discuta la suppression des comités révolutionnaires; puis, le 1er ventôse suivant. elle rendit un décret aux termes duquel, « à compter du 1er germinal, an III, les comités révolutionnaires, établis dans les chefs-lieux de district et les communes dont la population était au-dessous de 50,000 âmes, étaient supprimés. » Cf. *Ancien Moniteur*, t. XXIII.

du jour comme contenant des faits qui ne sont pas de la compétence de la Société; l'autre des citoyens Couturier et François Dervieux qui indiquent le citoyen Martinet, agent national de Chavanay, comme très en état de fournir à juste prix les tuyaux nécessaires pour la fontaine; arrêté qu'on écrirait audit citoyen pour savoir ses conditions.

Un membre ayant observé que le prix du charbon avait été porté au-dessus du maximum à la carrière du cy-devant château, on a arrêté que les citoyens Laval et Pradier se transporteraient auprès de la municipalité pour l'inviter à y mettre ordre en prenant cet objet en considération, comme aussi d'écrire à la municipalité de Jean de Bonnefond pour l'inviter à ne plus requérir les chevaux employés à la carrière du citoyen Chaland, ces chevaux étant nécessaires à l'approvisionnement de cette commune qui souffre par l'effet de ces réquisitions.

Les commissaires, envoyés auprès du district pour lui faire des observations sur son arrêté relatif aux pommes de terre, ont annoncé que le district retirerait ledit arrêté et que, d'après les pièces envoyées au département on aurait incessamment l'authorisation nécessaire pour l'édification de la fontaine.

Lecture a été faite d'un arrêté du district ordonnant que toutes les plantes inutiles seraient brûlées pour faire du salin.

Après quoi, la séance a été levée.

Signé : HARDISSON, secrétaire.

Cejourd'huy, quinze vendémiaire, l'an troisième de la République. française,

Après lecture du procès-verbal de la précédente séance, on a lu les papiers-nouvelles ainsi que l'arrêté des représentants du peuple de Commune-Affranchie relativement à la nouvelle organisation de la Société populaire et à la fausseté des principes qu'on avait osé y avancer, qui ont nécessité les mesures prises par ledit arrêté. La Société y a applaudi, ainsi qu'à une lettre du citoyen Dugas, fils du citoyen Camille Dugas, datée du Col de Blanchelande, armée des Alpes, qui annonce une victoire remportée par nos braves défenseurs sur les satellites du tyran de Piémont.[1]

On a procédé à la nomination des commissaires pour le comité des écoles primaires; les citoyens Jacques Pascal, Drevard, à la Grenette, Chazal, drapier, Berger aîné, Berange, Imbert, adjudant, Besson, Dubouchet et Gonon cadet, ayant réuni les suffrages, ont été admis à cet effet.

Les citoyens Chirat et Clapeyron ont été chargés par la Société d'inviter le citoyen Biscornet à rendre le plus tôt possible les appartements qu'il occupe dans la maison de ladite Société, comme étant nécessaires pour l'établissement du comité de correspondance.

Le citoyen Pascal l'invalide ayant prié la Société, vu les fonctions de maire qu'il remplit et qui absorbent tout son

---

(1) Il s'agit là d'une petite escarmouche qui eut lieu le 28 fructidor. entre le fort Mirabouck et les Barricades. L'armée française n'essuya aucune perte; par contre, 200 Piémontais restèrent sur la place, et plus de 150 prisonniers furent en notre pouvoir.

temps, de vouloir bien le dispenser d'occuper celle de vice-président à laquelle il avait été appelé par le résultat du scrutin, la Société ayant égard à son exposé et persuadée que son zèle ne saurait avoir de bornes que celles de ses forces, qui se trouvaient toutes absorbées par les pénibles fonctions de sa place, a arrêté que le citoyen Berange, qui après lui avait réuni le plus de suffrages, remplirait la vice-présidence.

Le citoyen Fournier a dit avoir entendu dire dans un cabaret que les commissaires, nommés par la Société pour aller requérir les pommes de terre dans les campagnes, étaient des brigands; la Société l'a invité d'en aller faire la dénonciation auprès de l'agent national afin de mettre un frein aux propos de ces malveillants.

Il a été arrêté en outre que pour obvier aux abus qui pourraient se commettre par quelques particuliers qui, ayant cueilli des pommes de terre, ne rougiraient pas de les vendre hors de la commune pour en aller ensuite demander au comité de subsistances, les capitaines de chaque compagnie seraient invités à faire le recensement de toutes celles qui se trouveraient dans la commune après la décade prochaine.

La séance a été levée.

Signé : HARDISSON, serétaire.

Cejourd'huy, dix-sept vendémiaire, l'an troisième de la République française, après la lecture du procès-verbal de la précédente séance, on a fait lecture des papiers-nouvelles qui, étant fort étendus, ont occupé une partie de la séance.

Le citoyen Vernadet ayant fait demander à la Société un nouveau diplôme, sur l'observation d'un membre que le citoyen Vernadet, habitant une autre commune, devait se pourvoir d'un diplôme dans la Société de la commune dans laquelle il faisait sa résidence, il a été arrêté qu'il ne lui en serait point accordé, vu qu'il n'était que de la précédente Société et qu'il n'a point été reçu dans celle réorganisée.

Les commissaires, chargés d'inviter le citoyen Biscornet à vider ses appartements, ont rapporté qu'il demandait à rester jusqu'à ce que les appartements de sa maison fussent vidés, ne sachant où se placer en ce moment; il a été arrêté que le citoyen Biscornet payerait le loyer dudit appartement à la Société, ce qu'il a accepté, sur le pied de 6 livres par mois jusqu'au moment où il viderait cet appartement.

Sur l'observation dudit citoyen Biscornet que les toits de la chambre qu'il occupe étaient en mauvais état et exigeaient une réparation, la Société a arrêté que la municipalité serait invitée à faire remettre audit Biscornet les thuiles provenant de la démolition,[1] dans la quantité nécessaire pour cette réparation qui sera faite aux frais dudit Biscornet.

Un membre ayant observé que les canaux de la fontaine actuellement existante étaient sans doute bouchés, vu le peu d'eau qu'elle fournissait, qu'il serait urgent d'y faire les réparations nécessaires, il a été arrêté que cet objet serait renvoyé à la prochaine séance, vu que d'icy-là on jugerait

(1) Du château de Saint-Ennemond.

mieux si c'était par défaut d'eau ou par l'effet de l'obstruction des canaux que provenait la diminution de l'eau.

La séance a été levée.

Signé : HARDISSON, secrétaire.

Cejourd'huy, dix-neuf vendémiaire, l'an troisième de la République française,

Lecture faite du procès-verbal de la précédente séance, on a lu une lettre du district de Commune-d'Armes qui demande à la Société 18 commissaires pris dans les sansculottes pour se transporter à Commune-d'Armes. La nomination a été ajournée pour la première séance, motivée sur ce que la Société eût le temps de réfléchir pour pouvoir faire un bon choix, suivant le vœu du district.

Le citoyen Jacques Dugas est venu remercier la Société de ses bons offices et des réclamations faites en sa faveur; le Président lui a donné l'accolade fraternelle; la Société a vivement applaudi.

D'après l'observation d'un de nos jeunes frères qui a dit que les citoyens nommés pour assister à leurs séances avaient rempli le temps fixé, on a nommé pour les remplacer les citoyens Roussier père, Ollagnier, Montgarat, Maron, dit Lentement.

On a fait lecture du bulletin des lois. Le citoyen Monciny, l'un des commissaires pour la commune du Fay, a fait un rapport des titres et pièces qui constate que ces communes appartiennent à celle de Sain-Chamond. Les citoyens Conord et Desgranges ont été nommés commissaires pour faire signer ledit rapport à la municipalité et, après, l'envoyer au district pour qu'il mette enfin la commune de Sain-Chamond en possession de celle du Fay.

Le citoyen Pradier a rendu compte de sa mission auprès de la municipalité; il a dit qu'on ne pouvait donner le charbon au maximum, attendu le prix des journées.[1] La discussion s'est ouverte à ce sujet et la Société a nommé deux commissaires, Berange et Pitiot, pour aller auprès du district de Commune-d'Armes et lui demander son avis sur cet important objet et savoir si l'on devait vendre ces carrières ou s'il serait possible de les affermer.

Le citoyen Callet, de retour de sa mission dans le Forest, en a rendu compte à la Société et a dit que, si nous manquons de grains, c'est faute de bras pour les battre. La Société a arrêté que les deux commissaires déjà nommés pour se rendre auprès du district l'engageront à nous désigner quelques communes qui peuvent nous fournir notre contingent pour les grains et que nous y enverrions des batteurs.

On a fait lecture d'une lettre du département en réponse à celle que la Société lui a écrite sur le remplacement des gardiateurs des maisons séquestrées; le district est chargé de pourvoir à ce remplacement.

La Société a entendu la lecture d'une adresse de la Société populaire de Grenoble à la Convention nationale et il a été arrêté qu'on féliciterait nos frères de Grenoble de leur courage et de leur énergie pour surveiller et déjouer les manœuvres de nos ennemis. — La séance a été levée.

Signé : CAIRE, secrétaire.

(1) Voy. plus haut p. 296.

Cejourd'huy, vingt-un vendémiaire, l'an troisième de la République française, après lecture du procès-verbal de la précédente séance,

L'ordre du jour appelant la nomination des dix-huit commissaires que le district avait demandés par sa lettre du 17, on a procédé à leur choix. Le vœu de la Société s'est porté sur les citoyens Moireau, Desgranges, Barallon fils, Faure fils, passementier, Tavernier, cordonnier, Duet, François Clapeyron, Gabriel Grange, du fort, Pléney, Dalissant, Trenard, Renaud, de la Rive, Goujon cadet, Pierre Berlier, dit Fleury, Brossard aîné, Brossard cadet, Garas, chapelier, Fayolle, de la rue Froide. Ils ont été reconnus pour commissaires et leur nom a été indiqué à l'administration, conformément à sa demande.

Sur l'observation d'un membre que le zèle des citoyens paraissait se refroidir sur la célébration de la fête décadaire, une discussion fort longue s'est ouverte; diverses objections ont été faites sur les moyens proposés pour ranimer le zèle des républicains. La Société a cru plus convenable de redoubler d'énergie en donnant elle-même l'exemple et en invitant individuellement tous les bons citoyens à assister avec exactitude au temple de l'Etre suprême.

Le citoyen Pascal, maire de la commune, a fait un discours plein de sensibilité et d'énergie où il a dépeint toute sa sollicitude pour le bonheur commun; dans cette circonstance où nous manquons de grains, ce qu'il n'a attribué qu'au défaut de batteurs, il a annoncé que tous ceux qui se rendraient dans le Forest pour battre recevraient, outre la paye sur les lieux, trente sous par jour du comité de subsistances. La Société a arrêté que la municipalité serait invitée à convoquer l'état-major pour qu'il aye à donner ordre à chaque capitaine de faire la liste, dans leur compagnie, de tous les citoyens en état et sachant battre le blé.

Le citoyen Berange, l'un des commissaires désignés pour se rendre auprès du district à l'effet d'obvier à la vente des carrières et pour obtenir qu'il nous fût désigné quelques communes pour notre approvisionnement, dans lesquelles nos batteurs se rendraient, a dit qu'il avait parlé à cet effet au citoyen Chana qui l'a assuré qu'il n'était question que de se concerter entre les commissaires d'icy et ceux de Commune-d'Armes et que, une fois d'accord de leur fait, ils n'auraient qu'à écrire au district qui l'approuverait; que, quant aux carrières, il faudrait inviter les négociants aisés, dont les ouvriers sont le plus spécialement dans le cas de faire usage de ce combustible, à en faire l'acquisition.

La séance a été levée.

Signé : HARDISSON, secrétaire.

Cejourd'huy, vingt-trois vendémiaire, l'an troisième de la République française,

Après la lecture du procès-verbal de la précédente séance et des nouvelles consignées dans les papiers publics,

Le citoyen maire a mis sur le bureau une lettre des citoyens Camille Dugas et Pervanchon, commissaires de cette commune auprès du comité des subsistances de Paris, par laquelle il font part de l'espoir que leur donnent leurs démarches pour l'approvisionnement de cette commune. Cette lecture a été suivie de vifs applaudissements.

Sur l'observation d'un membre que la distribution qui se faisait du grain à la commune entraînait de grands inconvénients par l'effet de la foule qui s'y portait, et de la nécessité d'aviser à un autre mode de distribution, la Société a jugé qu'il serait plus convenable que cette distribution se fît par compagnie. A cet effet, elle a nommé les citoyens Anthony et Conord à l'effet de se transporter à la municipalité pour lui communiquer cette mesure et l'inviter, si elle l'adopte, à en faire faire la publication au son de la caisse.

Un membre ayant fait sentir la nécessité d'avoir des règlements dans une Société bien organisée, qui fûssent dans le cas d'être exhibés dans toutes les séances, aux fins de maintenir l'ordre, il a été arrêté qu'attendu que ceux qui avaient été faits lors de la formation de cette Société se trouvaient égarés, on en ferait de nouveaux et que la prochaine séance serait consacrée à cet effet.

Lecture a été faite ensuite des papiers-nouvelles venant d'arriver, après quoi la séance a été levée.

Signé : HARDISSON, secrétaire.

Cejourd'huy, vingt-cinq vendémiaire, l'an troisième de la République française, lecture a été faite de l'adresse de la Convention[1] au peuple français, en date du 18 vendé-

---

[1] Cette adresse fut présentée à la Convention par les trois comités de salut public, de sûreté générale et de législation ; Cambacérès en fit

miaire. Cette adresse, rappelant au peuple des vérités éternelles et des principes sacrés qui doivent rallier tous les
citoyens, tous les membres de la Société en ont entendu la
lecture avec le plus vif enthousiasme et ont renouvelé le
serment de ne reconnaître que la Convention pour centre
du gouvernement et pour point de ralliement dans toutes
les crises que pourrait faire naître l'intrigue, sous quel
masque qu'elle pût se déguiser, et les cris unanimes de :
vive la République, vive la Convention ! longtemps prolongés, ont été suivis des plus grands applaudissements.

Lecture a été faite ensuite de l'authorisation du département pour le passage des eaux de la fontaine dans le pré
du cy-devant château et de l'authorisation qu'il donnait

lecture dans la séance du 18 vendémiaire, an III; cette adresse fut
« souvent interrompue par les plus vifs applaudissements et adoptée
unanimement par un mouvement simultané. » J'en détache les alinéas
suivants :

« Français, au milieu de vos triomphes l'on médite votre perte. Quelques hommes pervers voudraient creuser au sein de la France le tombeau de la liberté.... Nous taire serait vous trahir et le plus saint de
nos devoirs est de vous éclairer sur les périls qui vous entourent.

...... « Tous les actes du gouvernement porteront le caractère de la
justice; mais cette justice ne sera plus présentée à la France, sortant des
cachots, toute couverte de sang, comme l'avaient figurée de vils et
hypocrites conspirateurs.

...... « Fuyez ceux qui parlent sans cesse de sang et d'échafauds,
ces patriotes exclusifs, ces hommes outrés, ces hommes enrichis par la
Révolution, qui redoutent l'action de la justice, et qui comptent trouver
leur salut dans la confusion et dans l'anarchie.

...... « Citoyens, toutes les vertus doivent concourir à l'établissement d'une République. Vous avez déployé tour à tour la force pour
renverser la Bastille et le trône, la patience pour supporter les maux
inséparables d'une grande Révolution, le courage pour repousser les
barbares qui voulaient forcer vos frontières : le temps est venu de vain-

à la construction. Après une grande discussion sur la manière la plus convenable d'entreprendre cet ouvrage, un membre ayant observé que, la confection de cette fontaine étant un objet qui concernait la commune entière, il convenait de charger la municipalité, qui jouissait à juste titre de la confiance générale des citoyens, de toutes les opérations relatives à la construction de ladite fontaine; ce à quoi la Société ayant adhéré à l'unanimité, il a été arrêté que les citoyens Berange, Chol, Hardisson et Moiraud, se transporteraient en qualité de commissaires auprès de ladite municipalité, à l'effet de lui remettre l'authorisation du département et les pièces y annexées, et de l'inviter à faire toutes les démarches qu'elle aviserait dans sa sagesse les plus convenables pour accélérer cette construction, en se concertant avec l'ingénieur du district pour donner l'entreprise au rabais, après avoir définitivement arrêté avec lui le passage le plus convenable pour les eaux.

Un membre ayant témoigné combien l'arrestation imprévue et subite du citoyen Chana[1] affectait douloureusement tous les patriotes qui, jusqu'à présent, l'avaient vu pénétré des bons principes et entièrement dévoué à la chose

cre encore vos ennemis par la fermeté et la sagesse Il faut que le calme succède enfin à tant d'orages. Le vaisseau de la République, tant de fois battu par la tempête, touche déjà le rivage; gardez-vous de le repousser au milieu des écueils. Laissez-le s'avancer dans le port en fendant d'un cours heureux une mer obéissante, au milieu des transports d'un peuple libre, heureux et triomphant. » — Cf. *Ancien Moniteur*, t. XXII.

(1) Après le 9 thermidor, Chana fut conduit à Paris, par ordre des comités de la Convention. Il dut sa liberté à la loi de l'amnistie et se lia bien vite avec les Babouvistes.

publique, qu'il paraîtrait convenable d'envoyer deux commissaires auprès des représentants du peuple à Lyon avec une pétition de la Société tendant à manifester ses sentiments sur le compte du détenu et à les prier de vouloir bien rassurer les patriotes de cette commune, en indiquant les motifs qui les avaient engagés à priver de sa liberté un citoyen connu jusqu'à présent par un véritable patriotisme, ce qui ayant été adopté à l'unanimité, il a été arrêté que la pétition serait rédigée dans la soirée par les citoyens Monate et Hardisson, signée le lendemain dans une séance indiquée à cet effet pour 7 heures du matin et portée de suite aux représentants du peuple par les citoyens Chol et Ragot, nommés commissaires à cet effet.

Lecture a été faite des papiers publics, après quoi la séance a été levée.

Signé : HARDISSON, secrétaire.

Cejourd'huy, vingt-sept vendémiaire, l'an troisième de la République française, après la lecture du procès-verbal de la précédente séance et des papiers-nouvelles,

Un membre a observé que le citoyen Brossard cadet, l'un des 18 commissaires nommés par la Société et confirmés par le district pour le recensement des grains, se trouvait en Provence, la Société a nommé le citoyen Vinois, tanneur, pour le remplacer.

Lecture a été faite d'une pétition du citoyen Malassagny pour quelques thuiles; la Société l'a renvoyé à se pourvoir auprès de la municipalité.

Un membre ayant proposé de faire une pétition au comité de sûreté générale en faveur du citoyen Chana, lecture en a été faite et le restant de la séance a été rempli pour recevoir les signatures, au bureau, de tous les frères de la Société présents.

Après quoi, la séance a été levée.

Signé : HARDISSON, secrétaire.

Cejourd'huy, vingt-neuf vendémiaire, l'an troisième de la République française, après lecture des papiers-nouvelles,

Le citoyen Chol a rendu compte de sa mission auprès des représentants à Lyon, relativement au citoyen Chana ; il a dit que ce citoyen était détenu par ordre du comité de sûreté générale et que les représentants de Lyon ne pouvaient aucunement statuer sur cette arrestation. On a de suite fait une deuxième lecture de la pétition, adressée audit comité de sûreté générale en faveur du citoyen Chana, elle a été approuvée et il a été arrêté qu'elle serait envoyée de suite. Le citoyen Chol a remis une lettre du citoyen Chana, datée des prisons des Recluses, de Lyon, dont lecture a été faite. Les sentiments qu'elle annonce ont été vivement applaudis.

Sur la réclamation du citoyen Steimer, la Société a arrêté que le trésorier acquitterait un compte de quelques fournitures qu'il a faites.

L'objet des règlements a été renvoyé à une prochaine séance.

Le citoyen maire a annoncé que l'objet de la fête de

demain étant pour célébrer les victoires de nos braves défenseurs, tous les bons républicains devaient s'empresser d'y assister.

Après quoi la séance a été levée.

Signé : HARDISSON, secrétaire.

Cejourd'huy, premier brumaire, l'an troisième de la République française, après la lecture du procès-verbal de la précédente séance, on a donné connaissance, par la lecture du bulletin de la Convention, du décret qui défend toute affiliation de Société populaire,[1] toute correspon-

---

(1) Dans la séance du 25 vendémiaire, an III, Delmas, au nom des trois comités de salut public, de sûreté générale et de législation, a proposé à la Convention le projet de décret suivant sur la police des Sociétés populaires :

Art. 1er. — Toutes affiliations, agrégations, fédérations, ainsi que toutes correspondances, en nom collectif, entre Sociétés, sous quelques dénominations qu'elles existent, sont défendues comme subversives du gouvernement et contraires à l'unité de la République.

Art. 2. — Aucunes pétitions ou adresses ne peuvent être faites en nom collectif. Elles doivent être individuellement signées.

Art. 3. — Il est défendu aux autorités constituées de statuer sur les adresses ou pétitions faites en nom collectif.

Art. 4. — Ceux qui signeront, comme président ou secrétaires, des adresses ou pétitions faites en nom collectif, seront arrêtés et détenus comme suspects.

Art. 5. — Chaque Société dressera, immédiatement après la publication du présent décret, le tableau de tous les membres qui la composent.

Etc.... Etc....

Depuis quelque temps déjà, la Convention songeait à anéantir les Sociétés populaires dont l'institution pouvait conduire à des excès et à

dance en nom collectif et qui ordonne qu'un tableau sera fait du nom, prénom, profession et date de réception dans la Société de chacun des membres qui la composent, ledit tableau pour être remis à l'agent national du district ainsi qu'à celui de la commune. La Société, aussi empressée de reconnaître les vues sages de la Convention, qu'elle a toujours regardée comme le centre d'unité de la République, que d'obéir aux lois qu'elle dicte dans sa sagesse, a arrêté que dès ce moment elle ne correspondrait plus qu'avec elle et que le tableau de ses membres serait fait incessamment.

Le président ayant observé que le temps fixé pour la présidence étant expiré, il convenait de s'occuper de son remplacement, ce qui a été renvoyé à la prochaine séance.

Un membre ayant demandé à la fin de la séance qu'une adresse fût faite à la Convention pour la féliciter sur celle qu'elle a faite aux Français, on a renvoyé à la prochaine séance à nommer les rédacteurs, vu le petit nombre de membres qui se trouvaient alors dans la séance qui a été levée de suite.

Signé : HARDISSON, secrétaire.

Cejourd'huy, six brumaire, l'an troisième de la République française, lecture a été faite des papiers-nouvelles, du

des dangers. Ce n'est pas sans avoir donné lieu à de nombreuses et violentes discussions et à une vive opposition de la part des Jacobins que le décret çi-dessus put être rendu. Au sein de la Convention, les représentants Pelet, Thibaudeau, Merlin (de Thionville), Lejeune, etc... parlèrent pour ou contre le projet déposé par Delmas sur l'affiliation des Sociétés populaires. (Séance du 25 vendémiaire an 3). — Cf. *Ancien Moniteur,* t. XXII.

bulletin des lois ainsi que du procès-verbal de la précédente séance.

Un membre ayant observé qu'il convenait de s'occuper incessamment de la formation du tableau ordonné par le décret de la Convention, après quelques discussions sur le plus convenable à employer pour former ce tableau, il a été arrêté à la majorité que le tableau contiendrait le nom de tous les membres reçus et que ceux qui voudraient renoncer au titre d'agrégé à la Société viendraient se faire rayer au bureau.

Le restant de la séance a été employé au scrutin pour l'élection du vice-président; la majorité s'étant réunie en faveur du citoyen Imbert, il a été proclamé en cette qualité, après quoi la séance a été levée.

Signé : HARDISSON, secrétaire.

Cejourd'huy, huit brumaire, l'an troisième de la République française, après la lecture du procès-verbal de la précédente séance,

On a procédé à la nomination de nouveaux censeurs; les citoyens Barbarin, Montgarat, Roux, Claude Pascal, Chaumier et Reynaud, de la Rive, ayant réuni la majorité des suffrages, ont été élus en cette qualité.

Lecture a été faite d'une lettre du citoyen Rozet, élève de Mars, par laquelle il donne les détails du simulacre de bataille qui a été donné par un jeune républicain, au camp de Mars; il a été fait lecture d'une deuxième lettre de l'administration du district qui invite la Société de nom-

mer deux commissaires pour être adjoints à ceux qui sont
en mission au canton de la Fouillouse; un des commissaires destinés pour ce canton se trouvant à la séance a
observé que mal à propos les commissaires qui étaient à
Val-Dorlay y remplissaient une mission qui était destinée
à des citoyens de Commune-d'Armes, qu'il convenait de
leur faire sçavoir par un commissaire qu'ils eûssent à se
rendre icy pour partir le jour de la décade avec les commissaires nommés pour la Fouillouse. Le citoyen Montgarat s'est chargé d'aller à Val-Dorlay pour le leur faire
sçavoir.

Le restant de la séance a été rempli par l'appel des membres devant être mis sur le tableau et indiquée pour
demain aux fins de continuer cette opération.

(Sans signature.)

Cejourd'huy, neuf brumaire, l'an troisième de la République française,

Le citoyen Pervanchon, l'un des deux commissaires
nommés pour aller à Paris demander des subsistances pour
cette commune, a rendu compte de sa mission et a dit que
le comité de subsistances de Paris a accordé cinq mille
quintaux applicables à la seule commune de Sain-Chamond,
indépendamment des trente-deux mille quintaux destinés
pour le district de Commune-d'Armes. Le citoyen Pervanchon a ajouté que, la moitié des cinq mille quintaux étant
consommée, il faudrait envoyer à Paris un nouveau com-

missaire qui se concerterait avec le citoyen Boiron pour faire approvisionner de nouveau cette commune.

Conformément au décret de la Convention nationale qui demande un tableau général des membres des Sociétés populaires, qui contienne les nom, prénom, âge, lieu de naissance, profession, domicile et date de réception dans les Sociétés, le reste de la séance a été employé à l'inscription des membres de la Société qui se sont présentés au bureau.

On a fait lecture des papiers-nouvelles, après quoi la séance a été levée.

Signé : HARDISSON, secrétaire.

Cejourd'huy, onze brumaire, l'an troisième de la République française, on a continué l'inscription des membres de la Société qui se sont présentés au bureau.

La discussion s'est ouverte sur ceux qui ne célèbrent pas le décadi et qui font le dimanche; mais la Société étant peu nombreuse, on n'a rien décidé à ce sujet. Un membre voulait qu'il y eût une fête décadi prochain dans laquelle tous les citoyens de la commune fraterniseraient ensemble ; cette proposition n'a pas eu lieu, parce que ce n'est point dans une fête qu'on connaît le vrai républicain, mais dans sa conduite et dans ce qu'il fait pour la patrie.

La discussion s'est ouverte sur les carrières; un citoyen, nommé Pitiot, a fait part à la Société d'une carrière qu'on a découverte au lieu de Rigodin; la Société a nommé pour commissaires les citoyens Dervieux, Pitiot, Monteillier et

Montmartin, pour se transporter à la municipalité le jour de l'arrivée du représentant du peuple chargé des carrières et de lui en faire part.

On a fait lecture des papiers-nouvelles, après quoi la séance a été levée.

Signé : HARDISSON, secrétaire.

Cejourd'huy, treize brumaire, l'an troisième de la République française,

La Société a nommé deux commissaires qui sont les citoyens Moiraud et Montagnier pour assister à la séance extraordinaire de demain destinée uniquement pour continuer l'inscription des membres de la Société.

Les citoyens Simon Oriol et Preynat, de Saint-Ennemond, ont été nommés commissaires pour se transporter au comité de subsistances et faire passer les anciens cartons avant les nouveaux.

La discussion s'est ouverte sur les grains et le recensement fait dans les communes du canton. Le maire a invité les citoyens à prendre patience encore quelques jours, que les grains ne leur manqueraient pas et que les grandes mesures prises pour leur en assurer ne pouvaient manquer d'avoir leur effet.

On a fait lecture d'une lettre du citoyen Denis, adjudant général à Grenoble, par laquelle il invite tous les citoyens de veiller attentivement sur les jeunes gens de 18 à 25 ans qui, sur de faux prétextes de maladie ou d'emplois dans les administrations, ont cherché à se soustraire à la réquisition ; il invite tous les districts, communes et Sociétés populaires de faire partir sans délai ceux qu'on reconnaîtrait n'être pas légitimement exempts de porter les armes pour la défense de la patrie.

On a fait lecture des papiers-nouvelles, après quoi la séance a été levée.

Signé : HARDISSON, secrétaire.

Cejourd'huy, quinze brumaire, l'an troisième de la République française, lecture a été faite des papiers-nouvelles et d'un paquet de la commune et Société de Pézenas, instruisant des réformes qui ont été faites dans cette commune par les représentants du peuple. La discussion s'est ouverte sur le mode le plus convenable pour se procurer des subsistances en grains ; on a fait apercevoir que le peu d'ordre qui régnait dans les distributions par l'effet de quelques femmes, qui assiègent constamment le bureau et empêchent à celles qui sont plus faibles et qui manquent depuis plus longtemps de grains de s'en procurer, il a été arrêté qu'on inviterait la municipalité à prendre des mesures pour empêcher cet abus.

Après quoi, la séance a été levée.

Signé : HARDISSON, secrétaire.

Cejourd'huy, dix-huit brumaire, l'an troisième de la République française, lecture a été faite des papiers nouvelles, ainsi que d'une lettre des Amis de l'Egalité et de la

Liberté de Paris, adressée à la Société de nos jeunes frères ; les principes contenus dans cette lettre, étant conformes à ceux de la Convention, ont été vivement applaudis.

Sur l'observation d'un membre que divers citoyens portés dans le tableau de secours accordés par la Nation aux pères de familles, veuves et vieillards indigents, ne venaient pas à la salle décadaire recevoir la somme pour laquelle ils y étaient portés, il a été arrêté que les commissaires-payeurs seraient invités de ne distribuer ces secours que dans ladite salle.

Les membres composant le bureau ayant demandé leur remplacement, ayant fini leur temps, on a renvoyé à la prochaine séance à pourvoir à ce remplacement. La séance a été levée.

Signé : HARDISSON, secrétaire.

Cejourd'huy, vingt-un brumaire, l'an troisième de la République française, après la lecture des papiers-nouvelles et du bulletin des lois,

On a procédé au remplacement des membres composant le bureau ; les citoyens Gonon, Monier, drapier, Vinois, tanneur, Pierre-Marie Rozet, Chavanne et Granaudon, ayant réuni la majorité des suffrages, ont pris place au bureau.

Un membre ayant observé que des murmures s'étaient fait entendre dans le public sur la fidélité des gardiateurs qui avaient été mis dans les maisons séquestrées, que la Société s'étant toujours fait un principe sévère du maintien des lois et du respect pour les propriétés, elle devait s'édifier si elles avaient été violées par quelqu'un desdits gardiateurs, pour les livrer à la vengeance des lois; ce à quoi la Société ayant applaudi unanimement, après diverses discussions sur le meilleur mode à adopter pour avoir connaissance de la vérité, il a été arrêté que les citoyens Vinois et Sablière se transporteraient comme commissaires auprès de la municipalité à l'effet de prendre auprès d'elle tous les renseignements nécessaires pour se convaincre de la fausseté des allégations ou pour faire punir ceux qui auraient malversé dans leur gestion.

L'observation ayant été faite que le temps fixé pour faire parvenir à l'agent national du district le tableau des membres de la Société était expiré, il a été arrêté que la prochaine séance serait indiquée pour inscrire définitivement les membres qui ne s'étaient pas encore présentés et que tous ceux qui ne se présenteraient pas seraient désormais regardés comme ayant renoncé à la Société, à moins qu'ils ne prouvâssent leur absence; après quoi, la séance a été levée.

Signé : HARDISSON, secrétaire.

Cejourd'huy, vingt trois brumaire, l'an troisième de la République française, après lecture du procès-verbal de la précédente séance et des papiers-nouvelles,

Les commissaires, chargés de se rendre auprès de la municipalité et de l'agent national pour prendre des renseignements sur les gardiateurs, ont répondu que nulle plainte n'avait été portée contre eux et que les citoyens qui les avaient eus dans leurs maisons paraissaient n'avoir qu'à s'en louer, qu'au surplus le juge de paix qui avait levé les scellés pourrait dire s'ils ont été trouvés sains et entiers; il a été arrêté que les mêmes commissaires se rendraient auprès de lui pour avoir tous les éclaircissements qui peuvent mettre nos gardiateurs à l'abri de toute espèce d'inculpation.

Sur de nouvelles observations de quelques membres que plusieurs citoyens n'avaient pas eu connaissance du temps définitivement fixé pour la clôture du tableau des frères de la Société, il a été arrêté que les citoyens en seraient prévenus quintidi, à la séance de la salle décadaire, et que la prochaine séance serait consacrée à inscrire ceux qui se présenteront et que, de suite après, le tableau serait fermé.

La séance a été levée.

Signé : HARDISSON, secrétaire.

Séances des 25, 27 et 29 brumaire, 1er, 3, 5 et 7 frimaire, ont été uniquement remplies par la lecture des bulletins des lois et des papiers-nouvelles, sans aucune discussion intéressante.

Signé : HARDISSON, secrétaire.

Cejourd'huy, neuf frimaire, l'an troisième de la République française et démocratique, après la lecture du bulletin des lois et des papiers-nouvelles,

Un membre a observé que, loin de suivre la loi salutaire du maximum dans la vente du vin au détail, les cabaretiers haussaient le prix d'un jour à l'autre d'une manière arbitraire qui rendait l'usage de cette boisson, nécessaire pour réparer les forces, absolument impossible à la classe laborieuse des ouvriers; que si les cabaretiers se permettaient cette infraction à la loi, au moins ne devaient-ils pas s'étayer de ladite loi pour vendre à une mesure plus petite que celle usitée précédemment en cette commune, et qu'il était de leur devoir de mettre des bornes à leurs bénéfices en les réduisant au-dessous de celui qu'ils faisaient, qui était beaucoup trop fort eu égard au prix des vins en gros qui était bien connu. D'après ces considérations, la Société a nommé les citoyens Pierre Colombet, Preynat, Cauron et Neyret, à l'effet de se transporter auprès de la municipalité pour la prier d'avoir égard aux observations cy-dessus et de remédier à l'abus qu'on lui dénonçait par tous les moyens qu'elle jugerait dans sa sagesse être les plus convenables.

Les mêmes commissaires ont été chargés de l'inviter à faire nommer quatre commissaires permanents au comité de subsistances pour rendre raison à tout le monde et notamment aux voituriers qui venaient se présenter pour aller chercher du grain ou tout autre objet demandant une réponse prompte.

Après quoi, la séance a été levée.

Signé : HARDISSON, secrétaire.

Cejourd'huy, treize frimaire, l'an troisième de la République française, après la lecture du procès-verbal de la précédente séance et des papiers-nouvelles,

Les commissaires, nommés pour aller faire à la municipalité les observations de la Société sur le vin, ont rapporté qu'elle leur avait promis de prendre cet objet en considération, qu'elle assujettirait les cabaretiers à faire marquer leurs mesures à la pinte de Paris et qu'elle les inviterait à modérer, autant qu'ils le pourraient, leur bénéfice à la revente du vin, en faveur de leurs concitoyens.

Sur l'observation d'un membre que les citoyens qui avaient les guidons pour indiquer les jours de séance n'étaient point exacts à les mettre, il a été arrêté que les citoyens Gaillard et Barbarin passeraient chez tous les citoyens et les inviteraient à plus d'exactitude en les prévenant que les séances resteraient définitivement fixées au duodi et octodi de chaque décade, indépendamment de la séance du quintidi qui avait lieu à la salle décadaire.

Un membre ayant fait connaître qu'il se commettait des abus dans le nombre d'individus portés sur les cartons pour la distribution du bled et que diverses familles n'en recevaient point assez pour leur subsistance, les citoyens Jean-Claude Colomb et Vincent Duculty ont été désignés pour se rendre à la municipalité à l'effet de l'éclairer sur les abus indiqués et la prier de prendre en considération la demande de quelques familles pour une plus forte distribution de grains.

Après quoi, la séance a été levée.

Signé : HARDISSON, secrétaire.

Cejourd'huy, dix-huit frimaire, l'an troisième de la République française, après lecture du procès-verbal de la précédente séance et de papiers-nouvelles,

Les commissaires délégués dans la précédente séance ont rendu compte de leur mission et ont annoncé que l'on aurait égard à la réclamation des divers citoyens pour une plus grande distribution de bled.

Diverses lectures ont occupé le reste de la séance qui a été levée.

Signé : HARDISSON, secrétaire.

Les séances des 22 et 28 frimaire ont été uniquement remplies par la lecture du bulletin des lois et des papiers-nouvelles.

Signé : HARDISSON, secrétaire.

Cejourd'huy, deux nivôse, l'an troisième de la République française, après lecture des papiers-nouvelles et du bulletin des lois,

Le président a fait part aux membres de la Société qu'il avait reçu un paquet venant de l'administration de Commune-d'Armes et a demandé que lecture en fût faite de suite ; il s'est trouvé contenir un exemplaire du rapport de Lakanal sur J.-J. Rousseau,[1] ainsi qu'une lettre de l'agent

(1) Dans la séance de la Convention nationale du 29 fructidor, Lakanal, au nom du comité d'instruction publique, lut un long rapport dans lequel il fait une étude et un éloge de J.-J. Rousseau. La Conven-

national du district réclamant l'exécution de la loi du 18 vendémiaire dont l'article VI prescrit à toutes les Sociétés populaires de faire un tableau nominatif de tous les membres et d'en envoyer copie à l'agent national du district ainsi qu'à celui de la commune.

La Société, empressée de satisfaire à la réclamation de l'agent national de l'administration ainsi qu'aux dispositions du décret, a arrêté que le tableau de ses membres serait envoyé dans le plus bref délai par le secrétaire, et préalablement que lecture dudit tableau serait faite dans la présente séance, ce qui a été exécuté.

Quelques membres ayant désiré connaître les citoyens chargés de mettre les guidons indicatifs des séances, lecture a été faite de la liste contenant leurs noms et domiciles; il a été arrêté que ladite liste serait insérée au procès-verbal pour y avoir recours au besoin, ainsi qu'il suit.

Noms des citoyens ayant des guidons pour la Société :

Pley, dit Dupuy;

Bausset, rue du Fort;

Pradier, rue du Fort;

Sibert, rue du Fort;

Poynat, rue Pichelière;

Baptiste Terrasse, place Beaujeu;

Barbantan, à la Rive;

Duet, place de la Liberté;

tion ayant accordé les honneurs du Panthéon et décerné une statue à l'auteur d'*Emile*, on proposa, pour le jour de la translation de ses cendres, une fête dont le plan fut arrêté au cours de la même séance. Entr'autres particularités, on demanda que la veuve de J.-J. Rousseau fût invitée à assister à la translation des cendres de son mari.

Trouard, rue de la Caure;

Monier, Grande rue;

Chol, Grande rue;

Couchoud, rue du Sépulchre;

Colin, rue Croix-Gauthier;

Vincent Duculty;

Dervieux, à Saint-Ennemond;

Drevard.

La séance a été levée.

Signé : HARDISSON, secrétaire.

Séances suspendues depuis le 8 nivôse jusqu'à ce jour, par rapport à la rigueur de la saison.

Cejourd'huy, douze pluviôse, l'an troisième de la République française, après la lecture des papiers-nouvelles et du bulletin des lois,

On a procédé à l'élection d'un vice-président; le citoyen Duet, ayant réuni la majorité des suffrages, a pris place au bureau en cette qualité.

Il a été arrêté ensuite que le citoyen Mayère, trésorier, abonnerait la Société aux journaux républicains et de l'Ami du peuple.

Un citoyen ayant observé que les carrières du cy-devant château allaient être vendues, il serait de l'intérêt des citoyens de cette commune que l'acquisition en fût faite par quelqu'un pour en faire jouir la commune; il a été délibéré en conséquence que les citoyens Granjon, Monteillier, Berange et Hardisson, se transporteraient comme commissaires à la municipalité pour la prier de prendre cet objet en considération, en invitant les citoyens de cette commune à faire cette acquisition.

La séance a été levée.

Signé : HARDISSON, secrétaire.

Cejourd'huy, quinze pluviôse, l'an troisième de la République française, lecture a été faite des papiers-nouvelles;

L'entrée de nos braves frères d'armes à Amsterdam[1] a excité la plus vive allégresse et des cris de : vive la République, vive la Convention, se sont prolongés fort long-temps, à la satisfaction universelle de tous les frères de la Société et des tribunes.

Les commissaires envoyés auprès de la municipalité ont rapporté que l'objet qui lui avait été présenté serait pris par elle en grande considération.

Un membre ayant observé qu'ayant le bonheur de posséder dans nos murs notre frère et concitoyen, le représentant du peuple Boiron, il serait à propos de nommer une députation pour l'aller inviter à se rendre dans le sein de cette Société, dont il est membre, à la première séance, afin qu'à son retour à la Convention il pût être auprès

---

(1) Dans la séance de la Convention (6 pluviôse), Carnot monte à la tribune, aux applaudissements de l'assemblée, et lit la dépêche annonçant l'entrée des Français à Amsterdam. Cette missive est signée : Bellegarde, Gillet, J.-B. Lacoste et Joubert. Elle est fréquemment interrompue par les cris de : *vive la République* et par des applaudissements chaleureux.

d'elle l'interprète de nos sentiments et de notre dévouement inaltérable pour elle. Les citoyens Conord, Imbert,
Besson et Hardisson, ont été nommés à cet effet. Lecture
a été faite du bulletin des lois et la séance levée.

Signé : HARDISSON, secrétaire.

Cejourd'huy, dix-huit pluviôse, troisième année républicaine, après la lecture du procès-verbal de la précédente
séance, on a lu les papiers-nouvelles.

Le citoyen représentant Boiron s'est présenté dans le sein
de la Société; il y a été reçu avec les plus vifs applaudissements, et, ayant pris place au bureau d'après l'invitation
qui lui en a été faite par le président, il a prononcé un
discours plein d'énergie et respirant la haine de la tyrannie; il a invité tous les citoyens à la paix, à l'union, au
respect pour les lois de la Convention qui prépare aux vrais
républicains un bonheur éternel.[1]

Un membre ayant observé que l'objet des carrières était

[1] Quelques jours après, le 24 pluviôse, le maire de Saint-Chamond,
Grangier, tenait à la municipalité un langage analogue, à la suite d'un
entretien qu'il avait eu avec le citoyen Tellier, représentant du peuple.
Ce dernier avait observé « que le moment était venu où il fallait que
tous les bons citoyens, les républicains purs et vertueux, se réunissent à
la Convention et aux principes qu'elle a juré de maintenir pour l'anéantissement du terrorisme et des suites funestes qu'a entraînées ce fléau
destructeur qui a couvert la France de ruines et de cadavres. » La municipalité avait assuré au citoyen Tellier qu'il n'existait dans la commune
aucun individu dont la tranquillité publique exigeât l'enlèvement, mais
qu'elle redoublerait de zèle et d'énergie pour empêcher le retour au
terrorisme.

trop important pour ne pas s'en occuper, qu'on ignorait
les démarches qu'avaient faites la municipalité et qu'il serait
à propos qu'on nommât de nouveau des commissaires auprès
d'elle pour l'inviter à faire de nouvelles démarches pour
l'achat de cette carrière. Les citoyens Pitiot, Conord, Granjon et Monate ont été invités à se rendre comme commissaires chez le citoyen maire pour lui faire sçavoir que,
dans le moment, on venait d'apprendre que quatre bons
citoyens de cette commune se proposaient d'acheter la
carrière et que la Société se proposait d'envoyer à Commune-d'Armes quatre commissaires pour les aider dans
cette acquisition.

Un membre a observé qu'il convenait de profiter de la
présence du représentant Boiron pour avoir des renseignements sur le Fay. Le représentant a dit que les titres étaient
depuis longtemps entre les mains de son collègue Rivierre,
auquel la municipalité devait les demander. Mais quelques
observations ayant été faites, relativement à cette réclamation, on a renvoyé cet objet à la première séance.[1]

(Sans signature.)

(1) Un arrêté du 25 pluviôse, pris à Saint-Chamond, par le citoyen
Tellier, représentant du peuple, dissout la Société populaire. — Voy. à
l'*Appendice*.

FIN

APPENDICE

1. — Fête de la Raison. (*)

Cejourd'huy, dix-neuf ventôse, l'an deuxième de la République démocratique, le Conseil général, assemblé en séance publique et permanente, où étaient les citoyens Pascal, maire, etc... etc...

Un membre a dit : « C'est avec une satisfaction bien vive que nous voyons tous approcher le jour solennel consacré par la philosophie et la saine raison à la célébration de la fête républicaine de la décade. Jusques à présent, nous avons vu nos frères de cette commune se présenter avec empressement au temple de la Raison, l'applaudir avec l'enthousiasme de vrais républicains aux saintes maximes qui ont remplacé les mômeries superstitieuses du fanatisme. Ce tableau ne s'est jamais présenté à vos yeux sans vous pénétrer de cette joye vive et pure qui doit transporter les vrais patriotes à l'aspect de la réunion touchante et fraternelle qui a lieu toutes les décades dans le temple du Républicain. Un nouveau sujet se présente pour donner encore plus de solennité à la fête de demain. Nous avons ordonné qu'il serait planté un chêne vivant consacré à la liberté que nous devons à la sainte Montagne de la Convention. Pourrions-nous jamais avoir une occasion plus favorable et plus digne de nos vertueux représentants que celle que nous offre le gage de notre reconnaissance envers cette Montagne inébranlable qui vient de consacrer pour jamais la liberté de tous les hommes de quelle couleur que la nature les aye formés ? Pourrions-nous donc jamais, dis-je, avoir un plus beau motif pour donner à la fête de demain la plus grande solennité ? A cet effet, je demande que le Conseil général nomme des commissaires pour faire le plan d'une fête civique qui réponde à l'esprit républicain dont tous nos frères sont animés et donne à l'exaltation de l'arbre de la Montagne tout l'appareil que mérite un si beau sujet. »

Au même instant, le citoyen Bourgeois, président du tribunal criminel du département, aussy distingué par ses vertus patriotiques que par ses lumières, se trouvant présent à cette séance, a

(*) Voy. plus haut, p. 116.

offert, avec l'empressement dont nous l'avons toujours vu pénétré pour la chose publique, de présenter au Conseil un plan pour la fête de demain ; ce à quoi le Conseil ayant applaudi avec reconnaissance, la séance a été ajournée à deux heures après midi.

Le même jour, à deux heures après midi, la séance ouverte, le citoyen Bourgeois a présenté au Conseil le projet suivant pour la fête de demain :

Fête civique à la Raison, proposée par le citoyen Bourgeois, président du tribunal criminel du département de la Loire, pour la deuxième décade de ventôse.

Un tambour-major et quatre tambours ;

Deux petits tableaux des Droits de l'Homme, escortés par six membres de la Société populaire, tous en bonnet rouge et de deux à deux.

Suivront :

1° Les officiers municipaux des campagnes, de deux à deux et en écharpe ;

2° Douze habitans des campagnes portant des instruments agraires ;

3° Deux bœufs trainant une charrue ;

4° Un mulet bâté portant, d'un côté, un sac plein de pommes de terre et, de l'autre, un bouc censé plein de vin ;

Nota. — Ces douze derniers citoyens représenteront l'agriculture et seront pris dans les travaux publics.

5° Douze musiciens ;

6° Douze citoyennes vêtues en blanc, ceintures tricolores, pour chanter des hymnes à la Liberté ;

7° Quatre citoyens portant des clous dans des sacs, ayant chacun à leur gauche une citoyenne portant des rubans dans une corbeille ;

Nota. — Ces huit derniers citoyens et citoyennes représenteront le commerce de cette commune et seront également pris dans les ouvriers des travaux publics.

8° Le grand tableau des Droits de l'Homme, porté par un citoyen en bonnet rouge et escorté de douze membres de la Société populaire, six en avant et six en arrière ;

9° Tout le corps municipal, en écharpe, deux à deux, en bonnet rouge ;

10° Deux pauvres vieillards, deux pauvres vieilles, portant chacun un écriteau au bout d'un bâton aux couleurs tricolores, où est inscrit : « Nous mourrons contents, nous sommes libres ; »

11º Quatre pauvres orphelins portant chacun un pain et un écriteau au bout d'un bâton, où seront inscrits ces mots : « Le ciel nous avait ravi nos pères, il nous les a rendus; »

12º Les deux drapeaux de la Société populaire portés par deux citoyens en bonnet rouge;

13º L'agent national, le juge de paix, le président du tribunal criminel;

14º Les deux chefs de bataillon, en hausse-col;

15º Tout le comité de surveillance, un cordon tricolore et de deux à deux;

16º Les deux chefs des travaux publics, portant chacun un carton au bout d'un bâton, avec les inscriptions suivantes; sur l'un : « Nous valons mieux que les rois, » sur l'autre : Nous sommes plus utiles que les prêtres; »

17º Les douze brigadiers des travaux publics, chacun leur carton à la boutonnière et de deux à deux;

18º Les membres de la Société populaire tenant chacun par le bras une citoyenne; à la tête sera un officier de la garde nationale portant un carton où sera écrit : Tous les citoyens sont soldats, et tous les soldats sont frères; »

19º Trois censeurs pour parcourir ou surveiller la marche et y faire régner l'ordre; ils porteront chacun, au bras gauche, un gros nœud de rubans tricolores;

20º La garde formera une double haye.

La veille, à huit heures du soir, il sera tiré deux coups de canon; à huit heures du matin, les cloches de toute la commune sonneront jusques à huit heures et un quart.

A huit heures et demie, nos frères les jeunes canonniers, tireront deux coups de leur petit canon; à neuf heures, ils en feront autant; alors on sortira de la Société populaire en ordre et au son des instruments, en chantant des hymnes patriotiques.

Lequel plan ayant été généralement et unanimement adopté par tous les membres du Conseil, comme remplissant parfaitement ses vues, il a été arrêté que toutes les municipalités du canton seraient de suite invitées par une circulaire à se rendre dans le sein de cette commune, avec un piquet de la garde nationale, à l'effet de partager la joye que doit inspirer à tout bon républicain la fête qui est proposée pour demain; que connaissance serait donnée de suite du plan proposé aux membres du comité révolutionnaire, ainsi qu'à ceux de la Société populaire, afin que chacun d'eux en particulier puisse concourir à l'ordre qui doit régner dans la marche qui sera tenue, ainsy qu'à l'exécution du plan arrêté.

Cejourd'huy, vingt-un ventôse, l'an deuxième de la République démocratique, le Conseil général assemblé où étaient les citoyens Pascal, maire, Pascal, Prévost, Pervanchon;

La fête, adoptée dans notre séance du 19 ventôse, pour la célébration de la décade suivante et la plantation d'un chêne vivant, consacré à la Liberté que nous devons à la sainte Montagne de la Convention, a été célébrée avec tout l'ordre et l'enthousiasme de vrais républicains; la fête s'est terminée par des danses et promenades fraternelles, où la joye vive et pure était peinte sur tous les visages.

II. — DOCUMENTS RELATIFS AU CHATEAU DE SAINT-CHAMOND ET AUX DÉGRADATIONS QUI Y FURENT COMMISES EN 1792 (*)

—

A. — *Extrait des minutes du secrétariat du district de Saint-Etienne.*

Cejourd'huy, neuf mars dix-sept cent quatre-vingt-douze, l'an IV de la Liberté, nous, Louis Vier, administrateur du district de Saint-Etienne, département de Rhône-et-Loire, sçavoir faisons qu'en exécution de la loi du 12 février et du 8 avril derniers, relative aux biens des émigrés et séquestre d'iceux; de l'arrêté du Directoire du département de Rhône-et-Loire, du 24 mars, et des arrêtés du Directoire du district de Saint-Etienne, des 2 avril et 8 mai, le tout de la présente année, nous nous sommes transporté dans la ville de Saint-Chamond, sur les huit heures du matin, où étant, après avoir fait part à MM. les officiers municipaux de ladite ville de Saint-Chamond de l'objet de notre mission, M. le maire absent, MM. Terrasson et Berne nous ont de suite accompagné dans la maison du sieur Gallet, cy-devant seigneur de ladite ville, émigré; parvenus dans ladite maison, nous y avons trouvé le nommé Zacharie Bonnard, agent dudit sieur Gallet, lequel instruit de notre transport nous a dit qu'il est nanti de toutes les clefs des différents appartements qui composent ladite maison, à l'exception de celles des greniers à bled qu'il nous a assuré être au pouvoir de M. Basset, notaire, à Saint-Chamond et commissaire dudit sieur Gallet, et qu'il offre de

(*) Voy. plus haut, p. 142.

nous les représenter et de nous ouvrir toutes les portes ; en conséquence, nous avons procédé ainsi qu'il suit :

Ouverture faite par le sieur Bonnard du corps de garde, en
entrant à main gauche dans ladite maison, ne s'y est rien trouvé.

Ensuite nous sommes entrés dans les différents appartements
qui composent le rez-de-chaussée, prenant ses jours et entrées
sur la basse-cour ou terrasse du côté d'occident, lesquels sont
occupés par ledit sieur Bonnard, nous y avons trouvé un bois
de lit, une table, un buffet, trois pièces tapisserie, six chaises
garnies de paille et six bichets d'avoine ; tous les autres meubles
et effets garnissant ledit appartement ledit sieur nous a déclaré
lui appartenir.

Ayant interpellé ledit sieur Bonnard de nous ouvrir le grenier
à bled au-dessus des appartements cy-dessus décrits, nous a
déclaré que la clef est au pouvoir du sieur Basset, notaire à
Saint-Chamond, commissaire dudit sieur Gallet, et, informés que
le sieur Basset est à Saint-Etienne, nous nous sommes rendus
certains que la porte des greniers est bien fermée et avons intro-
duit dans le trou de la serrure du papier et sur l'écusson apposé
les scellés à cire molle rouge avec le cachet de la municipalité
de Saint-Chamond, faute du cachet du district de Saint-Etienne,
lesquels scellés nous avons couverts d'une bande de papier blanc,
sur lequel nous avons écrit : *Scellés de la Nation apposés le 9 mai
1792, par Louis Vier, administrateur et commissaire en cette partie,
en présence de MM. Terrasson et Berne qui ont signé avec nous ;* aux
deux bouts de laquelle bande nous avons aussi apposé les scellés
de la même cire et au même cachet.

Dans les écuries de ladite maison prenant jour du côté d'orient,
ne s'y est trouvé que deux pièces de fer pour balcon, de la lon-
gueur chacune de 24 pieds sur 2 pieds 10 pouces de hauteur.

De la cour, sommes parvenus dans la cave sous le rez-de-
chaussée, prenant jour et entrée sur la basse-cour du côté de
midy ; nous y avons trouvé 200 bouteilles vin blanc, 150 bouteilles vin rouge, 60 bouteilles verre noir vuides, une barrique de
deux années et demye pleine de vin blanc, deux barriques vuides,
neuf bennes pour les vendanges, une benne pour la lessive, garnie
de ses cercles en fer.

Ensuite nous sommes de ladite cave parvenus dans les appartements qui composent au-dessus le rez-de-chaussée, lesquels
sont occupés par la nommée Marguerite, veuve Pugnet, ancienne
domestique ; examen fait d'iceux, nous n'y avons trouvé que de
vieux meubles sans valeur.

De ce rez-de-chaussée, nous sommes entrés dans celui qui

prend ses jours et entrées dans ladite basse-cour du côté d'orient, où nous avons trouvé 50 bouteilles verre noir vuides, 3 petites tables, 12 pièces de vieille tapisserie, 2 pierres à huile, 2 poêles à frire et quelques vieux objets propres à brûler.

Dans une petite chambre, au-dessus d'un petit réduit, à côté de la cuisine, faisant partie du rez-de-chaussée cy-dessus en dernier lieu décrit, une petite table, un mauvais bois de lit, une chaise garnie de paille.

De cette chambre nous sommes venus dans le rez-de-chaussée prenant entrée et jour sur ladite basse-cour du côté du midy, attenant au rez-de-chaussée cy-dessus du côté d'orient, nous n'y avons trouvé qu'un tourne-broche fer.

Cette opération faite, nous sommes revenus au-devant du rez-de-chaussée prenant ses entrées et jours du côté du midy, et de là, par le moyen d'un escalier en pierre, nous sommes parvenus à une porte à main gauche, au premier étage, laquelle ouverte par le sieur Bonnard avec la clef en son pouvoir, nous sommes entrés dans un grand corridor au fond duquel, du côté de bise, est un billard; dans ledit corridor et en plusieurs endroits, quatre douzaines de planches, deux douzaines de travons, le tout bois sapin; les murs garnis, dans toute l'étendue dudit corridor, de différents tableaux en mauvais état; du côté de midy dudit corridor et à main gauche, sont une chambre et un cabinet que le sieur Bonnard nous a dit être occupés par le sieur Gallet lorsqu'il vient à Saint-Chamond; ouverture faite par le sieur Bonnard, nous avons remarqué que ladite chambre et ledit cabinet prennent leurs jours du côté d'Orient et, comme le tout est garni de plusieurs meubles et effets, nous avons eu soin de bien faire fermer les fenêtres et la porte de la chambre qui communique au cabinet; ensuite sortis de la chambre, la porte d'icelle bien fermée, nous avons sur l'écusson de la serrure d'icelle fait la même apposition de scellés que sur l'écusson de la serrure du grenier cy-devant décrit.

Au-dessus dudit cabinet est une petite chambre pour le domestique, et dans cette chambre se sont trouvés un bois de lit, un garde-paille, une petite table, un mauvais tapis et deux chaises à bras garnies de paille.

Nous nous sommes successivement rendus sur l'escalier qui communique audit corridor et, après avoir fait soigneusement fermer toutes les fenêtres et autres portes, et fait fermer pareillement celle qui donne sur ledit escalier, nous avons apposé sur l'écusson de la serrure d'icelle les scellés de la Nation, ainsy et de la même manière que nous l'avons cy-devant expliqué.

Le sieur Bonnard nous a de suite ouvert la porte d'un salon, à main droite, au-dessus dudit escalier; et, en face de la porte du grand corridor, parvenus dans ce salon, nous l'avons parcouru ainsy que les différentes chambres qui sont attenantes et qui se communiquent, et, après nous être convaincus que toutes les fenêtres et les portes qui ont une issue différente que celle de la porte du salon qui donne sur l'escalier peuvent être fermées en dedans desdits appartements, nous avons eu la précaution de faire faire toutes les fermetures et, après, étant revenus à la salle d'entrée du salon, nous l'avons aussy fait fermer, et sur l'écusson de la serrure d'icelle nous avons apposé les scellés ainsy et de la même manière que nous l'avons fait en premier lieu.

Par le moyen du même escalier, nous sommes montés au grenier au-dessus des différentes chambres, salon et corridor; parvenus dans un petit grenier au-dessus de la chambre du sieur Gallet, nous avons apposé les scellés, comme nous l'avons déjà fait, sur trois serrures d'un grand garde-robe bois sapin, qui se trouve dans ledit grenier, et attendu que ce même grenier est garni de plusieurs meubles et effets dont la description serait trop longue, nous avons fait fermer les fenêtres et la porte d'entrée, et sur la porte d'entrée nous avons aussy apposé les susdits scellés.

Dans le grenier, par le moyen duquel on parvient à celui cy-dessus, s'est trouvé un grand coffre fer et quelques vieux bois propres à brûler.

Sortis du grenier, nous sommes entrés par le moyen d'un corridor à main droite au-dessus de l'escalier, dans une chambre sur le salon où nous avons trouvé un miroir à cadre doré, un bois de lit, un garde-paille, une petite table; dans le cabinet à côté, ne s'y est rien trouvé.

Dans l'autre chambre et cabinet à côté et en suivant le corridor, sont un bois de lit, un garde-paille et deux chaises.

Dans une autre chambre, toujours attenante, un bois de lit, un garde-paille, deux chenets fer, un petit miroir, quatre chaises, et dans un placard, une petite glace.

Au fond du corridor, une grande chambre dans laquelle une table longue, un bois de lit avec son cadre, sur le lit cinq pièces de tapisserie.

Dans deux petits cabinets à côté et une autre chambre, un bois de lit seulement.

Qui sont tous les meubles et effets que nous avons trouvés dans les différents appartements dépendant de la maison dudit sieur Gallet, lesquels nous avons laissés ainsy que les susdits scellés au pouvoir et garde dudit sieur Zacharie Bonnard, agent de ce dernier, qui s'est chargé de tout, comme dépositaire de justice et a promis veiller à la sûreté et conservation ; en conséquence, il a fait entre nos mains les soumissions en pareil cas requises et a signé avec nous et MM. Terrasson et Berne, les jour, mois et an susdits.

B. — *Extrait du registre des arrêtés du Directoire du départem. nt de Rhône-et-Loire, du 8 mai 1792.*

Dans la séance du Directoire du département de Rhône-et-Loire, du 8 mai 1792, après midi, et de la Liberté l'an quatrième. où étaient : MM. Janson, président ; Besson, Brunet, Pariat, Lagrange, Pavi, administrateurs ; Lecourt et Boheu, administrateurs suppléants ; Populle, suppléant le procureur général, et Gonon, secrétaire-général.

M. Populle, suppléant M. le Procureur-général syndic, a dit :

« Messieurs, une violation a été faite à la loi. Le gage de la Nation sur les biens des émigrés a été diminué ; la maison du sieur Gallet, à Saint-Chamond, a été en partie démolie. S'il est du devoir des administrateurs de rappeler aux vrais principes des citoyens égarés, il ne l'est pas moins de garantir à la Nation un gage qu'elle a annoncé devoir servir aux frais de la guerre. Ceux qui, par faiblesse, lâcheté, ou par des sentiments criminels, ont abandonné la patrie dans ce temps de calamité, en doivent être punis ; c'est aux lois à en faire raison. Dès ce moment, leurs propriétés demeurent toutes affectées à l'indemnité ; mais la loi s'est réservée de la fixer ; elle a seulement mis tous leurs biens sous la main de la Nation et la surveillance des Corps administratifs ; elle a spécialement chargé les autorités constituées et la force publique de veiller à leur conservation.

« Les citoyens qui y ont fait des infractions deviennent dès lors responsables et répréhensifs ; c'est d'après ces principes que je requiers que, conformément à l'article xxviii de la loi du 8 avril dernier, vous arrêtiez :

« 1° Que les auteurs, fauteurs ou complices des démolitions faites dans la maison du sieur Gallet, à Saint-Chamond, soient assignés devant le tribunal du district de Saint-Étienne, pour voir prononcer la responsabilité et parvenir à rétablir dans son entier le gage de l'indemnité due à la Nation ;

« 2° Que les maire et officiers municipaux de Saint-Chamond seront aussi assignés à la requête du procureur général syndic, poursuites et diligences du procureur-syndic du district de Saint-Etienne, pour comparaître devant les tribunaux qui doivent en connaitre, à l'effet de voir prononcer contre eux la responsabilité qu'ils ont encourue, à la forme de l'article VII de la proclamation du roi, du 24 août 1790 ;

« 3° Que vous dénonciez à la police correctionnelle l'attroupement qui a occasionné ce délit;

« Vu la délibération prise par le Directoire du district de Saint-Etienne, le 8 du courant, relativement aux troubles qui ont éclaté dans la ville de Saint-Chamond et à la démolition d'une partie de l'édifice appartenant au sieur Gallet;

« Le Directoire du département, considérant :

« 1° Que par l'article XXVIII de la loi du 8 avril dernier, relative aux biens des émigrés, les autorités constituées et la force publique sont chargées de continuer de veiller à la conservation de toutes les propriétés qui forment le gage de l'indemnité dûe par les émigrés à la Nation ;

« 2° Que par l'article VII du titre XI de la proclamation du roi, sur les décrets de l'assemblée nationale, concernant l'organisation judiciaire, les officiers municipaux sont spécialement chargés de dissiper les attroupements et émeutes populaires, conformément aux dispositions de la loi martiale, et ont été déclarés responsables de leur négligence dans cette partie de leur service ;

« 3° Que rien ne justifie que la municipalité de la ville de Saint-Chamond et la garde nationale du même lieu aient pris les précautions, indiquées par la loi du 3 août 1791, pour prévenir et écarter les désordres et les dévastations énoncés dans l'arrêté du Directoire du district de Saint-Etienne;

« Arrête :

« 1° Que la municipalité de Saint-Chamond, le juge de paix et les gardes nationales seront tenus, sous leur responsabilité, d'employer tous les moyens qui leur seront indiqués par la loi du 3 août 1791, pour faire cesser les troubles et dévastations qui se sont manifestés dans la ville de Saint-Chamond et prévenir de plus grands désordres; que le Directoire du district de Saint-Etienne veillera scrupuleusement, en ce qui le concerne, à l'exécution de tout ce qui lui est prescrit par la même loi;

« 2° Que les auteurs, fauteurs ou complices de l'attroupement et des démolitions seront dénoncés à la police correctionnelle et, où besoin serait, au Directeur du Juré;

« 3° Que les mêmes auteurs, fauteurs ou complices seront assignés, à la requète du procureur général syndic du district de Saint-Etienne, pour comparaître au tribunal du district dudit

Saint-Etienne, à l'effet de voir prononcer la responsabilité et parvenir à rétablir dans son entier le gage de l'indemnité dûe à la Nation; que les maire et officiers municipaux de ladite ville de Saint-Chamond seront aussi assignés pour assister dans la même instance et voir dire qu'à défaut par eux de s'être conformés aux lois citées cy-dessus, ils ont encouru la responsabilité et qu'ils seront solidairement condamnés, avec les auteurs des démolitions, à faire réparer le dommage qui sera constaté par le procès-verbal qui sera dressé par le commissaire nommé par le Directoire du district de Saint-Etienne.

Et sera le présent arrêté imprimé, publié, affiché et envoyé à tous les districts et, par ceux-cy, aux municipalités de leur ressort.

C. — *Arrêté du Directoire du district de Saint-Etienne, du 8 mai 1792.*

Séance du 8 may 1792, où étaient MM. Praire, vice-président; Pourret, Juris, administrateurs ; Detours, suppléant le procureur syndic, et Teyter, secrétaire.

Vu le procès-verbal dressé par la municipalité de Saint-Chamond, du 7 may 1792 ;

Vu la loi relative à la force publique contre les attroupements;

Vu également l'article 28 de la loi du 8 avril 1792, relative aux biens des émigrés ;

Le Directoire affligé des désordres qui ont eu lieu dans la ville de Saint-Chamond, dans la journée d'hier, (*) à l'occasion de la démolition de la maison du ci-devant château, et effrayé des suites qu'ils peuvent avoir ;

Considérant que M. Gallet étant émigré, toutes ses propriétés et ses revenus sont affectés à l'indemnité dûe à la Nation, le Directoire avait nommé un commissaire pour apposer les scellés sur les meubles qui se trouvent dans la maison dudit sieur Gallet et faire une description sommaire des effets qui ne peuvent être mis sous le scellé ;

Que les citoyens de Saint-Chamond ou des environs, qui se sont portés à démolir les tours et bastions attenant à la maison de M. Gallet, ont été cruellement égarés, puisque indépendamment des excès auxquels ils se sont livrés ils sont très répréhensi-

(*) Le registre des délibérations de la municipalité de cette époque a été brûlé en 1793.

bles, il en résulterait une perte pour la Nation, par la diminution qu'elle éprouverait dans l'indemnité qu'elle a droit .de trouver dans les propriétés des émigrés, si on en détruit la valeur en les démolissant ;

Ouï M. le suppléant du procureur-syndic,

Le Directoire arrête :

1º Qu'il sera de suite écrit à M. Vier, commissaire nommé par le Directoire, pour l'inviter à se rendre sans délay dans la ville de Saint-Chamond, à l'effet de dresser l'état ou inventaire sommaire des meubles et effets mobiliers du sieur Gallet, prescrit par l'article 4 de la loi du 8 avril, et se conformer au surplus aux autres dispositions de cette loi, comme aussi dresser procès-verbal des démolitions et dégradations faites au ci-devant château de Saint-Chamond, dans la journée d'hier et qui auraient pu s'en suivre ;

2º Que la municipalité de Saint-Chamond sera tenue de mettre en usage tous les moyens que la loi du 3 août contre les attroupements lui fournit, pour faire cesser les désordres qui y ont eu lieu et agir contre les auteurs d'iceux, dresser du tout des procès-verbaux et dénoncer les auteurs, fauteurs et complices des attroupements et des délits ; le Directoire lui déclare qu'à défaut par elle de le faire, elle demeure responsable de tous les événements ;

Etc.....

D. — *Lettre du Directoire du district de Saint-Etienne à MM. les Administrateurs du Directoire du département, du 10 mai 1792.*

.... Nous allons faire passer de suite à la municipalité de Saint-Chamond votre arrêté et nous ne négligerons rien pour en assurer l'exécution ; mais nous sommes forcés de vous déclarer, Messieurs, que tant que la force publique ne sera pas mieux organisée, il nous sera bien difficile, pour ne pas dire dangereux, de maintenir l'exécution de la loi auprès de citoyens que l'on égare et dont l'erreur, toujours coupable aux yeux de la loi, est cependant excusable aux yeux de la raison, parce qu'ils sont séduits et mis en action par des factieux qui ont le talent de se déguiser sous le masque du patriotisme. Il faut nécessairement dans notre département une grande force publique pour en imposer aux agitateurs et contenir le peuple dans l'obéissance de la loi, hors de laquelle il n'y a point de bonheur pour lui.

D'après les nouvelles que nous avons eues hier de la municipalité de Saint-Chamond, il parait que les démolitions qui ont été faites le 7 n'ont pas eu, jusqu'à ce jour, d'autres suites que de détruire quelques parties des fortifications du ci-devant château de Saint-Chamond de M. Gallet; mais nous avons ouï dire, sans en avoir cependant de certitude, que l'on devait recommencer lundi prochain et que l'on se proposait d'employer la poudre pour faire sauter les parties qui ont offert trop de résistance.

Etc....

E. — *Extrait du registre des délibérations de la municipalité de Saint-Chamond, du 11 mai 1792.*

M. Detours, administrateur du Directoire du district de Saint-Etienne, a dit :

« Messieurs, le Directoire du district a été vivement affligé des désordres causés par le peuple de votre ville, et la violation qu'il a faite à la propriété du sieur Gallet, devenue par son émigration une indemnité dûe par les émigrés à la Nation, en démolissant une partie de sa maison de Saint-Chamond; que cette infraction à la loi a mis le Directoire du district de Saint-Etienne dans le cas d'envoyer son rapport au département de Rhône-et-Loire, qui en réponse a envoyé son arrêté, en date du 8 du mois, que ledit sieur Detours nous a représenté avec l'arrêté de sa délégation, etc... ;

Et de suite, MM. les officiers municipaux, M. Terrasson, l'un d'eux et premier en ordre, portant la parole, ont dit que la responsabilité annoncée dans ledit arrêté ne concernait point la municipalité, dès qu'elle n'était tenue à autre chose qu'à requérir la garde nationale pour dissiper l'attroupement du 7 de ce mois; qu'elle l'avait fait suivant le procès-verbal fait le même jour et adressé au Directoire du district, mais que les commandants de bataillons avaient déclaré à la municipalité que, quelques démarches qu'ils ayent pu faire, ils n'avaient pu rassembler suffisamment de gardes nationaux pour dissiper l'attroupement et donner force à la loi; que dans ce cas d'insuffisance, la municipalité avait requis le chef de la légion de l'Est, qui, s'étant présenté avec sa troupe composée seulement de 30 hommes de garde nationale, et s'étant encore trouvée insuffisante pour dissiper cet attroupement, fut obligée de se retirer, vu que l'attroupement était dissipé.

MM. les assesseurs du juge de paix ont aussi dit que cette responsabilité portée par la loi ne pouvait les concerner, puisqu'il n'était pas en leur pouvoir de se mêler des attroupements, que si l'on déférait à la police correctionnelle quelques-uns des séditieux, ils feraient leur devoir en l'absence de M. Royer, juge de paix, mais que jusques alors ils devaient rester à leur poste.

MM. les officiers municipaux nous ont dit qu'ils ne connaissaient directement ni indirectement aucuns auteurs, fauteurs ou complices dudit attroupement et desdites démolitions, attendu que s'étant présentés en écharpe à la porte de la maison dudit sieur Gallet, la porte a été fermée dès qu'ils arrivaient et que les sujets attroupés n'ont voulu ouvrir, quelque invitation qu'ils leur ayent faite de leur faciliter l'entrée au nom de la Nation, la loi et le roi et des protestations de faire battre la générale.

Etc.....

F. — *Extrait du registre des délibérations de la municipalité de Saint-Chamond, du 6 septembre 1792.*

..... Instruits que des volontaires du bataillon de la Haute-Loire, casernés en cette ville, dévastoient et bruloient des effets de la maison du sieur Gallet, devenus par son émigration une indemnité dûe par les émigrés à la Nation, a de suite fait une réquisition à M. Chambarlhac, commandant dudit bataillon, pour qu'il fit prendre les armes au surplus de son bataillon afin d'empêcher ces dévastations et incendies; nous avons également requis MM. Rozet et Bravi, commandants des bataillons de gardes nationales de cette ville, de nous fournir de suite un piquet considérable pour nous accompagner au lieu du trouble et y faire les réquisitions et proclamations ordonnées par la loi; le cinq, jour d'hier, à six heures du soir, ayant été instruits que ces mêmes volontaires faisaient du dégat à la place Nationale, nous nous transportâmes chez ledit sieur Chambarlhac pour le requérir de faire cesser ces dégâts et nous le prévinmes en même temps que nous étions instruits que sa troupe avoit résolu de se porter aux excès qui ont eu effectivement lieu. Il nous répondit que, s'étant transporté sur la place Nationale, qu'il n'avoit vu aucun de ses soldats, mais seulement un maçon au faîte d'une maison qui démolissait des créneaux et que nous devions être tranquilles sur l'événement du lendemain, qu'il sauroit bien l'empêcher et que ses soldats auroient assez d'ouvrage, comme étant la veille de leur départ, pour les empêcher de se livrer à de pareils excès, et qu'il en préviendroit l'officier qui étoit logé au château. Nous avons attendu inutilement à la maison commune, pendant deux heures, l'effet de notre réquisition auprès de MM. Bravi et Rozet, commandants des bataillons des gardes nationales de cette ville, ce qui nous a obligés de nous rendre au lieu du rassemblement escortés seulement de sept à huit fusiliers, qui ne nous ont accompagnés qu'à environ cinquante pas de la maison commune ; nous avons parcouru notre route seuls et sommes arrivés à la maison dudit sieur Gallet, où nous avons trouvé dans la cour plusieurs compagnies de volontaires faisant l'exercice, qui s'y étoient rendus à notre réquisition et en avoient dissipé l'attroupement ; nous avons pénétré dans les appartements par une petite porte qui avoit été cassée étant en face du pigeonnier, où étant nous avons trouvé les portes et fenêtres brisées et une partie des meubles qui les garnissoient cassés ; ensuite nous avons parcouru les dehors de ladite maison, nous avons trouvé les parapets, balustrades et galeries démolis et les couverts en partie brisés ; à environ dix pas de distance de la porte d'entrée étoit un brasier considérable qui venoit de consummer quelques meubles et effets que nous avons reconnus par les ferrures étant encore sur la place.

Nous sommes rentrés dans la cour et nous sommes introduits dans la chambre du sieur Lecœur, sous-lieutenant de la 6e compagnie desdits volontaires, auquel nous avons demandé s'il n'avoit pas été instruit la veille par le commandant de ce qui devoit se passer ; il nous a répondu que non ; nous lui avons observé s'il n'avoit pas été en son pouvoir de s'opposer à ces démolitions et dévastations, il nous a répondu que, bien loin qu'il eût pu s'opposer à cet excès, lui-même a été assailli à coup de pierres dans sa chambre, dont les fenêtres ont aussi été cassées et brisées.

...... Ayant été instruits que Benoit Chavanne, maçon, de cette ville, avoit été commis par M. Basset pour démolir les créneaux, nous l'avons mandé de se rendre de suite auprès de nous ; ayant satisfait à notre réquisition, il nous a dit qu'il avoit été chargé hier, sur huit heures et demie du soir, de se transporter le lendemain, autant matin que faire se pourra, dans la maison du sieur Gallet pour en démolir les créneaux, qu'il s'y était rendu cejourd'huy, sur les cinq heures et un quart du matin, avec Jacques Jaboulay, Laurent Bergé, André Chavanne, Jean-Baptiste Martourey, maçons, Randon et Ravachol, manœuvres, pour lui aider dans cette démolition ; qu'arrivé sur le couvert de ladite maison et s'étant mis en devoir de démolir, il est arrivé, sur les

six heures et demie, un grand nombre de volontaires qui ont dit
qu'ils vouloient aussi démolir; que ledit Chavanne leur ayant
représenté qu'ils avoient ordre de faire cet ouvrage, ils devoient
s'en dispenser; que, malgré ses représentations, ils avoient persisté et de suite se sont occupés à abattre lesdits créneaux ; que
dans l'espace que ledit Chavanne a mis pour donner avis de ce
qui se passoit, soit à la municipalité, soit à M. Basset, ils avoient
démoli et dévasté ce que nous venons d'annoncer.

Etc....

III. — Convention nationale, séance du 20 pluviose an 2 (*)

Couthon : Je viens dénoncer à la Convention nationale un
imprimé atroce, publié par le représentant du peuple Javogues,
qui se maintient en commission contre le vœu de la loi et exerce
avec la cruauté d'un Néron des pouvoirs qui lui sont retirés.

Je savais bien que ce méchant homme me calomniait, me dif-
famait, me déchirait de la manière la plus horrible par des propos
que je méprisais autant que lui; mais je n'aurais jamais cru qu'il
eût porté l'audace jusqu'à imprimer et proclamer partout, dans
son caractère de représentant, « que j'étais l'ennemi le plus dangereux du peuple et du pauvre; l'ami, le protecteur déclaré des
contre-révolutionnaires et des riches égoïstes; un monstre qui
savait cacher habilement ses projets liberticides, qui méritait
mille et mille fois d'être étouffé. »

L'ennemi du peuple et du pauvre ! moi qui, depuis que je me
connais, n'ai pensé, parlé, agi et senti que pour le peuple et le
pauvre ! moi qui ai déjà perdu au service du peuple la moitié de
mon corps et qui lui sacrifie tous les jours avec tant de plaisir
l'autre moitié ! O le plus infâme des calomniateurs ! Etre aussi
vil que féroce ! puisque tu veux que je sois l'ennemi de mon
pays et de mes semblables, articule donc ce que j'ai fait contre,
ou plutôt dis ce que je n'ai pas fait pour eux.

. . . .

Javogues a conçu un autre projet qui ne fait que fortifier le
premier et qui doit avoir les mêmes résultats; c'est de soulever
son département contre le mien, c'est d'armer ces deux départements limitrophes l'un contre l'autre, c'est de provoquer, à force
d'atrocités, quelque acte ostensible d'une juste indignation, qu'il
appellera un acte de révolte contre la puissance nationale, afin

(*) Voy. plus haut, p. 155.

d'avoir un prétexte de se porter avec l'armée prétendue révolutionnaire dont il s'entoure et tous les gens qu'il pourrait encore égarer, sur le Puy-de-Dôme, et d'exercer là tous les genres de cruautés et de brigandages qui sont dans le cœur de ce petit tyran.....

...... Dans l'écrit que je vais lire, Javogues prend occasion, pour outrager mon département et moi, de l'établissement de trois comités de salut public formés par mes collègues Maignet et Châteauneuf-Randon.

...... Javogues accuse les membres de ces comités de dilapidations, de brigandages ; il prétend que non-seulement ils se sont enrichis, eux personnellement, mais encore qu'ils portent l'opulence dans leur département avec ce qu'ils ont volé dans le sien.

Javogues est encore ici un infâme. Les membres des comités seront les premiers à demander, j'en suis sûr, l'examen le plus sévère de leur conduite, et il ne sera pas difficile sans doute de confondre leur vil calomniateur ; mais ce soin les regarde ; et quant à moi, je veux aussi que les hommes que mes collègues ont choisis soient scrutés. Ce doit être un besoin pour eux ; c'en est un pour moi qui les estimais et qui les estime encore davantage depuis qu'un Javogues les a outragés.

Je lis maintenant la proclamation ou plutôt le libelle diffamatoire de Javogues.

Couthon lit la proclamation.

Merlin (de Thionville) : L'assemblée ne vengera pas l'injure particulière faite à Couthon, elle vengera ses droits et ses pouvoirs outragés par un représentant qui, n'étant rien que par la confiance qu'il reçoit de la Convention, s'est servi de ce pouvoir et de cette confiance pour distiller le fiel et afficher la calomnie. Je demande que Javogues soit ramené au sein de la Convention et que tous ceux qui l'environnent soient mis en arrestation.

Depuis que Javogues est en commission, il s'est toujours entouré de brigands et de scélérats ; il est temps que la Convention mette un terme aux vexations qu'exerce Javogues. Je demande que vous preniez à son égard une mesure ferme.

Thuriot : Il ne suffit pas de rappeler Javogues ; sans doute, il faut qu'il se rende à son devoir ; mais il faut de plus que l'assemblée, convaincue du patriotisme et de la pureté de Couthon, déclare calomnieuse et diffamatoire la proclamation de Javogues qui n'a pu être inventée que par un génie contre-révolutionnaire. (Vifs applaudissements).

— On lit une lettre de la Société populaire d'une commune du Puy-de-Dôme, qui dénonce Javogues comme coupable de lèserévolution, comme un despote qui emploie contre les patriotes les injures, les menaces, qui va même jusqu'à les frapper et les faire incarcérer, tandis qu'il donne la liberté aux mauvais citoyens. Sa moindre menace est la guillotine, et il a causé ainsi le suicide d'un vieillard de 67 ans.

— La Convention « décrète qu'elle casse et révoque la proclamation de Javogues, et annule tout ce qui pourrait s'en être ensuivi ; ordonne que le citoyen Javogues se rendra sur le champ au sein de la Convention nationale et que, faute d'avoir obéi dans huit jours, à compter de la date du présent décret, il y sera traduit à la diligence des représentants du peuple dans le département. » (*)

IV. — Extrait des procès-verbaux des séances de la Convention nationale, an 2.

(18 pluviôse). — Une députation des citoyens des communes de Roanne et de Villefranche, département de Rhône-et-Loire, présente une pétition contre le citoyen Lapallu qui, après avoir surpris la confiance du représentant du peuple Javogues, exerce contre eux les vexations les plus criantes. — La Convention renvoie la pétition aux comités de salut public et de sûreté générale, pour en faire l'examen. (**)

(20 pluviôse). — *Couthon :* Lorsque je parlai hier sur Lapallu je ne le connaissais pas. Aujourd'hui, il est parvenu au comité de salut public des renseignements pris sur son compte par les représentants du peuple auprès de Commune-Affranchie. Il en résulte que c'est un très-mauvais sujet. Ils avaient ordonné son arrestation. Il est cependant encore en liberté. Le comité a confirmé l'arrêté des représentants qui sont auprès de Commune-Affranchie et vous propose de décréter cette confirmation. — Adopté. (***)

(24 pluviôse). — *Un citoyen :* La commune de Villefranche-sur-Saône est le théâtre des vengeance particulières. Les patriotes sont en fuite ou enlevés à leurs foyers. Plus de repos pour eux si vous ne venez à leur secours. Lapallu fait gémir un district par

(*) Voy. *Ancien Moniteur*, t. XIX, pp. 430-432.

(**) Voy. *Ancien Moniteur*, t. XIX, pp. 415-416

(***) Voy. *Ancien Moniteur*, t. XIX, p. 432.

ses exécutions. Paysans, agriculteurs, nourrices, tout est dispersé. Les maisons d'arrêt regorgent des meilleurs républicains... etc...

Reverchon : C'est ce Lapallu, que je vous ai dénoncé, qui répand l'alarme, la douleur et la consternation dans les départements qui environnent Commune-Affranchie. Ces jours derniers, quarante familles sont venues réclamer de vous justice contre lui.

— La Convention renvoie l'examen de la conduite de Lapallu au comité de salut public. (*)

V. — Arrêté du représentant du peuple Tellier, portant dissolution de la Société populaire de Saint-Chamond.

Au nom du peuple français,

Tellier, représentant du peuple, envoyé dans les départements de Rhône, Loire, Saône-et-Loire, Ain et Isère,

Considérant que les principes, manifestés par la Convention nationale et qu'elle est fermement résolue de maintenir, sont le respect de l'ordre public, des personnes et des propriétés, l'obéissance aux lois et aux autorités constituées qui en sont les organes ;

Que ces principes, sans lesquels il ne peut exister de gouvernement, ont été audacieusement combattus par des hommes qui ne respirent que le désordre, ont sous le masque d'un faux enthousiasme de patriotisme, ouvertement prêché l'anarchie, la terreur et le sang, et auquel il est temps d'imposer silence jusqu'à ce que la sévérité des lois se déploie contre eux ;

Instruit que la Société populaire de Saint-Chamond, réduite à un petit nombre d'hommes exagérés, dont les égarements ont éloigné tous les patriotes purs et vertueux qui pouvaient éclairer le peuple, n'offre plus le but d'utilité vers lequel doivent être dirigées les Sociétés populaires ;

Arrête que la Société populaire de Saint-Chamond demeure provisoirement suspendue et cessera dès aujourd'huy de s'assembler ;

Charge l'agent national près la commune de l'exécution du présent, dont il rendra compte aux représentants du peuple à Lyon.

Fait à Saint-Chamond, le 25 pluviôse, 3e année républicaine.

Signé : TELLIER.

(*) Voy. *Ancien Moniteur*, t. xix, pp. 462-463.

CONCORDANCE DES CALENDRIERS

RÉPUBLICAIN ET GRÉGORIEN

AN II.

VENDEMIAIRE..	Du 22 septembre au 21 octobre..	1793
BRUMAIRE	Du 22 octobre .. au 20 novembre	1793
FRIMAIRE.....	Du 21 novembre au 20 décembre	1793
NIVOSE	Du 21 décre 1793 au 19 janvier...	1794
PLUVIOSE	Du 20 janvier... au 18 février...	1794
VENTOSE	Du 19 février... au 20 mars	1794
GERMINAL	Du 21 mars .... au 19 avril.....	1794
FLORÉAL	Du 20 avril .... au 19 mai.....	1794
PRAIRIAL	Du 20 mai ..... au 18 juin	1794
MESSIDOR	Du 19 juin ..... au 18 juillet ...	1794
THERMIDOR ...	Du 19 juillet ... au 17 août.....	1794
FRUCTIDOR ...	Du 18 août..... au 16 septembre	1794

AN III.

VENDEMIAIRE..	Du 22 septembre au 21 octobre..	1794
BRUMAIRE	Du 22 octobre .. au 20 novembre	1794
FRIMAIRE.....	Du 21 novembre au 20 décembre	1794
NIVOSE	Du 21 décre 1794 au 19 janvier ..	1795
PLUVIOSE	Du 20 janvier... au 18 février...	1795

Jours complémentaires de 1794 :

17, 18, 19, 20, 21 septembre.

TABLE

PLANCHE HORS TEXTE

Diplôme de la Société des Amis de la République de St-Chamond.

ERRATA

Page 89, note, 4ᵉ ligne : au lieu de *réunir*, lisez *réunirent*.

Page 104, note : au lieu de (2), lisez (1).

St-Chamond, imp. & lith. A. Pomćon.

ACHEVÉ D'IMPRIMER
le vingt-cinq mai mil huit cent quatre-vingt-treize
PAR A. POMÉON
Imprimeur à Saint-Chamond.

DAMIN (James). — HISTOIRE DE SAINT-CHAMOND ET DE LA SEIGNEURIE DE JAREZ, ouvrage enrichi de nombreux dessins, photogravures, chromolithographies, etc. — Paris, A. Picard, 1889. 1 vol. in-4°.

ÉTUDE HISTORIQUE SUR SAINT-ENNEMOND, SA VIE, SON CULTE. — Lyon, A. Brun, 1876. 1 vol. in-8°.

BOISSIEU (Maurice de). — LA COLLÉGIALE DE SAINT-JEAN-BAPTISTE, À SAINT-CHAMOND. — Lyon, A. Brun, 1880. 1 vol. in-8°.

GÉNÉALOGIE DE LA MAISON DE SAINT-CHAMOND, avec un grand nombre de notes. — Saint-Étienne, A. Théolier, 1888. 1 vol. in-8°.

[illegible] (Gustave). — CATALOGUE DE LA BIBLIOTHÈQUE DE SAINT-CHAMOND. — Saint-Chamond, A. Poméon, 1884-1885. 2 vol. in-8°.

LA CAPUCINADE, poème composé en 1792, réédité avec une introduction et des notes. — Saint-Chamond, A. Poméon, 1886. 1 vol. in-12 (photogravures hors texte).

FÊTE PATRONALE DE SAINT-CHAMOND. — Saint-Étienne, A. Théolier, 1886. 1 broc. in-12.

LETTRE DE J.-B. DUGAS-MONTBEL, député du Rhône, [illegible]. — Saint-Chamond, A. Poméon, 1889. 1 vol. in-[illegible] (planches hors texte).

LA BIBLIOTHÈQUE DE SAINT-CHAMOND; notice historique. — Saint-Chamond, A. Poméon, 1889. 1 broc. in-8° (1 planche).

SOUVENIRS DE CENT ANS (Saint-Chamond et Rive-de-Gier), 1789-1889. — Paris, A. Picard, 1889. 1 vol. in-8°.

NOTES DE QUELQUES ÉVÉNEMENTS ARRIVÉS À LAVALLA PENDANT LA PÉRIODE RÉVOLUTIONNAIRE (1790-1800). — Annonay, J. Royer, 1890. 1 broc. in-12.

GERMAIN MOREL, MAÎTRE DE FORGES. — Saint-Chamond, A. Poméon, 1890. 1 vol. in-4° (1 planche).

[illegible] ŒUVRES DE FRANÇOIS COIGNET. — Lyon, H. Georg, [illegible] (planches).

MONTET [illegible]. — HISTOIRE DES HOSPICES DE SAINT-CHAMOND. — Saint-Chamond, A. Poméon, 1888. 1 vol. in-8° (nombreuses phototypies).

[illegible] (Philippe). — ESSAI SUR L'HISTOIRE DE L'INDUSTRIE À SAINT-CHAMOND AVANT LA RÉVOLUTION. — Lyon, H. Georg, 1889. 1 broc. in-8°.

www.ingramcontent.com/pod-product-compliance
Lightning Source LLC
LaVergne TN
LVHW050144030726
842520LV00002B/297